Johannes Nathschläger

**Martha Nussbaum
und das gute Leben**

Johannes Nathschläger

Martha Nussbaum und das gute Leben
Der „Capabilities Approach"
auf dem Prüfstand

Tectum Verlag

Johannes Nathschläger

**Martha Nussbaum und das gute Leben.
Der „Capabilities Approach" auf dem Prüfstand**

© Tectum Verlag Marburg, 2014

Zugl. Diss. Hochschule für Philosophie München SJ, 2013.
Der Originaltitel der Dissertation lautete „Der Begriff des guten Lebens bei
Martha Nussbaum. Eine kritische Untersuchung des Capabilities Approach".

ISBN: 978-3-8288-3388-3

Umschlagabbildung: © David M. Schrader | shutterstock.com
Umschlaggestaltung: Mareike Gill | Tectum Verlag
Satz und Layout: Mareike Gill | Tectum Verlag
Druck und Bindung: CPI buchbücher.de, Birkach
Printed in Germany
Alle Rechte vorbehalten

Besuchen Sie uns im Internet
www.tectum-verlag.de

Bibliografische Informationen der Deutschen Nationalbibliothek
Die Deutsche Nationalbibliothek verzeichnet diese Publikation in der
Deutschen Nationalbibliografie; detaillierte bibliografische Angaben sind im
Internet über http://dnb.ddb.de abrufbar.

Für meine Frau Sophia und all die bekannten und unbekannten Schultern, auf denen ich stehe.

Inhalt

Einleitung 1

1 Der *Capabilities Approach* Martha Nussbaums: Darstellung und Abgrenzungen als politische Theorie 13

1.1 Idee und dichte Darstellung des Ansatzes 14

    1.1.1 Begriffliche Klärungen: *Basic capabilities, internal capabilities* und *combined capabilities* 20

    1.1.2 Metaethik: Naturalismus und Interner Realismus 23

    1.1.3 Die Liste der zentralen Fähigkeiten 31

1.2 Abgrenzungen als politische Theorie 37

    1.2.1 Utilitarismus 40

    1.2.2 Liberalismus und Gesellschaftsvertrag 51

1.3 Zusammenfassung der Ergebnisse 63

2 Die Konstituenten des guten Lebens: Kritische Untersuchung der Fähigkeitenliste 65

2.1 Leben 69

2.2 Körperliche Gesundheit 79

2.3 Körperliche Integrität 87

2.4	Sinneswahrnehmung, Vorstellung, Denken	94
2.5	Emotionen	99
2.6	Praktische Vernunft	108
2.7	Zugehörigkeit	122
2.8	Andere Spezies	129
2.9	Spiel	136
2.10	Kontrolle über die eigene Umwelt	141
2.11	Die Liste der zentralen Fähigkeiten: Ein kritisches Fazit	148

3	**Zur Kritik am *Capabilities Approach***	**155**
3.1	Analyse und kritische Reflexion des Fähigkeitenbegriffes	157
	3.1.1 Fähigkeiten 1. und 2. Ordnung	158
	3.1.2 Was sind Fähigkeiten – eine ontologische Analyse in Anlehnung an Clemens Sedmak	161
3.2	Der Paternalismusvorwurf	169
3.3	Der Vorwurf der mangelnden kulturellen Sensibilität und die Rolle der Religion	188
3.4	Zusammenfassung der Ergebnisse	210

4	**Nussbaums *Capabilities Approach* – eine Theorie des guten Lebens?**	**215**
4.1	Einleitung: Das gute Leben – eine erste Annäherung	217
4.2	Die Metaebene: Schichten der Frage nach dem guten Leben aus philosophischer Perspektive (in Anlehnung an Ursula Wolf)	225
4.3	Individualethische und sozialethische Aspekte	231
4.4	Der *Capabilities Approach* im Spannungsfeld zwischen subjektivistischen und objektivistischen Entwürfen	242
4.5	Schnittpunkte des *Capabilities Approach* mit gängigen philosophischen Theorien (Hedonismus, Wunsch- und Zieltheorie, Gütertheorie)	256

	4.5.1	Die hedonistische Theorie des guten Lebens 259
	4.5.2	Die Wunsch- und Zieltheorie des guten Lebens 265
	4.5.3	Die Gütertheorie des guten Lebens 273
4.6	Zusammenfassung: Der *Capabilities Approach* als Theorie des guten Lebens 280	

5 Zusammenfassung der Ergebnisse und 10 Thesen zum Begriff des guten Lebens bei Martha Nussbaum **291**

6 Literaturliste **305**

Einleitung

Der Haupttitel dieser Untersuchung lautet „Martha Nussbaum und das gute Leben". Die Wahl dieses Titels bedarf einiger einleitender Erklärungen.

Mit einiger Berechtigung lässt sich bei einer Sichtung von Martha Nussbaums Schriften zwischen einer Phase vor den ersten Veröffentlichungen zum *Capabilities Approach* Ende der 1980er Jahre und der Zeit danach unterscheiden, in deren Zentrum die stetige Weiterentwicklung dieses Ansatzes steht[1]. Auch wenn sich durchaus manche Konstanten in ihrem Denken finden lassen, die beide Schaffensperioden durchziehen (z. B. der Stellenwert der Gefühle innerhalb ihres ethischen Schriften bzw. deren Bedeutung für ihre Konzeption der *praktischen Vernunft*[2]), so wird andererseits doch eine Veränderung in den Grundlinien ihres (ethischen) Denkens erkennbar, was sich auch unmittelbar auf ihre Vorstellungen eines guten menschlichen Lebens auswirkt.

---

[1] Wenngleich hier angemerkt werden muss, dass sich ihre Schriften nicht auf den *Capabilities Approach* beschränken, sondern vielmehr ein breites Spektrum an Themen umfassen, darunter u. a. philosophische Arbeiten zur Bildung, zur Rolle von Gefühlen, zur Stellung der Religion in der modernen Gesellschaft und zum Feminismus.

[2] Vgl. z. B. Pauer-Studer 2000, 142–144

1986 wurde Martha Nussbaum (*1947) einem breiteren Publikum durch das Werk *The Fragility of Goodness*[3] bekannt. Darin entfaltet sie eine Literaturkritik unter einer ethischen Perspektive anhand der antiken griechischen Dichtung[4]. „Diese Ethik nimmt literarische Reflexionen über das gute Leben in sich auf, um die Möglichkeiten der philosophischen Fragestellung nach dem Guten um eine notwendige – ästhetische – Dimension zu erweitern.", so Christiane Scherer, die 1993 einen der ersten und bis heute bedeutendsten deutschsprachigen Beiträge über Nussbaums Denken verfasst hat.[5] In der Analyse der antiken Tragödiendichtung, in welcher auf verschiedenste Art und Weise immer wieder die Kontingenz menschlichen Lebens und seine Abhängigkeit von äußeren Umständen thematisiert wird, kommt Nussbaum zu einer positiven Auffassung der Fragilität menschlichen Lebens, respektive menschlichen Glücks. Sie sieht darin sogar eine spezifische Schönheit[6]. Die ethischen Schriften Nussbaums, die sie schließlich zur Konzeption ihrer eigenen Version des *Capabilities Approaches*[7] führten, stellten demgegenüber für Christiane Scherer einen „radikalen Bruch"[8] dar:

> „In ihrer Hinwendung zu Fragen der Entwicklungshilfe und globaler Gerechtigkeit weicht die Ästhetisierung des Guten seiner Politisierung. Nussbaums auch ästhetizistisch motiviertes Plädoyer für ein Ideal des guten Lebens, das die Möglichkeit des Scheiterns als konstitutiv für dasselbe begreift, wendet sich zu der politischen Forderung, weltweit

---

3   Nussbaum 1986
4   Vgl. Scherer 1993, 905
5   Ebd.
6   Vgl. Ebd.
7   Im Gegensatz zu Sen bevorzugt Nussbaum die Formulierung im Plural, welche deshalb auch fortan in dieser Untersuchung verwendet werden soll, wenn es um ihren Ansatz geht. Vgl. Nussbaum 2011, 18
8   Scherer 1993, 905

Umstände zu schaffen, unter denen sich menschliches Leben überhaupt erst als gutes entfalten kann."[9]

Die Wende, die Nussbaum hier in ihrem Nachdenken über das gute Leben vollzieht, dürfte maßgeblich auf ihre praktische Arbeit für das *World Institute for Development Economics Research (UNU-WIDER)* zurückzuführen sein, in welcher sie sich insbesondere mit den Lebensumständen von Frauen in Entwicklungsländern, v. a. in Indien, auseinandergesetzt hat. Im Rahmen dieser Tätigkeit begann auch ihre mehrjährige, enge Zusammenarbeit mit Amartya Sen, dem Begründer des *Capability Approach*. Das Ziel dieser Bemühungen war die Formulierung eines Ansatzes, in dessen Zentrum die Idee steht, dass es das zentrale Interesse politischer Akteure weltweit sein sollte, bestimmte menschliche Fähigkeiten[10] zu fördern, ohne deren Vorhandensein ein Mensch kein der menschlichen Würde entsprechendes Leben führen kann – und schon gar kein gutes Leben. Eine ästhetische Komponente kommt hier nicht mehr zum Tragen. Wenn also hier der Begriff des guten Lebens bei Martha Nussbaum zum zentralen Untersuchungsgegenstand genommen wird, dann bezieht sich dies auf ihre Standpunkte, wie sich diese aus ihren Schriften *nach* diesem *radikalen Bruch* in ihrem Denken rekonstruieren lassen. Direkt oder indirekt beschäftigen sich diese Veröffentlichungen Nussbaums im Zeitraum zwischen 1988 und der Gegenwart fast immer mit der stetigen Weiterentwicklung und Vertiefung des *Capabilities Approach*. Deshalb ist es, hinsichtlich des methodischen Vorgehens im Rahmen dieser Untersuchung, nur folgerichtig, dass zunächst der *Capabilities Approach* selbst ins Zentrum der Untersuchung gerückt wird.

---

9   Ebd., 906

10 Im deutschen Sprachraum wird statt *Fähigkeiten* gelegentlich auch von *Befähigungen* oder *Verwirklichungschancen* gesprochen. Zumindest die ersten beiden Begriffe können synonym gebraucht werden. Zwecks besserer Lesbarkeit wird in der vorliegenden Untersuchung in der Regel der Begriff der *Fähigkeiten* verwendet.

Martha Nussbaums Version des *Capabilities Approach* verfolgt zwei Ziele: Die Formulierung einer fundamentalen Gerechtigkeitstheorie entsprechend der menschlichen Würde und die Operationalisierung eines guten menschlichen Lebens. Beide Ziele verweisen freilich auf das jeweils andere, wenngleich, wie sich zeigen wird, bei Nussbaum die Vorstellung des guten Lebens dem Gerechtigkeitsverständnis vorgeschaltet ist. Als Gerechtigkeitstheorie lässt sich der *Capabilities Approach* zu den universalistischen Ansätzen rechnen, welche sich v. a. gegen partikularistische bzw. relativistische Auffassungen positionieren[11]. Nussbaum vertritt aber zugleich einen starken Individualismus, indem sie darauf insistiert, jeden Menschen zunächst und zuerst einzeln und für sich selbst zu betrachten. Basierend auf einer anthropologisch fundierten Argumentation formuliert sie indirekt eine Theorie des guten Lebens, welche ihrerseits das Telos einer kosmopolitischen Gerechtigkeitstheorie bildet[12]. Es verwundert daher nicht, dass die von Herlinde Pauer Studer auf deutsch herausgegebene Aufsatzsammlung von Martha Nussbaum den Titel *Gerechtigkeit oder Das gute Leben* trägt.

Im ersten Kapitel soll zunächst ein umfassender Überblick über den *Capabilities Approach* gegeben werden. Gefolgt von einer dichten Darstellung der grundsätzlichen Argumentation und einiger zentraler Begriffe verfolgt der zweite Schwerpunkt des ersten Kapitels das Ziel, den *Capabilities Approach* als politische Theorie von konkurrierenden Ansätzen (Utilitarismus und

---

11   Zu den wichtigsten Vertretern universalistischer bzw. kosmopolitischer Gerechtigkeitskonzeptionen zählen Broszies und Hahn neben Nussbaum auch noch Charles R. Beitz, Otfried Höffe, Thomas W. Pogge und Darrel Moelllendorf. Vgl. Broszies, Hahn (Hrsg.) 2010, 9–52

12   Nussbaum selbst lehnt die Bezeichnung ihres Ansatzes als einen kosmopolitischen ab. Sie begründet dies damit, dass die Loyalität eines Kosmopoliten zuerst immer der Menschheit (und nicht beispielsweise einer Volksgemeinschaft oder einer Nation) gehört. Dies sei aber keine notwendige Voraussetzung, so Nussbaum, um ihrem Ansatz zustimmen zu können. Vgl. Nussbaum 2011, 92f.

Liberalismus bzw. Vertragstheorien) abzugrenzen. Dabei zeigt sich, dass Nussbaum Elemente der beiden anderen Theorien in ihren Ansatz aufnimmt und ihren eigenen Ansatz dann letztlich selbst eher als Weiterentwicklung und weniger als ideologischen Gegenspieler versteht.

Im zweiten Kapitel erfolgt eine eingehende Untersuchung der *Liste der zentralen Fähigkeiten* welche im Zentrum der Konzeption steht und damit auch als Kern dessen bezeichnet werden kann, was für Martha Nussbaum ein gutes Leben konstituiert (wenngleich, soviel sei hier vorweggenommen, nicht hinreichend erklärt). Sie benennt darin jene zehn Fähigkeiten (bzw. Fähigkeitenbündel) die ihrer Ansicht nach konstitutiv für die menschliche Lebensform sind und deren mangelnde Ausbildung die Möglichkeit bedroht, ein gutes Leben zu führen. Die Analyse wird zeigen, dass Nussbaums Ausführungen an einzelnen Stellen durchaus missverständlich sind und zu kontroversen Interpretationen Anlass geben können. Ziel ist es hier, eine möglichst tiefgehende Analyse der von Nussbaum verwendeten Formulierungen durchzuführen, auf kritische Passagen hinzuweisen und auch auf Widersprüchlichkeiten aufmerksam zu machen. Am Ende der Untersuchung wird dann gefragt, ob die Liste in ihrer derzeitigen Fassung als Ergebnis gekürzt oder aber eventuell auch um weitere Punkte erweitert werden müsste bzw. sollte.

Nachdem dann in den ersten beiden Kapiteln der *Capabilities Approach* eingehend untersucht worden ist, wird sich das dritte Kapitel mit den gewichtigsten Kritikpunkten an der Konzeption beschäftigen. Dabei wird zunächst der zentrale Terminus der *Fähigkeiten* in den Fokus rücken. Clemens Sedmak legte hierzu eine sehr bemerkenswerte Analyse vor, mit Hilfe derer Nussbaums Fähigkeitenbegriff in der vorliegenden Arbeit kontrastiert werden soll. Sodann werden die zwei wohl am häufigsten in der Diskussion um Nussbaum genannten Kritikpunkten behandelt: Dabei handelt es sich um die Vorwürfe, dass Nussbaums Ansatz einerseits paternalistisch sei (und sich damit in Widerspruch zu einer liberalen Gesellschaftsordnung befindet) und andererseits, aufgrund seines universalistischen Anspruches, keine (oder zuwenig) Sensibilität für weltweit stark divergierende kulturelle Kontexte und Eigenheiten zeigen könne.

Im vierten Kapitel folgt schließlich der Versuch, den *Capabilities Approach* als *Theorie des guten Lebens* zu fassen. Dabei soll zunächst einführend das zeitgenössische Forschungsinteresse skizziert werden, welches sich in der Wiederentdeckung der Frage nach dem guten Leben zeigt. Sodann werden verschiedene Aspekte der Frage näher untersucht. Um beispielhaft zu zeigen, welche *Schichten* bei der Frage nach dem guten Leben unterschieden werden können, wird auf ein Modell von Ursula Wolf zurückgegriffen und gezeigt, welcher Schicht sich Nussbaums Bemühungen hier zuordnen lassen. Im Anschluss daran wird das Verhältnis von *Glück* und *Moral* bzw. von individual- und sozialethischen Aspekten in Nussbaums Ansatz zur Frage gestellt und untersucht, wo sich ihr Ansatz im Spannungsfeld zwischen subjektivistischen und objektivistischen Theorien verorten lässt. Zum Abschluss des Kapitels soll der *Capabilities Approach* schließlich zu einigen anderen philosophischen Theorien des guten Lebens in Relation gesetzt werden. Thematische Schnittmengen sollen dabei ebenso herausgearbeitet werden wie auch inhaltliche Abgrenzungen.

Die Ergebnisse der Untersuchung sollen schließlich in ein Fazit und 10 Thesen zum Begriff des guten Lebens bei Martha Nussbaum münden.

Methodisch erfolgt die Untersuchung hauptsächlich durch ein intensives Quellenstudium von Nussbaums Schriften, flankiert durch die Berücksichtigung relevanter Sekundärliteratur.

Zunächst kurz zu den wichtigsten Quellen: Martha Nussbaum veröffentlichte in den Jahren zwischen 1990 und der Gegenwart (2012) in schneller Folge zahlreiche Bücher und noch viel mehr Artikel und Buchbeiträge zum *Capabilities Approach*. Jedoch ergeben sich durch intensives Studium einige stimmige Grundlinien im Denken der amerikanischen Moralphilosophin, denen hier das Hauptaugenmerk gelten soll.

Die wichtigsten Werke zum *Capabilities Approach* setzen sich zum einen aus einer Reihe von Aufsätzen Ende der 1980er und Anfang der 1990er Jahre zusammen, zum anderen aus einigen systematischen Arbeiten die später in Buchform erschienen sind. Die genannten, frühen Aufsätze beschäftigen sich überwiegend mit Aristoteles und der Frage, inwiefern dessen ethisches und politisches Denken für die zeitgenössische Politik fruchtbar interpretiert werden könnte. Die wichtigsten dieser Veröffentlichungen, auf welche auch in der vorliegenden Arbeit immer wieder zurückgegriffen werden wird, sind: *Nature, Function and Capability. Aristotle on Political Distribution* (1987), *Aristotelian Social Democray* (1990), *Human functioning and Social Justice. In Defense of Aristotelian Essentialism* (1992), ferner *Non-Relative Virtues: An Aristotelian Approach* (1993).

Nach den in den genannten Aufsätzen und anderen Artikeln und Essays geleisteten Vorarbeiten, erfolgte im Jahr 2000 schließlich mit der Veröffentlichung von *Woman and Human Development* die erste umfassende Ausarbeitung des Ansatzes in Buchform. Wie sich schon aus dem Titel ein Stück weit erschließen lässt, betrachtet Nussbaum hier die Problematik der Entwicklung menschlicher Fähigkeiten vor allem aus einer feministischen Perspektive. Inhaltlich werden aber auch für den *Capabilities Approach* wichtige Weichenstellungen getroffen und die grundsätzlichen Argumentationslinien festgelegt, beispielsweise gegen kulturrelativistische Positionen und für eine universalistische Wertkonzeption. Auch auf den später noch oft aufkommenden

Vorwurf, ihre Konzeption sei paternalistisch, wird hier bereits eingegangen. Ebenso wird bereits der wichtige Begriff der *adaptiven Präferenzen* von Sen übernommen und ausführlich diskutiert, welcher u. a. auch zur Abgrenzung von utilitaristischen Theorien dient. Auch wird die Rolle der Religion als Herausforderung einer Konzeption mit universalistischem Anspruch thematisiert.

2006 erschien *Frontiers of Justice*. Nussbaum widmete dieses Buch nicht von ungefähr John Rawls, denn es geht ihr darin um eine eingehende Kritik an Vertragstheorien im Allgemeinen und Rawls *Theorie der Gerechtigkeit (Theory of Justice)* im Besonderen, welche nach Nussbaum an bestimmten Punkten an ihre Grenzen stößt[13]. Nussbaum möchte mit ihrem Buch zeigen, dass ihr eigener Ansatz eher dazu in der Lage ist, diese Probleme zufriedenstellend zu lösen. Tiefergehend als irgendwo sonst werden daher in *Frontiers of Justice* die unterschiedlichen philosophischen Vorstellungen von Vertretern liberaler Theorien und Vertretern des Fähigkeitenansatzes betrachtet, beispielsweise in Bezug auf die jeweils zugrunde liegende Konzeption der Person[14].

---

13   Konkret bemängelt Nussbaum, dass sich innerhalb von Rawls Konzeption keine Gerechtigkeit für Behinderte und für Tiere begründen lässt, aber auch nicht für eine gerechte Ordnung zwischen (verschieden wohlhabenden und mächtigen) Nationalstaaten.

14   Nussbaum übernimmt von Rawls vor allem zwei Ideen: Die Idee eines politischen Liberalismus (vgl. z. B. Nussbaum 2006, 6), der nicht auf umstrittenen metaphysischen oder religiösen Prinzipien basiert, sowie die Idee eines *übergreifenden Konsens (overlapping consensus)*, welchen Menschen dann, trotz unterschiedlicher metaphysischer und / oder religiöser Überzeugungen, teilen können. Nussbaums Auseinandersetzung mit Rawls führt sie zu einer Kritik an dessen schwacher Theorie des Guten (*thin theory*, vgl. Nussbaum 1990, 217,) und der Liste der Grundgüter (*list of primary goods*), die Rawls formuliert. Ihre eigene *stark vage Konzeption des Guten* stellt einen expliziten Kontrastpunkt zu Rawls *schwacher Theorie des Guten* dar. Letztere umfasst Güter wie Chancen, Vermögen und Einkommen. Insbesondere die beiden letztgenannten Güter erhalten so, und hier bezieht sich Nussbaum wieder eindeutig auf die aristotelische Bewertung des materiellen Reichtums, einen selbstzweck-

Schließlich erfolgte 2011 mit *Creating Capabilities* eine bündig gehaltene, systematische Aufbereitung und Aktualisierung des Ansatzes, in welchem Nussbaum einen Überblick für Interessierte innerhalb und außerhalb der philosophischen und ökonomischen Fachwelt gibt. Systematischer als in anderen Werken reflektiert Nussbaum hier auch noch einmal die verschiedenen philosophischen Wurzeln und Ideengeber ihres Ansatzes.

Daneben existieren, wie bereits erwähnt, eine große Anzahl weiterer Bücher der Autorin, die zwar nicht vordergründig dem *Capabilities Approach* gewidmet sind (und damit auch nicht dem Begriff des guten Lebens im engeren Sinn, wie er hier, insbesondere unter der Hinsicht der *Liste der zentralen Fähigkeiten*, untersucht werden soll), die aber punktuell wichtige Aufschlüsse geben können, indem einzelne Aspekte von Nussbaums Konzeption des Guten besonders eingehend thematisiert werden. So kann man z. B. ihre Diskussion der Emotionen in *Upheavals of Thought – The Intelligence of Emotions*[15] als fruchtbare Reflexion hinsichtlich des fünften Punktes der *Liste der zentralen Fähigkeiten* lesen, welcher der Fähigkeit des Menschen, Emotionen zu entwickeln eine fundamentale Bedeutung für ein gutes menschliches Leben attestiert (vgl. 2.5.). Ein anderes Beispiel: Bereits 1997 arbeitete Nussbaum in *Poetic Justice: The Literary*

---

haften Charakter, der ihnen aber nicht zukommen sollte, da Vermögen und Einkommen nur Mittel zum Zweck sind und an sich noch keinen Wert haben, solange nicht klar ist, wofür sie genutzt werden (vgl. Nussbaum 1999, 35). Rawls zeigte sich übrigens für die Kritik an seiner Liste offen und erklärte sich später bereit, sie um die Güter der Freizeit und sogar um bestimmte mentale Zustände zu erweitern. Siehe hierzu z. B. Rawls 1992, 372 – den Hinweis darauf verdankt der Autor I. Riesenkampff (2005, 170). Für Nussbaum liegt ein zentraler Schwachpunkt der Konzeption Rawls' darin, dass dieser eine Reihe von politisch zu regelnden Bereichen wie Bildung, Arbeitsbedingungen usw. auf ein späteres Stadium des politischen Prozesses verlagert – hinter die Fragen der Verteilung von Ämtern und Gestaltung von Institutionen. Aus ihrer aristotelischen Sichtweise ist das ein Fehler.

15 Nussbaum 2003a

Imagination and Public Life[16] ihren Standpunkt zur Bedeutung menschlicher Vorstellungskraft als fundamentale Fähigkeit für eine funktionierende Demokratie heraus. Im Rahmen des *Capabilities Approach* fällt dann die Vorstellungskraft unter die vierte der zentralen Fähigkeiten für ein gutes menschliches Leben (vgl. 2.4.)

Zur Sekundärliteratur: Im deutschen Sprachraum liegen bislang vorwiegend einführende Arbeiten vor, die eine tiefere Auseinandersetzung mit dem Werk Nussbaums noch vermissen lassen. Eine Ausnahme stellen dabei mittlerweile einige Arbeiten aus dem Bereich der Sozial- und Erziehungswissenschaften[17] dar, für welche der zentrale Terminus der *Fähigkeiten* ein besonderes Interesse darstellt. Diesen Arbeiten geht es um konkrete Anwendungsmöglichkeiten des *Capabilities Approach* in der Praxis sozialwissenschaftlicher Kontexte, gleichwohl wird aber auch auf abstrakter Ebene wertvolle (Zu-)Arbeit im Sinne einer fruchtbaren philosophischen Reflexion geleistet.

In dieser Einleitung bereits zitiert, erschien 1993 von Christiane Scherer der sehr aufschlussreiche Aufsatz *Das menschliche und das gute menschliche Leben. Martha Nussbaum über Essentialismus und menschliche Fähigkeiten*. Kritisch analysiert Scherer Nussbaums Konzeption und das essentialistische Anliegen, welches sich in der *Liste der zentralen Fähigkeiten* Ausdruck verschafft.

Als politische Theorie des Neoaristotelismus analysiert Straßenberger 2009 Nussbaums Ansatz[18]. Insbesondere Nussbaums *Theorie der Emotionen* kommt ausführlich zur Sprache und ist daher auch für die vorliegende Arbeit durchaus von Interesse.

---

16 Nussbaum 1997

17 Vgl. Sedmak, Babic, Bauer, Posch (Hrsg.) 2011, sowie Otto, Ziegler (Hrsg.), 2010

18 Straßenberger 2009, 149–188

Isabelle Riesenkampff[19] legte 2005 eine Dissertation vor, in welcher sie sich schwerpunktmäßig den aristotelischen Elementen in Nussbaums Ansatz widmet.

Bei der Auswahl der Sekundärliteratur aus dem englischsprachigen Raum galt es zunächst, eine thematische Selektion vorzunehmen. Denn einerseits wird auch hier im Allgemeinen unter dem Stichwort des *Capability Approach* zunächst und vor allem Amartya Sen's (Ur-)Version des Ansatzes diskutiert und zum anderen kann der Ansatz selbst (sowohl Sens als auch Nussbaums Variante) unter zahlreichen Fragestellungen betrachtet werden. So hält z. B. Clark fest:

> "Attempts to apply the CA [Capability Approach, J. N.] have mushroomed in recent years. Among other things the CA has been used to investigate poverty, inequality, well-being, social justice, gender, social exclusion, health, disability, child poverty and identity. It has also been related to human needs, human rights and human security as well as development more broadly."[20]

Als eine der international führenden Forscherinnen auf dem Gebiet des *Capability Approach* kann Ingrid Robeyns, Professorin für praktische Philosophie an der Erasmus Universität Rotterdam gesehen werden. Sie beschäftigt sich in ihren Schriften bereits seit 1999 mit den Entwicklungen auf diesem Gebiet. Im Jahr 2005 erschien von ihr der Aufsatz *The capability approach: a theoretical survey*[21], in welchem sie einen fundierten Forschungsüberblick gibt und sich dabei auch mit Martha Nussbaums

---

19	Riesenkampff 2005
20	Clark 2005, 11
21	Robeyns 2005

Ansatz beschäftigt, nachdem sich ihr Interesse zuvor sehr stark auf Amartya Sen konzentrierte[22].

Eine gute Einführung in den *Capability Approach* von Nussbaum und Sen findet sich in der *Stanfort Encyclopedia of Philosophy*[23], Verfasserin des Artikels ist ebenfalls Ingrid Robeyns[24].

Neben einer intensiven Auseinandersetzung mit Nussbaums Schriften und der hier angeführten Sekundärliteratur werden punktuell auch andere Quellen in die Untersuchung einfließen. Wichtige philosophische Ideengeber für Nussbaum, wie z. B. Aristoteles, Rawls oder Sen werden dabei zwar immer wieder eine Rolle spielen, jedoch verfolgt die vorliegende Untersuchung nicht das Ziel, Nussbaums Auseinandersetzung mit den Werken dieser Denker intensiv zu reflektieren. Insbesondere ihre Rezeption der aristotelischen Schriften ist ein Thema für sich und bietet Raum für sehr konträre argumentative Standpunkte[25]. Diese Diskussion kann aber im Rahmen der vorliegenden Arbeit nicht geleistet werden.

---

22 Eine vollständige Publikationsliste von Ingrid Robeyns findet sich im Internet unter http://www.ingridrobeyns.nl/publications.html (abgerufen am 20. 10. 2012)

23 Robeyns 2011: The Capability Approach, in: Stanfort Encyclopedia of Philosophy. Internet: http://plato.stanford.edu/entries/capability-appro ach/ (abgerufen am 20. 10. 2012)

24 Eine ebenfalls gute Einführung findet sich bei Kleist (2010)

25 Vgl. hierzu z. B. Knoll 2009

1 Der *Capabilities Approach* Martha Nussbaums: Darstellung und Abgrenzungen als politische Theorie

Auf der Basis mehrerer Aufsätze Nussbaums und der ersten systematischen Entfaltung in *Women and Human Development* im Jahr 2000 sowie in *Frontiers of Justice* (2006) und *Creating Capabilities* (2011), soll in diesem ersten Kapitel Martha Nussbaums Version des *Capabilities Approach* dargestellt und ihre Argumentation (insbesondere zur Abgrenzung von konkurrierenden Ansätzen) rekonstruiert werden. Zunächst wird der Ansatz in seinen Grundzügen dargestellt und die wichtigsten Begrifflichkeiten (u. a. die unterschiedlichen, von Nussbaum verwendeten, Fähigkeitsstufen) vorgestellt.

Neben dieser einführenden Untersuchung des Ansatzes hinsichtlich seiner grundsätzlichen Ideen und Prämissen wird im weiteren Verlauf des Kapitels ein zweiter Schwerpunkt auf der Beschäftigung mit der Abgrenzung des *Capabilities Approach* als politischer Theorie liegen. Dabei hat Nussbaum sich selbst an vielen Stellen ihrer Schriften immer wieder intensiv mit zwei konkurrierenden Ansätzen auseinandergesetzt: Dem Utilitarismus und dem Liberalismus, wobei sie sich mit letzterem insbesondere in den vertragstheoretischen Spielformen (und da wiederum insbesondere mit jener von John Rawls) auseinandergesetzt hat. Wie sich zeigen wird, sieht Nussbaum den *Capabili-*

ties Approach aber, wie bereits in der Einleitung erwähnt, weniger in Konkurrenz zu diesen Theorien, sondern vielmehr als deren logische Fortentwicklung, welche die Nachteile und Unzulänglichkeiten der beiden anderen auflösen soll – bei gleichzeitiger Integration der positiven Aspekte.

Das Ziel dieses Kapitels ist es also, einen umfassenden Überblick von Martha Nussbaums *Capabilities Approach* zu geben und ihn als politische Theorie näher zu bestimmen. Methodisch ist dabei entscheidend, dass die Untersuchung immer in enger Auseinandersetzung mit den Texten Nussbaums stattfindet. Auf Basis der Darstellungen in diesem Kapitel werden dann im zweiten Kapitel die einzelnen Konstituenten des guten Lebens – die 10 Punkte ihrer *Liste der zentralen Fähigkeiten* – genauer untersucht und kritisch reflektiert.

1.1 Idee und dichte Darstellung des Ansatzes

Neben der Bezeichnung *Capabilities Approach* ist in der Diskussion auch oftmals vom *Capability Approach* oder vom *Human Development Approach* die Rede. Nussbaum bevorzugt die erstgenannte Variante im Plural gegenüber den beiden anderen aus zwei Gründen: Erstens legt sie Wert auf die Vielfalt der Fähigkeiten die notwendig sind, um als menschliches Wesen ein gutes Leben führen zu können, bzw. welche die Politik (als ihre zentrale Aufgabe) bei den Bürgern entwickeln und fördern muss, damit sie als in einem minimalen Sinne gerecht[26] beurteilt werden kann. Zweitens möchte sie ihren Ansatz nicht allein auf den Menschen begrenzt sehen, sondern beschäftigt sich in ihren Arbeiten auch mit den Belangen von Tieren[27], wie zum Beispiel in *Frontiers of Justice*.

---

26 Vgl. Nussbaum 2011, 28
27 Ebd., 18

Der *Capabilities Approach* existiert nach Nussbaum mindestens in zwei Fassungen[28]. Ihr eigener Ansatz verfolgt das Ziel, eine Theorie sozialer Gerechtigkeit zu entwerfen. Hierzu verwendet sie eine spezifische Liste menschlicher Fähigkeiten. Dem indischen Wirtschaftswissenschafter und Nobelpreisträger Amartya Sen (auf den ursprünglich der Begriff des *Capability Approach* zurückgeht) hingegen geht es in seiner Version hauptsächlich um die grundsätzliche Bestimmung des Fähigkeitenbegriffs als zentralen Maßstab für die Beurteilung menschlicher Entwicklung[29]. Nussbaum charakterisiert den grundsätzlichen Unterschied ihres Anliegens und jenem von Sen folgendermaßen:

"Sen's use of the approach focuses on the comparative measurement of quality of life, although he is also interested in issues of social justice. I, by contrast, have used the approach to provide the philosophical underpinning for an account of core human entitlements that should be respected and implemented by the governments of all nations, as a bare minimum of what respect for human dignity requires."[30]

Wenngleich der *Capabilities Approach* einen Ansatz der politischen Philosophie darstellt, so beherbergt er gleichwohl auch originär ethische Aspekte. Ethik und Politik lassen sich bei Nussbaum nicht scharf trennen, wie dies bei anderen Konzeptionen (insbesondere bei kontraktualistischen Verfahren) der Fall sein mag[31]. Die Frage nach dem guten Leben und die Frage nach dem richtigen, dem gerechten politischen Handeln sind hier eng miteinander verwoben und aufeinander verwiesen.

---

28   Nussbaum 2011, 19

29   Ebd.

30   Nussbaum 2006, 70

31   So wäre John Rawls *Theory of Justice* klar als ein, wenn nicht *der* Klassiker der politischen Philosophie zu klassifizieren, Thomas Scanlons Kontraktualismus in *What we owe to each other* hingegen als ethisches Verfahren ohne Ansprüche an die jeweilige politische Ordnung (Vgl. Scanlon 1998)

Nussbaum möchte mit ihrem Ansatz über die Bemühungen Sen's hinausgehen. So schreibt sie in *Woman and Human Development*:

> "But my goal in this book is to go beyond the merely comparative use of the capability space to articulate an account of how capabilities, together with the idea of a threshold level of capabilities, can provide a basis for central constitutional principles that citizens have a right to demand from their governments. The notion of a threshold is more important in my account than the notion of full capability equality."[32]

Insbesondere der letzte Satz dieses Zitats ist aufschlussreich hinsichtlich Nussbaums primärer Motivation. Diese erschöpft sich nicht in der Etablierung eines alternativen Verständnisses von Gerechtigkeit. Es geht ihr direkt um die Frage einer auf das Individuum bezogenen Praxis. Während Sen hier weitestgehend im Formalen bleibt, will Nussbaum inhaltlich werden und eine wesentlich stärkere, normative Theorie begründen. Der Anspruch, einen (bzw. zwei) Schwellenwert(e) für die zentralen menschlichen Fähigkeiten ihrer Liste in den Fokus zu stellen, unterstreicht dieses Ansinnen.

In Nussbaums Ansatz steht jeder einzelne Mensch im Zentrum der Betrachtung. Den Ausgangspunkt ihrer Arbeiten bildeten insbesondere ihre Untersuchungen der Lebensverhältnisse von Frauen in Entwicklungsländern, welche sie ab 1986 im Rahmen einer achtjährigen Tätigkeit für das *World Institute for Development Economics Research* in Helsinki durchgeführt hatte. Dazu kamen mehrere Feldstudien in Indien, wo sie sich vor Ort ein Bild der spezifischen Probleme von Frauen gemacht hat[33]. Eine zentrale Erkenntnis war, dass die Frauen mit denen sie sich unterhielt, durch ihre Rolle in der Familie bzw. einem Familien-

---

32   Nussbaum 2000, 12
33   Vgl. Nussbaum 2000, XVi-XXi

verband oftmals jede Selbstzweckhaftigkeit entbehren mussten. Sie waren in einem organischen Sinne Teil ihrer Familie und vollkommen auf die Zwecke und Bedürfnisse dieser ausgerichtet. Nussbaum sieht es dementsprechend als große Schwäche verschiedener liberaler politischer Theorien an, wenn sie die Institution der Familie vollständig der Privatsphäre zurechnen, in welchem Interventionen der öffentlichen Seite nicht möglich bzw. nicht wünschenswert sind.

"The *principle of each person as end* [Hervorhebung im Original, J.N.] does entail, however, that the separate person should be the basic unit for political distribution. [...] For all too often, women have been denied the basic goods of life because they have been seen as parts of an organic entity, such as the family is supposed to be, rather than as political subjects in their own right."[34]

Die Fragestellung lautet ganz simpel: Was ist dieser Einzelne momentan in der Lage zu tun und zu sein? Und: Welche Möglichkeiten stehen ihm offen?[35] Dementsprechend kann der Ansatz vorläufig definiert werden als ein Versuch, einerseits die Lebensqualität auf einer mehrdimensionalen Ebene zu bestimmen, zu messen und zu vergleichen und andererseits eine politische Theorie minimaler sozialer Gerechtigkeit zu formulieren.[36]

Martha Nussbaum vertritt eine normative politische Anthropologie. Als ein Ergebnis ihrer Arbeiten will sie zeigen, wie eine konkrete Ausformulierung einer *Konzeption des Guten*[37] zum Nachdenken über eine politische Herrschaft führen muss, die es sich zum Ziel setzt, die Ausbildung und Erhaltung der Bedingungen eben jenes guten Lebens umfassend zu fördern bzw. zu

---

34 Nussbaum 2000, 247
35 Ebd., x
36 Ebd., 18
37 Vgl. Nussbaum 1999, 58

gewährleisten. In diesem Sinne interpretiert Nussbaum auch ihr historisches Vorbild Aristoteles[38].

Normativ ist ihr Anspruch deswegen, weil er sich nicht darin erschöpft, ein Verfahren zu benennen, welches zu einer gerechten Gesellschaft führen soll, wie dies bei kontraktualistischen Theorien, beispielsweise bei John Rawls und seiner *Theory of Justice*, der Fall ist. Nussbaum argumentiert vielmehr vom Ziel her. Sie formuliert das Ziel aus und fragt, welche Politik notwendig ist, um dort hinzukommen.

Das Ziel ist es, alle Menschen über eine bestimmte Schwelle[39] zu heben. Diese Schwelle ist definiert durch die zentralen Fähigkeiten *(central capabilities)*, die Nussbaum auflistet, ohne deren Vorhandensein bzw. Ausbildung ein Leben kein in einem basalen Sinne gutes menschliches Leben sein kann[40].

---

38 Nussbaum setzt sich in zahlreichen Aufsätzen mit Aristoteles auseinander und sieht in ihm den wichtigsten historischen Bezugspunkt ihrer Konzeption. Konkret teilt sie mit ihm folgende Punkte (vgl. Nussbaum 2011, insbesondere 123–142): 1. Der Vorrang des Guten, respektive der Vorrang einer Vorstellung dessen, was den Menschen als Menschen ausmacht vor der Frage der richtigen politischen Ordnung. 2. Die Bedeutung der Wahlfreiheit als konstitutives Element eines guten Lebens. 3. Die Unterscheidung von Mitteln und selbstzweckhaften Gütern hinsichtlich der Konzeption des guten Lebens. Nussbaum bezieht sich in ihrer Interpretation von Aristoteles hier wesentlich auf dessen Ablehnung einer Lebenskonzeption, die sich rein der Anhäufung von materiellem Reichtum widmet. Die von Nussbaum formulierte *Liste der zentralen Fähigkeiten* enthält konstitutive Elemente eines guten Lebens, welche gleichzeitig selbstzweckhaft sind, insofern sie von Nussbaum das Prädikat der Irreduzibilität erhalten. 4. Die Bezogenheit des menschlichen Individuums auf die Gemeinschaft mit anderen, ohne die es ihm unmöglich wäre, ein gutes Leben zu führen, da der Mensch durch seine Bedürfnisstruktur ständig auf direkte oder indirekte Unterstützung anderer angewiesen ist.

39 Vgl. Nussbaum 2011, 32f.

40 Vgl. Nussbaum 1999, 56

Mit ihrer Fähigkeitenliste versucht Nussbaum eine Art Checkliste zu begründen, die als Ergebnis eines Filterungsprozesses fungiert. Die Grundlage für diesen Filterungsprozess sind nicht naturwissenschaftliche Erkenntnisse über den Menschen. Diesbezüglich ist ein differenziertes Verständnis von Anthropologie als Wissenschaft notwendig. Denn unter dem Überbegriff *Anthropologie* können sowohl einzelwissenschaftliche Disziplinen, z. B. Humanbiologie, Sozialanthropologie oder Kulturanthropologie, verstanden werden, wie auch die *philosophische Anthropologie*[41]. Haeffner definiert letztere wie folgt:

„In der philosophischen A. verständigen sich Menschen über sich selbst, insofern sie mit anderen Menschen übereinkommen und sich von anderen Wesen unterscheiden. Der Allgemeinbegriff ‚Mensch' steht im lebenspraktischen Sprachgebrauch neben anderen allgemeinen Begriffen wie ‚Tier', ‚Pflanze', ‚rein geistiges Wesen'".[42]

Diese Definition entspricht von der Intention her exakt Nussbaums eigenem Vorgehen:

"The basic idea of the thick vague theory is that we tell ourselves stories of the general outline or structure of the life of a human being. We ask and answer the question, What is it to live as a being situated, so to speak, between the beasts and the gods, with certain abilities that set us off from the rest of the world of nature, and yet with certain limits that come from our membership in the world of nature?"[43]

Nussbaum kann also mit einiger Berechtigung zu den zeitgenössischen Vertretern der philosophischen Anthropologie gerechnet werden. Am Anfang steht das Bemühen, den Menschen

---

41   Vgl. Haeffner 2010, 33
42   Ebd, 34
43   Nussbaum 1990, 218

als Wesen zu erfassen, abseits von metaphysischen Deutungen einerseits und naturwissenschaftlich-empirischen Daten andererseits.

Im weiteren Gang der Untersuchung wird Nussbaum deshalb auch schwerpunktmäßig als philosophische Anthropologin verstanden und diskutiert. Erst in zweiter Linie dann als Ethikerin – und hier wiederum zunächst und vor allem als Sozialethikerin.

1.1.1 Begriffliche Klärungen: *Basic capabilities, internal capabilities* und *combined capabilities*

Auf die Frage, was nun Fähigkeiten denn eigentlich sind, antwortet Nussbaum also, dass sie die Antwort auf die Frage seien, was eine Person fähig ist zu tun und was sie fähig ist zu sein. Unter diesem Aspekt betrachtet, definieren die (vorhandenen) Fähigkeiten einer Person ihren Grad an Freiheit.

> "In other words, they are not just abilities residing inside a person but also the freedoms or opportunities created by a combination of personal abilities and the political, social, and economic environment."[44]

Dabei unterscheidet sie zwischen verschiedenen Fähigkeiten, oder korrekter: Fähigkeitsstufen. Zunächst spricht sie von Basisfähigkeiten *(basic capabilities)*. Damit meint sie grundsätzliche kognitive Fähigkeiten, mit denen ein Mensch auf die Welt kommt, auf Basis derer eine spätere Entwicklung überhaupt erst möglich wird. "Basic capabilities are the innate faculties of the person that make later development and training possible."[45] Nussbaum weist darauf hin, dass selbst diese Basisfähigkeiten kein rein apriori gegebenes Potential darstellen (m. a. W. nicht genetisch fest-

---

44   Nussbaum 2011, 20
45   Ebd., 24

gelegt sind), sondern durch die Ernährung der Mutter und ihre Lebensweise während der Schwangerschaft maßgeblich mitgeprägt werden[46]. Nussbaum ist durchaus bewusst, dass der Begriff der *basic capabilities* sensibel gehandhabt werden muss. Sie sieht die Gefahr, dass der Begriff auch so interpretiert werden könnte, dass aufgrund qualitativer Unterschiede bei den *basic capabilities* der Anspruch an eine unterschiedliche Förderung entspringen könnte, frei nach dem Motto: Wer mehr hat, muss mehr gefördert werden, um seine Talente und Fähigkeiten bestmöglich zu entwickeln, während derjenige, der auf ein Weniger an *basic capabilities* zurückgreifen muss, auch entsprechend weniger gefördert werden muss, da er sowieso nicht die Grundvoraussetzungen mitbringt, die eine gleichartige Förderung rechtfertigen würden. Nussbaum dazu:

"This approach makes no such claim. Indeed, it insists that the political goal for all human beings in a nation ought to be the same: all should get above a certain threshold level of combined capability, in the sense not of coerced functioning but of substantial freedom to choose and act."[47]

Mit internen Fähigkeiten *(internal capabilities)* bezeichnet Nussbaum die individuellen Eigenschaften und Fähigkeiten, die einen Menschen charakterisieren: Körperlicher Gesundheitszustand, Bildungsstand usw. Diese internen Fähigkeiten sind nicht statisch sondern dynamisch – sie können sich im weiteren Verlauf des Lebens von einem Menschen ändern.[48] Die internen Fähigkeiten werden in der Interaktion mit der Umwelt ausgebildet und entwickelt. Sie bedürfen der eigentlichen Förderung durch das Gemeinwesen, respektive durch die politisch Macht-

---

46   Ebd.
47   Ebd.
48   Vgl. Nussbaum 2011, 21

habenden. Interne Fähigkeiten können ausgebaut werden, aber auch verkümmern.

Als dritte Fähigkeitenstufe führt Nussbaum nun den Begriff der *combined capabilities* ein. Damit sind, dem Sinn nach, die real ausübbaren Fähigkeiten gemeint. Nussbaum definiert combined capabilities "[...] as internal capabilities plus the social / political / economic conditions in which functioning can actually be chosen."[49]

Aus dieser Unterscheidung ergeben sich auf politischer Ebene nun zwei Aufgaben für Politik und Gesellschaft:

1. Ausbildung und Förderung der internen Fähigkeiten der Bürger.
2. Schaffung von äußeren Bedingungen, unter denen die Ausübung dieser Fähigkeiten erst möglich wird.

Nur wenn beide Aufgaben erfüllt sind, können die Bürger über *combined capabilities* verfügen, also über Fähigkeiten, die sie intern besitzen und dann auch in ihrem Lebensumfeld tatsächlich in bestimmte Tätigkeiten *(functionings)* umsetzen können. In der Realität lassen sich immer wieder Beispiele für Gesellschaften finden, die zwar die internen Fähigkeiten ihrer Bürger (z. B. durch entsprechende Bildungs- und Ausbildungsmöglichkeiten) fördern, dann aber an der Ausübung hindern. Viele Gesellschaften bilden ihre Bürger so aus, dass sie zwar potentiell in der Lage wären, sich frei zu äußern und kritisch zu denken, beschneiden dann aber die Möglichkeit der freien Meinungsäußerung oder der politischen Aktivität.[50]

Nussbaum operiert also, so lässt sich an dieser Stelle festhalten, durchaus mit einem differenzierten Fähigkeitenbegriff. Trotz-

---

49 Ebd., 22
50 Vgl. Ebd., 21

dem bleibt ihr Umgang mit diesem zentralen Terminus im Kontext verschiedener Anfragen an den Capabilities Approach nicht unproblematisch. Dies wird sich insbesondere im 2. und 3. Kapitel der vorliegenden Arbeit zeigen.

1.1.2 Metaethik: Naturalismus und Interner Realismus

Martha Nussbaum steht in ethischer Perspektive in einer Reihe von neuzeitlichen tugendethischen Autoren, beginnend mit Elizabeth Anscombe und Peter Geach. Auf deren Vorarbeiten bauen dann die stark naturalistisch ausgerichteten Arbeiten von Rosalind Hursthouse und Filippa Foot auf. Alle genannten Autoren werden im Allgemeinen dem ethischen Neoaristotelismus zugerechnet[51]. Das vielleicht größte Problem der naturalistischen Ansätze, die sich auf Aristoteles berufen, ist dessen teleologische Sichtweise der Biologie, die, berücksichtigt man den derzeitigen Stand der Wissenschaft, mittlerweile wenig plausibel erscheint[52].

Der grundsätzliche Gedanke einer naturalistischen Moralauffassung kann, in Anlehnung an die Überlegungen von Hursthouse und Foot, folgendermaßen konkretisiert werden: Ein Wesen einer bestimmten Gattung führt dann ein gutes Leben, wenn es sich so verhält bzw. verhalten kann, wie es seiner Gattung eben entspricht[53]. Entscheidend ist die Lebensform. Bei den Pflanzen und niedrigeren Tieren dient das gattungsspezifische Verhalten zwei Zielen: Dem eigenen Überleben und (bzw. zum Zweck) der Fortpflanzung. Mit steigender Komplexität der Lebewesen bei höheren Tieren und Menschen treten dann noch weitere Komponenten hinzu:

---

51 Vgl. z. B.: Lenman 2008: *Moral Naturalism*, in: The Stanford Encyclopedia of Philosophy (Winter 2008 Edition), insbesondere 4.1. (http://plato.stanford.edu/archives/win2008/entries/naturalism-moral/, abgerufen am 30. 03. 2013)

52 Vgl. Ebd., 4.1., 2. Abs.

53 Vgl. z. B. Foot 2004, insbesondere 44–59

"With at least some animals a third end becomes salient – freedom from pain and pleasure and enjoyment of sorts characteristic to the species in question. And with social animals a fourth dimension comes into play: the good functioning of the group."[54]

Es ist unschwer zu erkennen, dass Nussbaums Ansatz des *Capabilities Approach* auf einer metaethischen Sichtweise beruht, die stark von dieser naturalistischen Position geprägt ist. Wenn dem aber so ist, dann muss sich Nussbaum in der Folge auch mit den kritischen Aspekten auseinandersetzen, die eine solche Metaethik mit sich bringt. Denn wenn man beispielsweise das Ziel der Fortpflanzung als konstitutiv für die menschliche Lebensform und das gute menschliche Leben ansieht, dann stellt sich postwendend die Frage, wie mit Mitgliedern der Gesellschaft umzugehen ist, die diesem Ziel nicht dienen können oder wollen (z. B. unfruchtbare Frauen und Männer oder Homosexuelle).

Nussbaum will diesen Problemen auf zweifache Art begegnen: Einerseits versucht sie den Begriff der menschlichen *Würde* zu operationalisieren (u. a. indem sie jeden Menschen als selbstzweckhaft ansieht und daher nie einfach nur als funktionaler Teil einer Familie oder Gemeinschaft zu betrachten ist), andererseits will sie mit der *Freiheit* ein neues Ziel der (bisherigen) naturalistischen Sichtweise hinzufügen. Denn der Fähigkeitenansatz verfolgt ja genau diese Intention: Den Radius der Freiheit des Einzelnen zu vergrößern. Nussbaum stimmt dem naturalistischen Standpunkt durchaus zu, wenn sie beispielsweise in *Frontiers of Justice* für Tiere die Sicherung einer artspezifischen Lebensweise, ja einer würdevollen Existenz *(dignified existence)* fordert (diese also zum Gegenstand der Moral macht), die durch den Menschen oftmals bedroht ist:

---

54 Lenman 2008, 4.1., 3. Abs.

"Dignified existence would seem at least to include the following: adequate opportunities for nutrion and physical activity; freedom from pain, squalor, and cruelty; freedom to act in ways that are characteristic of the species [(...)] freedom from fear and opportunities for rewarding interactions with other creatures of the same species, and of different species; a chance to enjoy the light and air in tranquility."[55]

Wie man sieht, tauchen zwar auch hier die Begriffe der *Würde* (bzw. *würdevollen Existenz*) und der *Freiheit* auf, allerdings eben in einer artspezifischen Hinsicht – und die umfasst mit zunehmender Komplexität der Lebewesen immer mehr Dimensionen. Welche dies sind, darüber lässt sich, Nussbaum folgend, eine *interne Verständigung* erzielen.

Martha Nussbaums metaethischer Zugang kann daher als Variante eines *internen Realismus* bezeichnet werden. Dieser wurde ursprünglich von Hilary Putnam (*1926) entwickelt und eine Zeit lang vertreten, später jedoch wieder von ihm fallen gelassen. Das Grundargument, des *internen Realismus* lautet, dass es dem Menschen nicht möglich ist, einen externen Beobachterstatus einzunehmen, um die Gesamtheit aller Tatsachen, faktisch von außen, zu betrachten und zu bewerten. Da dem Menschen ein solcher Gottesstandpunkt verwehrt bleibt, verliert ein metaphysischer Realismus an Plausibilität. Wenn dies aber stimmt, so stellt sich natürlich die Frage, wie wir unser Handeln und insbesondere unsere ethischen Normen nachvollziehbar begründen können. Nussbaum wählt deshalb einen internen Zugang.

Die moraltheoretische Entsprechung des *internen Realismus* besagt, „[...] daß die Objektivität normativer Behauptungen nur aus dem gemeinsamen Einverständnis moralischer Subjekte über tief geteilte Überzeugungen und nicht aus der Berufung

---

55 Nussbaum 2006, 326

auf einen externen Parameter gewonnen werden kann."[56] Wenn wir als Menschen normative Regeln im Sinne moralischer Aussagen aufstellen wollen, so bedarf es also zunächst dieser erkenntnistheoretischen Überlegung. Dies umso mehr, da Nussbaums Ausgangspunkt zum guten Leben eine Reflexion über das Wesen bzw. die Natur des Menschen ist. Um uns solcherart selbst zu begreifen und zu reflektieren, bedarf es einer Auseinandersetzung mit den geteilten Erfahrungen, die wir als Menschen alle machen, z. B. unserer Sterblichkeit, unserer Fähigkeit Schmerzen und Freude zu empfinden usw.

Der *interne Realismus* rückt also einerseits aus den genannten Gründen vom metaphysischen Realismus ab, behauptet aber im Gegensatz zum Anti-Realismus, dass sich durchaus plausibel moralische Aussagen tätigen und begründen lassen – und sich in weiterer Folge deshalb auch sinnvoll über die Frage nachdenken lässt, wie zu leben für den Menschen gut oder richtig sei.

Ein möglicher Kritikpunkt an dieser metaethischen Position könnte nun lauten, dass Nussbaum, indem sie durch ihre Methode (zuerst wird das Wesen des Menschen bestimmt und dann ein normatives ethisches Konzept daraus abgeleitet) einen naturalistischen Fehlschluss begeht, indem sie also von einem Sein auf ein Sollen schließt. Ihrem historischen Vorbild Aristoteles war jedoch die strikte Trennung von Fakten und Werten, wie sie notwendige Voraussetzung für einen naturalistischen Fehlschluss ist, fremd[57].

„Es gibt, da die Rede von ‚puren Fakten' einer Illusion aufsitzt, ihrer Meinung nach keinen Weg zu einer Bestimmung der ‚menschlichen Natur' ohne Auffassung davon, was im Leben besonders wichtig und unverzichtbar ist. Und diesen

---

56   Pauer-Studer 1999, 10
57   Vgl. Ebd., 11

Identifikationsprozeß betrachtet Nussbaum als eine Sache von Wertungen."⁵⁸

Die Erfahrungen und die sich aus der Reflexion auf unsere Natur ergebenden Überzeugungen sind nun nicht einfach objektive, wertunabhängige Tatsachen (empirische Fakten), sondern „werden überhaupt nur aus dem Horizont unseres Wertverständnisses heraus lesbar und verständlich."⁵⁹ Menschliche Erfahrungen, welche die begründungstheoretische Grundlage für Nussbaums Konzeption darstellen, lassen sich also gar nicht von unseren Werthaltungen trennen. Der Übergang zwischen Sein und Sollen, zwischen Fakten und Werten, ist fließend, weil sich in der Wirklichkeit das Eine nicht vom Anderen trennen, geschweige denn erklären lässt.

Nussbaum legt es nicht darauf an, (wie dies vielleicht dezidierte Vertreter des metaethischen Naturalismus tun würden) empirische bzw. naturwissenschaftliche Daten auszuwerten und daraus dann normative Schlussfolgerungen für eine Ethikkonzeption abzuleiten (hier liegt die Gefahr des naturalistischen Fehlschlusses unmittelbar auf der Hand, wenngleich – so bemerkt Höffe – nicht jeder behauptete naturalistische Fehlschluss auch tatsächlich einer ist⁶⁰). Die Quellen des menschlichen Selbstverständnisses sucht sie nicht in empirischen Daten, sondern in narrativen Erzählformen, in Mythen, Sagen und anderen (schriftlichen oder mündlichen) Überlieferungen, wie es sie in allen Kulturen gibt⁶¹. „Mit Hilfe solcher überhistorischen, transkulturellen, ethischen Zeugnisse hofft Nussbaum, Kriterien

---

58   Ebd.
59   Pauer-Studer 1999, 11
60   Vgl. Höffe 2008, 205. Höffe weist insbesondere darauf hin, dass von Moores semantischem Argument, das logische Problem bei Hume zu unterscheiden ist.
61   Über das zunehmende Interesse für Narrationen in der philosophischen Ethik vgl. z. B. Joisten 2007 und Öhlschläger (Hrsg.) 2009

formulieren zu können, die alles menschliche Leben bestimmen und auszeichnen, ohne metaphysisch begründet zu sein."[62] Kurzum: Nussbaums metaethische Position bewegt sich zwischen einem naturalistischen Empirismus und einem metaphysischen Realismus. „Der internalistische Essentialismus lässt sich als eine anthropologische Ethik verstehen, die ‚down to earth' ist, ohne die Perspektive ‚sub specie aeterni' aufzugeben."[63]

Kritik am internen Realismus

Scherer benennt zwei Kritikpunkte an der Metaethik des *internen Realismus* bei Martha Nussbaum[64]: „Die erste Schwierigkeit betrifft das Material des Auswertungsprozesses, die zweite den Prozeß selbst."[65] Die erste Kritik liegt auf der Hand: Wie bestimmt Nussbaum anhand der Auswertung einer nicht näher genannten Zahl von Mythen, Sagen und anderen (schriftlichen) Kulturzeugnissen, welche Erfahrungsbereiche für den Menschen essentiell sind? „Aus der unüberschaubaren Totalität menschlicher Selbstbeschreibungen an allen Orten und zu allen Zeiten muß ausgewählt werden."[66] Nussbaum bietet aber keine Kriterien für ihre eigene Auswahl. Aufgrund der sehr sorgfältigen und umfangreichen Interpretation einiger griechischer Mythen, sowie ausgewählter Schriften Platons und Aris-

---

62 Scherer 1993, 908
63 Ebd.
64 Scherer verwendet auch den Begriff des *internalistischen Essentialismus*, womit der Standpunkt Nussbaums präziser erfasst wird. Denn der *interne Realismus* kann zunächst erstmal als Methode verstanden werden, welche von der Überzeugung getragen ist, das ein interner Verständigungsprozess überhaupt möglich ist. Der *interne* oder *internalistische Essentialismus* stellt demgegenüber eine nächste Stufe dar: Der interne Verständigungsprozess ist nicht nur möglich, sondern kann auch zu einem essentialistischen Ergebnis führen, also zu einer Übereinkuft darüber, was den Menschen bzw. menschliches Leben in seinem Wesen ausmacht. (Vgl. Scherer 1993, 907)
65 Scherer 1993, 908
66 Ebd.

toteles in *The Fragility of Goodness* (erschienen 1986 – also kurz vor ihren ersten Aufsätzen zum *Capabilities Approach*) liegt der Verdacht nahe, dass ihre Auswahl (sowie letztlich ihr ganzes Nachdenken über das menschlich gute Leben) hauptsächlich auf diesen, geographisch und kulturell begrenzten Umfang an historisch relevanten schriftlichen Zeugnissen beschränkt bleibt. Damit aber würde Nussbaum es schwer haben, den universellen Anspruch ihrer *Liste der zentralen Fähigkeiten* (mit der Vorstufe der gemeinsamen Erfahrungsbereiche) zu begründen. Sie muss also davon ausgehen, dass Narrationen aus anderen kulturellen Räumen in ihrer Interpretation menschlichen Daseins zu ähnlichen Ergebnissen führen. Zumindest dürfen diese aber nicht im Widerspruch zu ihrem Essentialismus stehen.

Letztlich muss Nussbaum daher auch einen gewissen Intuitionismus vertreten, der es allen vernunftfähigen Menschen möglich macht, ihren normativen Setzungen (also ihrer evaluativen Auswahl an zentralen Fähigkeiten) zuzustimmen – unabhängig von deren expliziten Kenntnissen der alten Mythen und anderer narrativer Erzählungen. Denn schließlich könnte man argumentieren, dass viele Menschen heute (v. a. auch in der westlichen Welt) aufwachsen ohne jemals signifikant mit solchen Schriften und Erzählungen in Berührung kommen, zumindest nicht in einem Umfang, der ausreichen würde, ihre trotzdem vorhandene moralisch-ethische Empfindungs- und Urteilsfähigkeit zu erklären.

Der zweite Kritikpunkt, der von Scherer angeführt wird, läuft auf die Frage hinaus, wie aus der nun vorgenommenen Auswahl ein einheitliches Menschenbild geformt werden soll. Es sei „[…] unklar, wie das Verfahren der Aggregation verschiedener Menschenbilder zu einer homogenen Skizze menschlicher Existenz genauer aussehen soll."[67] Sowohl der Prozess der Auswahl

---

67 Scherer 1993, 908

der Dokumente als auch der Prozess ihrer Interpretation und Gewichtung seien nicht neutral, so Scherer.

„Nussbaum hofft, mit einigen Normen westlicher Rationalität – wie [...] der Konsistenz und Widerspruchsfreiheit – als Ausgangspunkt der ‚self-claryfying procedures' einerseits die Spezifität unterschiedlicher Vorstellungen nicht von vornherein durch das Herantragen externer Maßstäbe zu entwerten, andererseits dennoch genug in der Hand zu haben, um kulturelle Selbstverständnisse einer kritischen Prüfung zu unterziehen."[68]

Im Sinne einer Gegenkritik könnte man Scherer fragen, warum es notwendig sein sollte, ein homogenes Menschenbild zu erhalten bzw. ob dies tatsächlich überhaupt Nussbaums Anliegen ist. Ist es nicht gerade eine bestimmte Form der Heterogenität des Menschen, die sich letzlich auch darin zeigt, dass man stets darüber diskutieren kann bzw. muss (statt einfach nur zu konstatieren), welche Erfahrungsbereiche und welche Fähigkeiten für ein (gutes) menschliches Leben zentral sind? Mit anderen Worten: Wie wäre die Vielzahl an Vorstellungen über ein menschlich gutes Leben möglich, wenn die Heterogenität der Erfahrungen nicht konstitutiv für unsere Lebensform wäre? Durch die Heterogenität der Fähigkeitenliste versucht Nussbaum offenbar, dieser zugrunde liegenden Überzeugung Rechnung zu tragen. Der Vorwurf, ein homogenes Menschenbild erzeugen zu wollen, läuft, so betrachtet, ins Leere. Allerdings braucht man auf einer übergeordneten Ebene doch wieder ein homogenes Menschenbild, da ansonsten die Formulierung normativer (sozial-)ethischer Richtlinien nicht möglich wäre, die bei Nussbaum ja auf einer universalistischen Vorstellung vom menschlichen Leben basieren.

---

68   Ebd., 909

1.1.3 Die Liste der zentralen Fähigkeiten

Nach der theoretischen Unterscheidung der drei genannten Fähigkeitsstufen stellt sich nun die Frage, welche die gesuchten *central capabilities* sind, welche also innerhalb der schier unbegrenzten Anzahl von denkbaren *combined capabilities* von so zentraler Bedeutung sind, um begründeterweise dafür argumentieren zu können, dass sie das Dasein als Mensch konstituieren.[69] Die zu treffende Auswahl ist ein entscheidender Punkt in Nussbaums Ansatz, denn eine normative Auslese, eine Gewichtung der Fähigkeiten, muss hier getroffen werden, um die Möglichkeit eines Vergleichs des Entwicklungsstandes (z. B. zwischen einzelnen Regionen und Nationen) zu schaffen bzw. ein essentialistisches Bild vom Menschen zu entwerfen.

Leitend für die Auswahl der Fähigkeiten ist für Nussbaum die Frage, welche Fähigkeiten notwendig sind, um ein gutes Leben führen zu können, welches in Übereinstimmung mit unseren Vorstellungen über die Würde des Menschen steht[70]. Die Auswahl geschieht also nach bestimmten Wertvorstellungen. Die starke Forderung ist nun, dass diese Wertvorstellungen von allen menschlichen Gesellschaften weltweit geteilt werden können müssen. Die *Liste der zentralen Fähigkeiten*, faktisch das Herzstück des ganzen Fähigkeitenansatzes nach Nussbaum, soll nur Punkte enthalten, welchen die Mitglieder aller Gesellschaften, unabhängig von unterschiedlichen kulturellen und religiösen Vorstellungen und Traditionen, zustimmen können. Dies ist natürlich ein gewaltiger Anspruch, der insbesondere bei liberalen Denkern auf eine tiefe Skepsis stößt. Dazu mehr in Kapitel 1.3.2.

---

69   Vgl. Nussbaum 2011, 28
70   Vgl. Nussbaum 2011, 29

Da hier eine Auswahl stattfindet, die explizit von Nussbaum offen gehalten wird für Veränderungen und Ergänzungen in der Zukunft (z. B. für den Fall, dass sich unser Wissensstand über den Menschen oder unsere Überzeugungen ändern), weist die Autorin darauf hin, dass es sich bei ihrem Ansatz um keine geschlossene Theorie über die Natur des Menschen handelt, sondern eben um eine Auswahl gemäß unserer Wertschätzung für bestimmte menschliche Fähigkeiten.[71] Nussbaum benennt folgende zehn Punkte[72], die hier – in leicht gekürzter Form[73] – wiedergegeben werden sollen:

1. *Life.* Being able to live to the end of a human life of normal length; [...]
2. *Bodily health.* Being able to have good health, including reproductive health, to be adequately nourished; to have adequate shelter.
3. *Bodily integrity.* Being able to move freely from place to place; to be secure against violent assault [...]
4. *Senses, imagination, and thought.* Being able to use the senses, to imagine, think, and reason – and to do these things in a "truly human" way, a way informed and cultivated by an adequate education [...]
5. *Emotions.* Being able to have attachments to things and people outside ourselves; to love those who love and care for us, to grieve at their absence; in general, to love, to grieve, to experience longing, gratitude, and justified anger. [...]
6. *Practial reason.* Being able to form a conception of the good and to engage in critical reflection about the planning of one's life.

---

71 Vgl. Ebd., 28
72 Vgl. Ebd., 33f.
73 Die vollständige Ausführung der einzelnen Punkte erfolgt innerhalb des zweiten Kapitels der vorliegenden Arbeit.

7. *Affiliation.* (A) Being able to live with and toward others, to recognize and show concern for other human beings, to engage in various forms of social interaction; [...] (B) Having the social bases of selfrespect and nonhumiliation; being able to be treated as a dignified being whose worth is equal to that of others.
8. *Other species.* Being able to live with concern for and in relation to animals, plants, and the world of nature.
9. *Play.* Being able to laugh, to play, to enjoy recreational activities.
10. *Control over one's environment.* (A) *Political.* Being able to participate effectively in political choices that govern one's life; [...] (B) *Material.* Being able to hold property (both land and movable goods), [...]

Diese aktuelleste Form der Liste aus dem Jahr 2011 weist an einigen Stellen kleinere Unterschiede zu früheren Versionen auf, wie diese in verschiedenen Schriften der Autorin erschienen sind[74]. Nussbaum selbst bestätigt die leicht unterschiedlichen Listen[75] und unterstreicht damit den offenen Charakter der Konzeption, der lediglich den Anspruch erhebt, ein vorläufiger Ausgangspunkt zu sein: "[...] a thick vague starting point for reflection about what the good life for such a being might be."[76]

Die Fähigkeitenliste richtet sich in erster Linie an einzelne Personen und nur nachgeordnet an Gruppen: "The approach espouses a principle of each person as an end."[77] Dies bedeutet für Nussbaum eine fundamentale Neuausrichtung politischer Ansätze, da bislang oft die Familie im Zentrum der Betrachtung

---

74 So unterscheiden sich die Listen auch in den beiden für diese Arbeit maßgeblichen Aufsätzen *Non-relative Virtues: An Aristotelian Approach* sowie *Aristotelian Social Democracy*.
75 Vgl. Nussbaum 1999, 56
76 Nussbaum 1990, 224
77 Nussbaum 2011, 35

stand (vor allem in Entwicklungsländern, beispielsweise in dem von ihr oft bereisten Indien), verstanden als eine relativ homogene Einheit, unter Außerachtlassung der sehr unterschiedlichen Belange ihrer einzelnen Mitglieder[78].

Die einzelnen der in der Liste genannten Fähigkeiten sind für Nussbaum nicht aufeinander reduzierbar. So könne man beispielsweise von staatlicher Seite keine verantwortungsvolle und menschenwürdige Politik betreiben, indem man den Bürgern die Ausbildung einzelner Fähigkeiten vorenthält und dann versucht, dieses Defizit durch erhöhte Zuwendung an anderer Stelle auszugleichen. Ein Beispiel: Wenn ein Land wie Kuba ein in der Region weithin anerkanntes Bildungs- und Gesundheitssystem etabliert hat (zweiter und vierter Punkt auf der Liste), so kann dies nicht die Defizite bei der Ausübung der politischen Rechte und der Meinungsfreiheit (insbesondere also der Punkt 10(A) der Liste) ausgleichen.

Nussbaum fordert nun, dass es das politische Ziel sein muss, die Bürger über zwei Schwellen zu heben, was die Ausbildung der in der Liste genannten Fähigkeiten anbelangt. Ein Minimum an Befähigung soll gesichert werden[79]. Die erste Schwelle fungiert gewissermaßen als Identifikationsmerkmal eines würdevollen menschlichen Lebens. Während das Vorhandensein anderer als der von Nussbaum benannten zentralen Fähigkeiten als nicht notwendig erachtet wird, um einen Menschen als Menschen identifizieren zu können, ist es bei den zentralen Fähigkeiten ihrer Liste notwendig, dass sie in einem substantiellen Sinne vorhanden sind. Ist dies nicht der Fall, würde es sich nicht um ein in voller Hinsicht menschenwürdiges Leben handeln. Bei der zweite Schwelle geht es darum, nicht nur ein menschenwürdiges Leben, sondern ein *gutes* menschliches Leben zu beschrei-

---

78 Vgl. Ebd.
79 Vgl. Nussbaum 1999, 63

ben. Dementsprechend muss hier der Grad der Ausbildung der zentralen Fähigkeiten höher liegen. Die *Liste der zentrale Fähigkeiten* wird von Nussbaum also abgeleitet von einer *Liste von Merkmalen*, die alle Menschen weltweit miteinander teilen. Diese Merkmale sind faktisch gegeben, jeder muss sich damit auseinandersetzen, wenngleich die Art der Auseinandersetzung durch Kultur, Religion und Tradition sehr unterschiedlich ausfällt.

Zu diesen Merkmalen, Nussbaum spricht in *Aristotelian Social Democracy* von der Ebene A *(Level A^{80})* der stark vagen Konzeption des Guten, handelt es sich um die Sterblichkeit des Menschen, die körperlichen Bedürfnisse (konkret nennt sie hier das Bedürfnis nach Essen und Trinken, das Bedürfnis nach Schutz, das Bedürfnis nach Sexualität und das Bedürfnis nach Mobilität), die Fähigkeit zum Erleben von Freude und Schmerz; die kognitiven Fähigkeiten des Wahrnehmens, Vorstellens und Denkens; die frühkindliche Entwicklung; die praktische Vernunft; die Verbundenheit mit anderen Menschen sowie mit anderen Arten und der Natur; Humor und Spiel, sowie das Getrenntsein von Anderen, respektive die Individualität des Menschen. Auf dieser Ebene der Konzeption, so Nussbaums Hoffnung, lässt sich ein Konsens erzielen. Es geht einfach darum anzuerkennen, dass sich jeder Mensch in diesen Bereichen auf irgendeine Weise verhalten muss. Traditionen, Kulturen und Religionen haben unseren Umgang mit diesen Faktizitäten des menschlichen Lebens im Laufe der Zeit geformt und regional sehr unterschiedlich beeinflusst. Der differierende Umgang ändert aber eben nichts an der Tatsache, dass wir diese Erfahrungsbereiche alle miteinander teilen und dass sie es sind, die uns dabei helfen, uns als Wesen der gleichen Art (eben als Menschen) anzuerkennen.

Von den zwei *Ebenen* der Konzeption sind die zwei *Schwellen* zu unterscheiden. Während Nussbaum den Begriff der *Ebenen*

---

80 Vgl. Nussbaum 1990, 219

benutzt, um ihr methodisches Vorgehen zu skizzieren, sollen die beiden *Schwellenwerte* dazu dienen, (lokale) Spezifikationen festzulegen, in welchem Ausmaß die Fähigkeiten (2. Ebene) ausgebildet sein müssen, um von einem menschenwürdigen (1. Schwelle) bzw. guten menschlichen Leben (2. Schwelle) sprechen zu können. Es ist aus Nussbaums Schriften nicht immer eindeutig ersichtlich, worauf der Fokus politischer Bemühungen liegen sollte – auf der ersten oder auf der zweiten Schwelle. In den Aufsätzen *Aristotelian Social Democracy* und in *Human Capabilities, Female Human Beings* hält sie ganz eindeutig fest, dass es die zweite Schwelle ist, welche das Ziel der Politik sein sollte. So heißt es in der letztgenannten Schrift:

> "The latter threshold is the one that will eventually concern us when we turn to public policy: for we don't want societies to make their citizens capable of the bare minimum."[81]

Etwas anders liest sich eine entsprechende Passage in *Frontiers of Justice:*

> "Finally, my approach uses the idea of a *threshold level of each capability* beneath which it is held that truly human functioning is not available to citizens; the social goal should be understood in terms of getting citizens above this capability threshold."[82]

Gleichwohl dürfte auch damit die zweite Schwelle gemeint sein, was die Formulierung „truly human functioning" verrät, welche Nussbaum in ihren Schriften für gewöhnlich nur dann verwendet, wenn sie über das wirklich gute menschliche Leben und nicht nur über das menschenwürdige Leben spricht.

---

81 Nussbaum 1995, 81
82 Nussbaum 2006, 71. Hervorhebung im Original, J. N.

In *Creating Capabilities*, greift Nussbaum dann gar nicht mehr auf das ursprüngliche Konzept der zwei Schwellen zurück, sondern spricht nur noch von einer hinreichenden Schwelle *(ample threshold)*:

> "At a bare minimum, an ample threshold level of ten Central Capabilities is required. Given a widely shared understanding of the task of government (namely, that government has the job of making people able to pursue a dignified and minimally flourishing life), it follows that a decent political order must secure to all citizens at least a threshold level of these ten Central Capabilities"[83]

Für die vorliegende Untersuchung ist somit klar, dass die zweite Schwelle das Forschungsinteresse darstellt. Festgehalten werden kann an dieser Stelle folglich, dass ein gutes Leben für Martha Nussbaum einen Ausbildungsgrad der zentralen Fähigkeiten fordert, der signifikant über jenem Level liegt, welches ausreicht, um ein bloß menschenwürdiges Leben zu führen.

1.2 Abgrenzungen als politische Theorie

Wenn man die Argumentation Nussbaums untersucht, mit welcher sie ihre Version des *Capabilities Approach* von konkurrierenden Ansätzen abgrenzt, stellt man zunächst fest, dass ihre Konzeption nicht gleichberechtigt neben den Ansätzen des Utilitarismus und des politischen Liberalismus steht. Sie stellt für Nussbaum vielmehr eine nächste Entwicklungsstufe dar, auf der versucht wird, die positiven Errungenschaften der vorherigen Stufen zu integrieren, die Unzulänglichkeiten zu identifizieren und innerhalb der eigenen Konzeption aufzulösen.

Nussbaum misst der Aufgabe, ihren Ansatz gegen utilitaristische und liberale Positionen abzugrenzen, daher eine große Bedeu-

---

[83] Nussbaum 2011, 32f.

tung bei. Sie widmet sich ihr, mal mehr mal weniger ausführlich, in den meisten Schriften zum *Capabilities Approach*. Der Grund, warum sie sich gerade von diesen beiden Theorien immer wieder versucht abzugrenzen zeigt sich in der Art der Vorwürfe, die gegen den *Capabilities Approach* vorgebracht werden und auf die im Rahmen des 3. Kapitels dieser Arbeit noch genauer eingegangen wird. So kann der *Paternalismusvorwurf* vor allem als Kritik von liberalen Theoretikern gesehen werden, während dem Utilitarismus, wie sich noch zeigen wird, ein gewisser Kulturrelativismus zu eigen ist – und er deshalb Probleme mit dem universalistischen Anspruch sowie den normativen Setzungen des *Capabilities Approach* hat. So gesehen zielen Nussbaums Abgrenzungsbemühungen auch darauf ab, absehbaren Vorwürfen präventiv entgegenzutreten.

In *Women and Human Development* beginnt Nussbaum die entsprechende Untersuchung mit einem Ansatz, der gewissermaßen lediglich ein Vorläufer zur Messung des Wohlergehens *(quality of life assessment)* bzw. sozialer Gerechtigkeit ist, gleichwohl beim Entwicklungsvergleich zwischen verschiedenen Ländern und Regionen aber immer noch eine prominente Rolle einnimmt: Es handelt sich um den Kennwert des Bruttoinlandsproduktes (BIP), welcher Auskunft über den Gesamt- bzw. den pro Kopf Wert der Güter und Dienstleistungen gibt, die innerhalb eines Jahres in einer bestimmten Volkswirtschaft produziert werden.

Diese eindimensionale Größe lässt natürlich nur begrenzt Aussagen über das tatsächliche Wohlergehen in einer Gesellschaft bzw. einem Nationalstaat zu, insofern sie keinerlei Informationen darüber gibt, wie der sich aus ihr ergebende Reichtum verteilt ist. Nussbaum hält fest, dass mit dieser Kennziffer noch nicht einmal Aussagen über so zentrale Güter wie *Einkommen* und *Gesundheit* getroffen werden können[84], von denen man annehmen kann, dass sie in jedem Gerechtigkeitsansatz eine

---

84 Vgl. Nussbaum 2000, 60

Rolle spielen müssen. Unter Anführung einiger statistischer Vergleichsdaten verweist Nussbaum auf die Tatsache, dass beispielsweise Länder mit einem ähnlichen Bruttoinlandsprodukt höchst unterschiedliche Alphabetisierungsquoten (insbesondere unter Frauen) aufweisen[85]. Auch andere Kennziffern, welche für die Messung des Wohlergehens von entscheidender Bedeutung sein dürften, wie zum Beispiel die *Säuglingssterblichkeit* oder die *durchschnittliche Lebenserwartung*, könnten hier genannt werden. Ganz zu schweigen von der Frage, welche politischen und persönlichen Freiheitsrechte man innerhalb einer politischen Gemeinschaft genießt.

Dieser Ansatz, so man ihn überhaupt als solchen bezeichnen mag, scheint also dermaßen unzulänglich, dass sich keine ernsthafte politische Theorie daraus ableiten lässt.

Im folgenden Abschnitt soll die Abgrenzung Nussbaums von utilitaristischen Ansätzen und liberalen Theorien (hier bezieht sich Nussbaum wie angedeutet meistens direkt auf John Rawls) rekonstruiert werden. Bei der Erörterung der philosophischen Wurzeln von Nussbaums Ansatz wurde manche Argumentation bereits angeschnitten und soll hier nun genauer betrachtet werden.

Maßgebliche Quellen für die intensivsten Auseinandersetzungen mit Utilitarismus und den liberalen politischen (Vertrags-) theorien bei Nussbaum sind *Woman and Human Development* (2000) und *Frontiers of Justice* (2006).

---

85 Vgl. Ebd., 61

1.2.1 Utilitarismus

Der klassische Utilitarismus geht auf den englischen Juristen und Philosophen Jeremy Bentham (1748–1832) zurück. Das Leitprinzip des Utilitarismus als sozialethischer Position besteht darin, (politische) Handlungen danach zu beurteilen, ob sie das durchschnittliche Glück, die Zufriedenheit bzw. das Wohlergehen – kurz: den Nutzen – einer gegebenen Gemeinschaft in der größtmöglichen Weise fördern. In der Nachfolge Benthams wurden immer ausdifferenziertere Varianten des Utilitarismus formuliert, welche Versuche darstellen, die schon bald bemerkten Schwächen der Theorie zu beheben ohne ihren argumentativen Kern aufgeben zu müssen. Als prominentester Vertreter der Gegenwart kann wohl Peter Singer (*1946) gelten.

Nussbaum schätzt an utilitaristischen Ansätzen zwei Dinge: Erstens zeigen sie ein konkretes Interesse an den Wünschen der Menschen, fragen, was diese konkret wollen und was sie brauchen, um ihrer Meinung nach ein zufriedenes (bzw. zufriedeneres) Leben führen zu können. Zweitens zählen in der utilitaristischen Sichtweise alle Menschen als Einzelne: "Each gets one vote. So the theory is potentially quite democratic – even, in the context of established hierarchy, radical."[86]

In *Frontiers of Justice* beschäftigt sich Nussbaum an mehreren Stellen mit dem Utilitarismus, insbesondere im Zuge ihrer Auseinandersetzung mit den Rechten von Tieren[87]. Für die Autorin sind utilitaristische Theorien durch drei Merkmale gekennzeichnet[88]: Durch einen Konsequentialismus *(consequentialism)*, die Maximierung der Summe *(sum-ranking)* und durch einen substantiellen Begriff des Guten *(substantive view about the good)*. Gewissermaßen aus einem Zusammenspiel dieser drei explizit

---

86 Nussbaum 2011, 51
87 Vgl. Nussbaum 2006, 338–346
88 Vgl. Ebd., 339

benannten Bestandteile formuliert Nussbaum nun noch in aufschlussreicher Weise ein weiteres Argument, welches wohl zugleich den liberalen Anspruch ihrer eigenen Konzeption unterstreichen soll:

"[...] while we do want political principles to focus on consequences, we need to assign them a task more limited than that assigned them by the consequentialist, that of dealing with a limited range of consequences in areas that are matters of basic justice."[89]

Es stellt sich natürlich postwendend die Frage, ob Nussbaum damit nicht unwillentlich ihren eigenen Ansatz kritisiert. Schließlich setzt sie ja selbst auf eine *stark vage Konzeption des Guten*, die von liberalen Kritikern als zu umfangreich angesehen wird und sich dem Vorwurf des Paternalismus ausgesetzt sieht. Doch nach dem Selbstverständnis von Nussbaum markiert ihre *Liste der zentralen Fähigkeiten* lediglich eine heterogene Aufzählung basaler Gerechtigkeitsansprüche und keine umfassende Theorie des Guten. Der 2. Schwellenwert markiert bei Nussbaum zwar eine lokal zu spezifizierende Grenze, unter der ein gutes menschliches Leben nicht möglich ist. Es ist damit aber nicht gesagt, dass ein Mensch, dessen zentrale Fähigkeiten sich oberhalb dieser postulierten Schwelle befinden, per Definition ein gutes Leben führen *muss*. Lediglich die wichtigsten Voraussetzungen wären erfüllt. Trotzdem kann ein Mensch mit solcherart entwickelten Fähigkeiten ein unglückliches, respektive ein un-gutes Leben führen, wenn er im Rahmen seiner individuellen Konzeption des Guten seine Ziele nicht erreicht oder den jeweils internalisierten Werten nicht entsprechen kann.

Schließlich darf hier, wie schon angemerkt, wohl nicht außer acht gelassen werden, dass Nussbaum die Bezeichnung stark *(thick)* in der *stark vagen Konzeption des Guten* bewusst als Form

---

[89] Ebd., 342

der Entgegensetzung zu Rawls *schwacher Konzeption des Guten* verwendet.

Im folgenden werden vier zentrale Kritikpunkte von Nussbaum am Utilitarismus dargestellt, wobei insbesondere die letzten beiden ihrer Meinung nach nicht überzeugend von den Vertretern utilitaristischer Ansätze aufgelöst werden können.

1. Nussbaum schließt sich zunächst dem zentralen Kritikpunkt an utilitaristischen Positionen an, nämlich dass die alleinige Bedeutung des Durchschnitts (durchschnittlicher Nutzen, durchschnittlich empfundenes Glück) dazu führt, dass der Ansatz potentiell extreme Ungleichheiten zulässt, solange nur eine genügend große Anzahl davon profitiert. Selbst Sklaverei wäre so möglicherweise legitim, wenn dadurch ein Nutzen für die gesamte politische Gemeinschaft entstehen würde, der die Nachteile der Versklavten übertrifft[90]. Die radikale Variante des Utilitarismus, die lediglich auf den Gesamt- bzw. Durchschnittsnutzen fokussiert, gibt also keine Auskunft darüber, wie es wirklich um den Einzelnen bestellt ist, ob und welchen Anteil er am (materiellen) Wohlstand hat. Insofern schafft es die utilitaristische Idee alleine noch nicht, das Hauptargument gegen den eindimensionalen Ansatz der Messung des Bruttoinlandsproduktes aufzulösen. Insbesondere unter der Perspektive sozialer Gerechtigkeit, so lässt sich ein erstes Fazit ziehen, weist der klassische Utilitarismus signifikante Schwachpunkte auf.

2. Als zweiten Kritikpunkt führt Nussbaum die undifferenzierte Gebrauchsweise der zentralen Termini (Glück, Zufriedenheit, Nutzen) an. Diese werden in einer Art verstanden, die mutmaßen lässt, dass z. B. *Lebensglück* in jedem Fall (und unabhängig vom Ereignis aufgrund dessen sich

---

90 Nussbaum 2011, 51

dieses als Gefühl beim Einzelnen einstellt) vergleichbar ist. Nussbaum fragt nun, ob sich zum Beispiel tatsächlich das Glücksgefühl, welches wir beim Essen eines guten Gerichtes empfinden, mit dem Glück gleichsetzen lässt, welches wir dabei empfinden, Kinder aufwachsen zu sehen[91].

"Thus, within the total or average utility will lie information about liberty, about economic well-being, about health, about education. But these are all separate goods, which to some extent vary independently and there are reasons to think that they all matter, that we should not give up one of them simply to achieve an especially large amount of another."[92]

Sie folgert daraus, dass es schwer einsehbar ist, dass die vielen verschiedenen Arten von Lebensglück, innerer Zufriedenheit usw. sich in einer einzigen Messung bzw. Skala darstellen lassen, die dann ein Urteil darüber erlauben, ob eine Gesellschaft bzw. ein politisches System gerecht ist. Nussbaum vermisst bei utilitaristischen Ansätzen eine entsprechende Differenzierung.[93]

Die Philosophin bemerkt wohl, dass man diesen beiden genannten Kritikpunkten dadurch entgegentreten könnte, indem man einerseits ein Minimum an rechtlichen und materiellen Voraussetzungen festlegt (so dass z. B. Sklaverei und absolute Armut innerhalb des Ansatzes ausgeschlossen werden), andererseits indem man den Nützlichkeitsbegriff pluralistisch operationalisiert. Doch es gibt noch zwei weitere Kritikpunkte am Utilitarismus, die nicht so leicht zu entkräften sind.

---

[91] Vgl. Nussbaum 2011, 52
[92] Nussbaum 2000, 62
[93] Vgl. Nussbaum 2011, 52

3. Der folgende Einwand wurde insbesondere von Amartya Sen in die Diskussion eingebracht[94]. Es geht dabei um die Feststellung, dass die subjektiven Wünsche des Einzelnen durch seine Umgebung, seine Sozialisation, insbesondere aber auch durch seine Bildung, festgelegt werden. So gesehen ist es nämlich gut vorstellbar, dass Menschen, die in bitterer Armut leben, ohne ausreichende Ernährung, medizinischer Versorgung oder unter Vorenthaltung grundlegender politischer Rechte, trotzdem Zufriedenheit mit ihren Lebensumständen äußern, da sie nichts anderes kennen (oder weil die Umstände in der Vergangenheit vielleicht noch desolater waren), wodurch wiederum nach utilitaristischer Logik kein Grund mehr bestehen würde, hier politisch zu intervenieren. Sen spricht deswegen von *adaptive preferences* – anpassungsfähigen bzw. adaptiven Präferenzen[95]. Nussbaum kritisiert mit Sen folglich, dass der utilitaristische Ansatz die Gefahr beinhaltet, dass marginalisierte Gruppen ihren untergeordneten Status unbewusst verinnerlichen und akzeptieren.[96] Nussbaum greift, um die Bedeutung dieses Argumentes zu unterstreichen, immer wieder auf ihre Erfahrungen aus der Zusammenarbeit mit indischen Frauen zurück, welche sie in ihrer Arbeit für die Vereinten Nationen kennen gelernt hat. Dieses Argument stellt eine sehr eindringliche Widerlegung der ursprünglichen Variante des Präferenzutilitarismus dar.

Anhand dieses Argumentes wird der deutlich subjektivistische Charakter sichtbar, welcher nach Nussbaums Argumentation dem Utilitarismus inhärent ist und welcher sich im Kontrast zum objektivistischeren Anspruch ihres Ansatzes befindet. Eine Grundidee mit geradezu axiologischem

---

94 Vgl. Ebd., 54
95 Vgl. Nussbaum 2000, 139f.
96 Vgl. Nussbaum 2011, 54

Charakter bei Nussbaum ist es, dass jeder Mensch über potentiell in ihm angelegte zentrale Fähigkeiten verfügt, auf deren Entwicklung ein moralischer Anspruch besteht. Da alle Menschen kraft ihrem Menschsein Träger dieser Ansprüche sind, ist es für eine gerechte politische Konzeption weitestgehend unerheblich, ob die Bürger mit ihren derzeitigen Lebensbedingungen zufrieden sind oder nicht. Der Wert der Entwicklung dieser Fähigkeiten steht höher als die kontingente Zufriedenheit des Menschen im Alltag. Nussbaum macht immer wieder auf die Tragik aufmerksam, die darin liegt, dass viele Menschen sterben, ohne je ihre Bedürfnisse gekannt zu haben[97]. Andererseits gibt es auch genug Menschen, die im höchsten Maße unzufrieden mit ihrem Leben sind, obwohl sie im materiellen Überfluß leben. Das subjektive Wohlbefinden kann also als letzte Bezugsgröße allein nicht den Ansprüchen genügen, die wir an eine wahrhaft gerechte politische Theorie stellen.

4. Der vierte Einwand, den Nussbaum gegen den Utilitarismus anführt, geht in eine ähnliche Richtung. Er betrifft die Maxime des größtmöglichen Glücks als letztes und oberstes Ziel. Nach dieser Logik müssten im Sinne des Gedankenexperimentes des amerikanischen Philosophen Robert Nozick[98] die meisten Menschen den Wunsch äußern, an eine Erlebnismaschine *(experience machine)* angeschlossen zu werden, die der betroffenen Person permanent Glücksgefühle verschafft, auch ohne dass diesen Gefühlen eine reale Handlung entspricht. Nozick geht davon aus, dass die meisten Menschen für diese Verheißung fortwährender Glücksgefühle nicht ihre Freiheit opfern würden, eigene Entscheidungen treffen zu können und Handlungen zu vollziehen, selbst wenn sie wissen, dass diese oft in Frust-

---

97 Vgl. z. B. Nussbaum 1999, 97
98 Vgl. Nozick 1974, 52–54

ration und Ärger enden. Nussbaum teilt Nozicks Vermutung und sieht ebenfalls in der Freiheit der persönlichen Wahl einen höheren Wert als in einem ununterbrochenem Glücksgefühl (Vgl. dazu auch die Kritik des Hedonismus im 4. Hauptkapitel).

Frido Ricken führt diesen Einwand ebenfalls sehr überzeugend aus. Er zeigt, dass Glück und Lust nicht das sind, was von Menschen intendiert wird, „sondern die Sache an der wir Lust haben"[99]. Damit befindet er sich im Einklang mit Vertretern der humanistischen Psychologie, allen voran Viktor Frankl, der mit der gleichen Argumentation versucht hat zu zeigen, dass das postulierte Primat der Lust in der Theorie von Sigmund Freud nicht hinreichend menschliches Handeln erklären kann, insofern Lust immer erst als Folge hinzutritt oder in einem akzidentiellen Sinn einer (sinnvollen) Handlung beiwohnt[100].

Nussbaum nimmt für ihren Ansatz in Anspruch, dass dieser die genannten Kritikpunkte zufriedenstellend löst. In Bezug auf den ersten Kritikpunkt fordert der *Capabilities Approach* dazu auf, jeden Bürger einzeln zu betrachten und ihn dabei zu unterstützen, seine Fähigkeiten auszubilden und zu entwickeln. Jedes Individuum ist ein potentieller Adressat staatlicher Leistungen. Den zweiten Kritikpunkt umgeht der *Capabilities Approach*, indem die schwierig zu pauschalisierenden Begriffe „Glück", „Nutzen" oder „Zufriedenheit" als solche gar nicht direkt angepeilt werden, sondern die Bürger lediglich befähigt werden sollen, ein Leben zu führen, welches ihren eigenen spezifischen Bedürfnissen entspricht und in Einklang mit den Vorstellungen über die Menschenwürde steht. So wird die Schwierigkeit der Operationalisierbarkeit der genannten Begriffe umgangen.

---

99   Ricken 2003, 280
100 Vgl. Frankl 2007, 78–82

Auch bezüglich des dritten Einwandes lässt sich konstatieren, dass der *Capabilities Approach* hier die angesprochenen Schwierigkeiten löst, indem davon ausgegangen wird, dass Menschen Unterstützung bei der Ausbildung ihrer Fähigkeiten benötigen – sei es durch ein adäquates Bildungssystem, durch die Sicherung eines finanziellen Existenzminimums oder durch die Sicherung allgemeiner Grund- und Freiheitsrechte. Auf diese Art befähigte Bürger können dann unabhängiger von ihrem sozialen Status, ihrem Geschlecht oder ihrer ethnischen Zugehörigkeit einen objektiveren Standpunkt gegenüber der Frage einnehmen, ob sie ein zufriedenstellendes, gutes Leben führen.

Mit diesem Punkt befasst sich Nussbaum an gesonderter Stelle noch weitergehender[101]. Eine anspruchsvollere Variante des Utilitarismus sieht Nussbaum im Ansatz einer Wohlfahrt aufgeklärter Wünsche *(Informed-Desire Welfarism)*[102], einer Variante des *Präferenzutilitarismus*. Dieser Ansatz fragt danach, was Menschen sich wünschen würden, wenn sie über alle Informationen verfügen, die es ihnen dann wiederum ermöglichen, über ihre eigenen Vorstellungen in möglichst aufgeklärter Weise nachzudenken. Auf diese Weise würde man – so die Vertreter des Ansatzes – zu den echten, den authentischen Präferenzen der Menschen gelangen und könnte dann politische Programme danach ausrichten, den Menschen zu helfen, diese aufgeklärten Wünsche zu verwirklichen. Nussbaum attestiert Vertretern dieses Ansatzes eine geistige Nähe zu ihrem eigenen Ansatz[103]: Es wird die Idee der menschlichen Würde ebenso geteilt wie die Vorstellung, dass Menschen andere Menschen nicht in ihren grundsätzlichen Rechten beschneiden dürfen. Ebenso wird der Ausübung der *praktischen Vernunft* ein hoher Stellenwert zuerkannt. Trotzdem hat auch dieser Ansatz seine Schwächen.

---

101 Vgl. Nussbaum 2011, 81–84
102 Vgl. Ebd., 81
103 Vgl. Ebd., 83

Beispielsweise könnten Neigungen bzw. Präferenzen, die darin bestehen, andere Menschen zu verletzen oder zu unterdrücken auch durch noch so viel Aufklärung und Information wohl nicht aus einem Menschen eliminiert werden[104]. Insofern wäre auch dieser Ansatz nicht im vollen Umfang geeignet, um eine gerechte Gesellschaft zu konstituieren.

Schlussendlich begegnet der *Capabilities Approach* noch dem vierten Einwand, indem nicht, wie beim Utilitarismus, Glück als ein Zweck für sich angesehen wird, sondern eine Befähigung der Bürger, die in der weiteren Folge dazu führen soll, dass der Einzelne ein größtmögliches Maß an Freiheit bei der Wahl seiner Handlungen und Entscheidungen erlangt. Die so zum Vorschein kommende paradigmatische Wertschätzung der Freiheit, in der Konzeption des *Capabilities Approach* scheint im utilitaristischen Prinzip keinen vergleichbaren theoretischen Stellenwert zu haben.

Nussbaum bemängelt am Utilitarismus auch ein wenig reflektiertes Rationalitätsverständnis.. So merkt sie in einem Aufsatz über die Bedeutung der Emotionen kritisch an:

"For Utilitarianism prefers reasoning that is detached, cool, and calculative, concerned with quantitative measurement. And it has a way of erecting this preference into a norm, defining Reason and the Rational in terms of it, branding everything else as mere Irrationality."[105]

Nussbaums Theorie der Emotionen ist sehr ausführlich und komplex und kann daher an dieser Stelle kein Gegenstand der Untersuchung sein (eine eingehende Betrachtung erfolgt in Kapitel 3.5.). Zumindest sei angemerkt, dass Nussbaum Emotionen als "[...] intelligent and discriminating elements of the per-

---

104 Vgl. Ebd.
105 Nussbaum 1995a, 361f.

sonality, closely related to perception and judgment"[106] betrachtet. Und diese können folglich auch zu einer Handlungsweise einer Person beitragen, die nicht auf den größtmöglichen Nutzen oder das größtmögliche Glück einer Person abzielt (zumindest nicht solange der Glücksbegriff nicht in einer bestimmten konsequentialistischen Hinsicht operationalisiert wurde, wie man gleich sehen wird). Zumindest gegen Benthams Urversion des Utilitarismus ließe sich aus Nussbaums Sicht so beispielsweise argumentieren, dass eine Frau, die trotz vorhandener Ausbildung und persönlichem Ehrgeiz auf ihre Karriere verzichtet, um die kranken Eltern zu pflegen, nicht irrational handelt. Eine differenziertere Variante des Utilitarismus, die nicht rein auf die Bipolarität zwischen Unlust bzw. Schmerz und Lust abzielt, würde die Gründe, welche die Frau dazu veranlasst haben, ihre Entscheidung so zu treffen, versuchen innerhalb ihrer Theorie zu retten, indem sie argumentiert, dass auch dieses, scheinbar selbstlose Verhalten dem eigenem Nutzen dient, beispielsweise um ein schlechtes Gewissen zu vermeiden.

An Nussbaums Umgang mit dem Utilitarismus ist zu kritisieren, dass sie sich in ihrer Argumentation hauptsächlich auf die klassische Variante zu beziehen scheint. In der zeitgenössischen Ethikdiskussion existieren aber wesentlich differenziertere Varianten, insbesondere der Regelutilitarismus und eben der *Präferenzutilitarismus*, der vor allem von Peter Singer immer weiter entwickelt wurde.

Singer versucht in seinem Hauptwerk *Praktische Ethik (Practical Ethics)* zwar einerseits zu zeigen, wie der klassische Utilitarismus weiterhin als ethische Theorie schlüssige Antworten auf zahlreiche ethische Probleme zu geben vermag, tendiert aber dann bei der Erörterung praktischer Fragen immer wieder zur Variante des Präferenzutilitarismus.

---

106 Ebd., 365

Mit eben dieser utilitaristischen Variante lässt sich Nussbaums zuvor angeführter Vorwurf, der Utilitarismus sei ein rein rationales abwägendes Prinzip, welches Gefühlen und Emotionen keine Rationalität zugesteht, entkräften. Denn der Präferenzbegriff lässt sich durchaus mit subjektiven Gefühlen in Übereinstimmung bringen. Insofern wäre das Beispiel der die kranken Eltern pflegenden Frau innerhalb einer utilitaristischen Theorie wieder rational erklärbar, was sie möglicherweise im klassischen Utilitarismus nicht wäre, auf den sich Nussbaums Argumentation aber in weiten Teilen stützt. Jedoch trifft diese Entkräftung des Nussbaum'schen Vorwurfes nur partiell zu. Da es sich auch beim Präferenzutilitarismus um eine Theorie handelt, die lediglich subjektiven Präferenzen in ihre ethische Handlungstheorie einbezieht, bleiben die genannten Argumente unberührt.

Zuletzt sei hier noch ein weiterer Einwand von Friedo Ricken genannt, der so zwar von Nussbaum bislang selbst nicht explizit diskutiert wurde, dessen inhaltliche Ausrichtung aber wohl in einer weiteren Hinsicht ihre Position stärken dürfte. Ricken kritisiert am Utilitarismus einen passiven Personenbegriff: „Die Person wird reduziert auf einen Träger von Lust bzw. Präferenzen; Personen sind Behälter, die mit Lust oder Befriedigung zu füllen sind."[107] Da Nussbaums Ansatz auf einem Bild des Menschen aufbaut, welches diesen durch vielfältige und heterogene Fähigkeiten ausgezeichnet sieht und nach welchem für den Menschen ein aktives Strebevermögen fundamental ist, ergäbe sich hier ein weiterer Einwand. Ricken jedenfalls präferiert demgegenüber einen, wie er selbst sagt, *aktiven* Personenbegriff:

> „Das Objekt der Moralität wird gesehen als ein Handelnder, der sein Glück selbst gestalten und seiner Verantwortung gerecht werden will; die sittliche Forderung besteht nicht, wie im Utilitarismus, darin, ihn glücklich zu machen, son-

---

107 Ricken 2003, 283

dern ihm die verantwortete Gestaltung seines Glücks zu ermöglichen."[108]

Damit gibt Ricken (als deontologischer Ethiker) recht präzise das Anliegen Nussbaums wieder: Menschen ermöglichen, ein glückliches Leben zu führen über die Sicherung als zentral für den Menschen identifizierter Fähigkeiten.

Letztlich, so würde Nussbaum wohl argumentieren, fehlt dem Utilitaristen (genauso wie dem Deontologen) eine objektive Vorstellung des Guten, wodurch die Verständigung über die Frage, was letzlich ein gutes menschliches Leben sei, auf einer sehr abstrakten (und damit wenig konkreten) Ebene bleiben muss.

1.2.2 Liberalismus und Gesellschaftsvertrag

Die Auseinandersetzung mit liberalen politischen Theorien stellen in gewisser Weise den Kern von Nussbaums Versuch dar, die dringlichsten Anliegen vorzubringen, welche die Autorin mit der Formulierung ihres eigenen Ansatzes verfolgt. „Liberale politische Theorien" ist ein sehr weit gefasster Begriff und verleitet zu einer täuschenden Sicht auf Nussbaums Bemühungen der Abgrenzung. Bei der Untersuchung der entsprechenden Schriften Nussbaums stellt man jedoch fest, dass die Auseinandersetzung sich vorwiegend auf die Idee des *Gesellschaftsvertrages* bezieht, dessen wichtigster moderner Vertreter eben John Rawls ist.

Nach eigenen Angaben war es eben jener John Rawls, der Nussbaum davon überzeugt hat, dass auch ihr eigener Ansatz eine Spielform des *Liberalismus* ist[109]. Denn innerhalb ihrer *starken*

---

108 Ebd.
109 Nussbaum 2011, 124

vagen Konzeption (thick vague conception)[110] des Menschen und der daraus hervorgehenden *starken vagen Konzeption des guten Lebens*, lässt Nussbaum vielerlei Spezifikationen zu. Wie in der Auseinandersetzung mit den philosophischen Wurzeln (1.2.) auch schon erwähnt, legt der Ansatz Nussbaums besonders großen Wert auf persönliche (Wahl-)freiheit. Jeder Bürger soll fähig und in der Lage sein, kraft seiner ausgebildeten *praktischen Vernunft* seiner eigenen Lebenskonzeption folgen zu können – aber keiner Konzeption folgen zu müssen. Insofern ist es sicher richtig, dass der Fähigkeitenansatz Nussbaums einige fundamentale Gemeinsamkeiten mit liberalen politischen Theorien hat.

Trotzdem bestehen bei genauerer Betrachtung auch deutliche Unterschiede. Nussbaum setzt sich innerhalb dieser Debatte in erster Linie mit Rawls selbst auseinander und versucht zu zeigen, inwiefern seine Konzeption gewisse Schwächen offenbart. In *Frontiers of Justice* formuliert Nussbaum eine grundlegende Kritik des klassischen Gesellschaftsvertrages, des Kontraktualismus, der, wie schon weiter oben erwähnt, für folgende drei Probleme keine zufriedenstellende Lösung anbieten kann: Die Rechte Behinderter, die Ungerechtigkeit zwischen Nationen und die Rechte von Tieren.

Da die Auseinandersetzung mit dem Kontraktualismus bedeutend für Nussbaums eigenen Ansatz ist, soll im folgenden jene Kritik einer genaueren Betrachtung zugeführt werden.

---

110 Vgl. Nussbaum 1999, 28

Martha Nussbaums Auseinandersetzung mit dem Gesellschaftsvertrag[111]

Alle Varianten des Gesellschaftsvertrages setzen sich auf die eine oder andere Weise das Ziel, einen Begriff von (sozialer) Gerechtigkeit zu formulieren und den Weg dorthin durch ein entsprechendes Verfahren zu beschreiben bzw. zu erklären. Der erste Schritt besteht dabei darin, den Naturzustand zu verlassen, indem sich die Menschen untereinander darauf einigen, auf private Gewaltanwendung ebenso zu verzichten wie auf die Möglichkeit, sich das Eigentum Anderer anzueignen. Das alles erfolgt mit dem Ziel, Frieden und Sicherheit für alle Mitglieder zu ermöglichen. Konstitutiv wirkt dabei immer die Erwartung des gegenseitigen Vorteils[112].

Vertragstheoretiker wie Rawls setzen sich nun zum Ziel, die konstitutiven Elemente zu erfassen und zu beschreiben, welche ein gerechtes Verfahren beinhalten muss, um am Ende dann, per Definition, zu gerechten Ergebnissen zu führen. Nach Nussbaum haben wir den verschiedenen Varianten, die aus der Tradition des Gesellschaftsvertrages hervorgangen sind, vor allem zwei Dinge zu verdanken[113]: Erstens die begründete Einsicht, dass es tatsächlich im Interesse der Menschen liegt, eigene Macht zugunsten einer rechtlich legitimierten Autorität aufzugeben und zweitens, dass Menschen einem bestimmten Vertragstyp (der dann aber von verschiedenen Denkern verschieden ausformuliert wird) tatsächlich zustimmen würden, "[...] if we divest human beings of the artificial advantages some of them

---

111 Die intensivste Auseinandersetzung mit dem Kontraktualismus führt Nussbaum in *Frontiers of Justice* durch, zunächst in allgemeiner Weise (Kapitel 1), dann bezogen auf die drei von ihr formulierten ungelösten Probleme, die den restlichen Inhalt des Buches ausmachen.

112 Vgl. Nussbaum 2010, 26

113 Vgl. Ebd., 27

hold in all actual societies – wealth, rank, social class, education, and so on [...]."[114]

Nussbaum attestiert nun den Vertragstheorien, auch und vor allem jener von John Rawls, Unzulänglichkeiten, was die adäquate Berücksichtigung der Interessen von Tieren, Behinderten und Angehörigen anderer, vor allem ärmerer, Nationalstaaten anbelangt. Die Gründe dafür sind schon in der Ausgangssituation von den Vertrags- bzw. Verfahrenstheoretikern festgelegt. Insbesondere in den klassischen Varianten war die Personengruppe der Ausgangssituation sehr stark begrenzt: "The classical theorists all assumed that their contracting agents were men who were roughly equal in capacity, and capable of productive economic activity."[115]

Behinderte, aber auch Frauen, wurden so ausgeschlossen und waren keine primären Subjekte in der Entscheidungssituation, in welcher es um die Festlegung der politischen Prinzipien ging, die später den Zustand sozialer Gerechtigkeit hervorbringen sollten.

Diese allgemeine Kritik an der Tradition des Gesellschaftsvertrages wird durch Rawls Arbeiten laut Nussbaum in gewisser Weise abgemildert und modernen Überzeugungen angepasst (so dass z. B. Frauen natürlich auch in den fiktiven Urzustand aufgenommen werden). Trotzdem bleiben weiterhin bestimmte Personengruppen ausgegrenzt.

Eine zweite Stufe der Abgrenzung liegt für Nussbaum darin, dass sie liberale Theorien (wie jene von Rawls) als relativistisch ablehnt. Sie setzt ihnen mit ihrer, auf dem paradigmatisch verwendeten Begriff der *Fähigkeit* basierenden, Konzeption einen

---

114   Nussbaum 2006, 10
115   Nussbaum 2006, 14

essentialistischen Entwurf entgegen[116]. Im nächsten Kapitel wird sowohl der Vorwurf des Paternalismus als auch jener der mangelnden kulturellen Sensibilität eingehend untersucht. Auf den nächsten Seiten folgen dazu vorab zunächst nur grundsätzliche Anmerkungen, um die Argumentation der Liberalen bzw. der Vertragstheoretiker zu verdeutlichen, von denen sich Nussbaum abzugrenzen versucht.

Martha Nussbaum konzipiert mit ihrem Ansatz, wie schon mehrfach angesprochen, eine Konzeption des Guten. Damit haben Liberale nun Schwierigkeiten:

> "For it appears that any substantial notion of the good that might be used by political thought will be based in favor of some projects that citizens might choose, and hostile toward others."[117]

Nussbaum hält dem entgegen, dass ihre Konzeption des Guten eben nicht nur *stark*, sondern auch *vage* ist. Wir Menschen teilen ja nach ihrer Überzeugung eine vage Vorstellung davon, was es bedeutet ein Mensch zu sein und, daraus folgend, was wir benötigen, um ein gutes menschliches Leben führen zu können[118]. Wenn wir nun das, was wir für dieses gute Leben benötigen, nicht erhalten, dann können wir – so die Schlussfolgerung – kein im umfassenden Sinne gutes menschliches Leben führen.

Insofern greift der Vorwurf des Paternalismus nicht[119], da Nussbaum nicht vorschreiben will, wie ein gutes Leben inhaltlich auszusehen hat, sondern lediglich betont, was grundsätzlich notwendig ist, um als menschliches Wesen (mit all seinen kon-

---

116 Vgl. hier insbesondere: Nussbaum 1998
117 Nussbaum 1990, 217
118 Vgl. Nussbaum 1999, 47
119 Eine tiefergehende Untersuchung des Paternalismusvorwurfes erfolgt im weiteren Verlauf dieses Kapitels

stitutiven Bedingungen, seinen Fähigkeiten und Grenzen[120]) ein gutes Leben führen zu können. Ein gutes Leben zu führen, so könnte man sagen, muss damit beginnen, dass man die Voraussetzungen mitbringt, die einem eine persönliche und freie Wahl ermöglichen.

Der Fehler, den Nussbaum hier in anderen Gerechtigkeitskonzeptionen feststellt, hängt stark mit der Vorstellung der *menschlichen Person* zusammen. Wie schon mehrfach angemerkt, sieht Nussbaum bei Autoren wie Rawls und anderen Vertragstheoretikern einen stark kantianisch geprägten Personenbegriff zugrunde liegen, der dadurch gekennzeichnet ist, dass die Menschen, um die es geht, über ein gewisses Maß an Autonomie, Freiheit und Gerechtigkeitssinn verfügen. Im Urzustand in Rawls *Theory of Justice* wissen die Menschen zwar nichts über ihren Status, ihr Einkommen, ihr Geschlecht oder ihre ethnische Zugehörigkeit – sie wissen aber wohl um ihre Fähigkeit zum vernünftigen Denken, die ihnen als Ausgangsbasis auch später (nach der Lüftung des Schleiers der Unwissenheit) zur Verfügung stehen wird.

In Nussbaums Personenkonzeption sieht die Sache anders aus: Mit Rückgriff auf Aristoteles und Marx[121] macht sie darauf aufmerksam, dass die Annahmen, die der kantianische Personenbegriff fordert, nicht vorausgesetzt werden können, sondern vielmehr einer materiellen Grundlage bedürfen. Ohne entsprechende Erziehung und Förderung, ohne ausreichende Ernäh-

---

120 Vgl. dazu Nussbaum 1999, 49–59

121 Nussbaum greift auf Karl Marx zurück, wenn dieser festgestellt hat, dass bestimmte Formen von Arbeit mit der Würde des Menschen nicht vereinbar sind (vgl. Nussbaum 1999, 66) Dies ist aber nur ein Anknüpfungspunkt. So bezieht sie sich auch bei ihrer fundamentalen Kritik am Utilitarismus auf Marx. Die Formel der wahrhaft menschlichen Art und Weise *(truly human way)* hat Nussbaums Nachdenken über eine gerechte Gesellschaftsordnung zutiefst beeinflusst, da damit in der Umkehr Lebensweisen und Arbeitsverhältnisse identifiziert werden können, die mit einem menschenwürdigen, geschweige denn einem guten Leben nicht vereinbar sind.

rung und Schutz vor Gewalttätigkeit, ohne medizinische Versorgung bei Krankheit und ohne soziale Interaktion, kann sich die für den Menschen konstitutive Fähigkeit des vernünftigen Denkens gar nicht entwickeln, geschweige denn aufrechterhalten werden. Diese Tatsache ist auch wohl nur schwer argumentativ zu widerlegen. Wenn aber die Fähigkeit zur Ausübung der Vernunft und autonomer Selbstbestimmung so vielfältiger Güter bedarf, wie kann dann eine Gerechtigkeitstheorie formuliert werden, welche sich nicht das Ziel setzt, diese Grundlagen zu sichern, sondern welche diese vielmehr bereits voraussetzt? Wird hier, philosophisch gesprochen, eine *Petitio Principii* begangen, ein Zirkelbeweis, bei dem die Theorie bereits voraussetzt, was eigentlich erst als Ziel der Gerechtigkeitstheorie für alle Menschen angestrebt werden soll, nämlich die *praktische Vernunft*?

Ein weiterer Vorwurf der von liberalen Theoretikern erfolgen könnte, wäre der, dass Nussbaums Ansatz mit seiner Konzeption des Guten auf einer bestimmten metaphysischen Vorstellung beruht, die in einer pluralistischen und liberalen Gesellschaft keinen Konsens begründen könnte[122]. Aus diesem Grund legt Nussbaum viel Wert auf den anthropologischen Charakter ihrer Liste, die keine metaphysischen Annahmen enthalten soll:

"The basic idea of the thick vague theory is that we tell ourselves stories of the general outline or structure of the life of a human being. We ask and answer the question, What is it to live as a being situated, so to speak, between the beasts and the gods [...]"[123]

Und weiter:

"And the great convergence across cultures in such storytelling, and in its singling out of certain areas of experience as

---

122 Vgl. Nussbaum 1999, 45
123 Nussbaum 1990, 218

constitutive of humanness, gives us reason for optimism that if we proceed in this way, using our imaginations, we will have, in the end, a theory that is not only the parochial theory of our local traditions, but also a basis for cross-cultural attunement."[124]

Soweit Nussbaum (für den Moment) zu den Vorwürfen liberaler Theoretiker, ihr Ansatz sei paternalistisch oder metaphysisch.

Der Hauptkritikpunkt von Nussbaum an verschiedenen liberalen Theorien ist der des Relativismus. Nussbaum beklagt, dass „Essentialismus" in der akademischen Debatte beinahe schon als unanständiges Wort gelte und in die Nähe von Rassismus und Sexismus gestellt werde, während ein radikaler kultureller Relativismus bzw. Traditionalismus als Königsweg für den gesellschaftlichen Fortschritt angesehen wird.[125]

Die Stärke dieses essentialistischen Charakters ihres Ansatzes wird von Nussbaum durch konkrete Fälle unterstrichen, die zeigen sollen, wo kultur-relativistische Positionen versagen. Sie führt das Beispiel der Beschneidung von Frauen an[126]. Mit dieser Praxis wird Frauen die Möglichkeit zur freien sexuellen Entfaltung genommen, was in der Logik eines Relativisten mit lokalen Traditionen und Normen verteidigt werden könnte, welche die Keuschheit von Frauen besonders hoch einstufen. Nussbaums Ansatz, der ja auch den Schutz körperlicher Integrität fordert (und damit die Praxis der – zumindest weiblichen – Beschneidung nicht toleriert), hält dem entgegen, dass eine Frau sich auch ohne Beschneidung jederzeit zu einem sexuell enthaltsamen (vorehelichen) Leben entscheiden könnte. Genauso wie ein Mensch in einer wohlhabenden Gesellschaft sich jeder Zeit dazu entschließen könnte zu fasten. Ein Hungernder in einem

---

124 Ebd.
125 Vgl. Nussbaum 1998, 201
126 Vgl. Nussbaum 1998, 217

Entwicklungsland hat dazu keine Wahlmöglichkeit. Sowohl körperliche Integrität wie auch ausreichende Ernährung sind essentielle menschliche Bedürfnisse und können daher in ihrer Bedeutung nicht relativiert werden. Wohl aber kann man sich kraft seiner *praktischen Vernunft* als Folge persönlicher Erwägungen dazu entscheiden, diese Bedürfnisse (vorübergehend oder auch dauerhaft) nicht zu befriedigen.

Diese Überlegungen zur Notwendigkeit eines essentialistischen Ansatzes über die Bedürfnisse und Fähigkeiten des Menschen setzen sich auch auf der Ebene der politischen Ordnung fort.

> "[...] we cannot tell how a country is doing unless we know how the people in it are able to function in the central human ways. And without an account of the good, however vague, that we take to be *shared*, we have no adequate basis for saying what is *missing* from the lives of the poor or marginalized or excluded, no adequate way of justifying the claim that any deeply embedded tradition that we encounter is unjust."[127]

Relativisten, denen es nach Nussbaum wichtig ist, nicht mit wirtschafts-utilitaristischen Positionen gleichgesetzt zu werden, haben nach ihrer Meinung mit genau diesen Positionen einiges gemeinsam.[128] Denn beide, der Relativist wie der Wirtschaftsutilitarist, lehnen es ab, die subjektiven Präferenzen, wie sie in traditionalen Gesellschaften gebildet werden, irgendeiner kritischen Überprüfung zu unterziehen. In Bezug auf den Relativisten ergänzt Nussbaum: "It seems to assume that all criticism must be a form of imperialism, [...]"[129]

Zur weiteren Verteidigung ihres essentialistischen Standpunktes führt Nussbaum das Gefühl des Mitleides an, verstanden

---

127 Nussbaum 1992, 229. Hervorhebungen im Original, J. N.
128 Vgl. Ebd., 230f.
129 Nussbaum 1992, 232

als die Fähigkeit, Schmerz und Trauer, die andere Menschen erleiden, verstehen und mit-fühlen zu können. Doch wie wäre diese Fähigkeit zu verstehen, wenn es nicht einige essentialistische Merkmale des Menschseins gäbe, die wir mit allen anderen Menschen teilen?

> "[...]: compassion does require the belief in a common humanity. We do not grasp the significance of suffering or lack or impediment unless and until we set it in the context of a view of what it is for a human beeing to flourish."[130]

Als Fazit dieser Überlegungen kann man also festhalten, dass Nussbaum in liberalen Theoretikern wie Rawls Vertreter eines subjektiven Partikularismus sieht, während sie selbst sich als Vertreter eines objektiven Kosmopolitismus zu positionieren scheint. Nussbaum selbst möchte allerdings nicht als Vertreterin einer kosmopolitischen Position verstanden werden. Die Loyalität eines Kosmopoliten gilt zuerst der Menschheit an sich, nicht einer Nation, einer Ethnie o. ä. Diese Position, so Nussbaum, ist aber keine Voraussetzung, um dem Anliegen des Fähigkeitenansatzes zustimmen zu können[131].

Abschließend nun, wie weiter oben angekündigt, eine kurze Erläuterung jener drei ungelösten Probleme, die Nussbaum in *Frontiers of Justice* abhandelt.

Die erste Grenze, an welche Gerechtigkeitskonzeptionen stoßen, die durch einen Gesellschaftsvertrag konstituiert sind, ist jene der möglichen Marginalisierung von Menschen mit Behin-

---

130 Ebd., 239
131 Vgl. Nussbaum 2011, 92f. Dort führt sie als Beispiel auch an, dass für Vertreter der römisch-katholischen Kirche die oberste Verpflichtung gegenüber Gott besteht und nicht gegenüber der Menschheit. Trotzdem können aber auch orthodoxe Katholiken dem Fähigkeitenansatz zustimmen. Nussbaum: "It is therefore mistaken, and a serious misreading of my political views, to call it a form of *cosmopolitanism*."

derungen und Beeinträchtigungen, in älteren Varianten auch Frauen, Kinder und alte Menschen. Denn die Vertragsparteien bestehen auch bei Rawls aus Menschen (bei früheren Denkern eben auch oftmals nur aus Männern) mit einer gewissen Vernunftfähigkeit. Der Schleier des Nichtwissens, den Rawls postuliert, ist also kein vollständiger. Die Vertragsparteien wissen, dass sie geistig gesund und ohne tiefergehende Beeinträchtigung sind. "But the primary subjects of justice are the same ones who choose the principles."[132] Insofern drohen die Belange, v. a. geistig Behinderter, nicht durch das kontraktualistische Verfahren berücksichtigt zu werden, sondern im weiteren Verfahren der Fürsorge, möglicherweise auch der Willkür, der vernunftfähigen Bürger überlassen zu werden. Dieser Einwand gewinnt nun besonderes argumentatives Gewicht, wenn man bedenkt, dass gerade Behinderte in aller Regel ein Mehr an (finanzieller) Zuwendung benötigen als Nicht-Behinderte. Es ist fraglich, ob kontraktualistische Gerechtigkeitskonzeptionen diesem Aspekt theoretisch ausreichend Rechnung tragen können.

Die zweite Grenze bildet die Bezogenheit der Vertragstheorien auf die Institution des Nationalstaates. Dadurch werden Fragen internationaler Gerechtigkeit erst einmal nicht in den Blick genommen. Zwar, so merkt auch Nussbaum an[133], stellt sich diese Frage dann bei Rawls auf einer zweiten Ebene, wo dann nicht mehr freie und gleiche Personen in den Fokus der Argumentation rücken, sondern eben Staaten – aber auch dann lässt sich wieder fragen, wer überhaupt zum Kreis der Staaten gehört, die frei und gleich sind. Nach Nussbaums Überlegungen entspräche die Lage ärmerer Nationen denjenigen von Personen mit Behinderungen auf der ersten Stufe des Vertrages. Darüber hinaus kann mit Nussbaum bezweifelt werden, ob ein solches Vorgehen überhaupt Sinn mache in einer Welt, in welcher

---

132 Nussbaum 2006, 16
133 Nussbaum, 2010, 39

die einzelnen Nationen in unterschiedlicher Stärke massiv von einem mächtigen globalen Markt dominiert werden, gegenüber welchem oftmals jegliche Interventionsmöglichkeiten zu fehlen scheinen[134].

Die dritte Grenze der Gerechtigkeit ist bei Nussbaum jene der Zugehörigkeit zu einer bestimmten Spezies. Tiere zählen in den Vertragstheorien einfach nicht zu den Subjekten der Gerechtigkeit[135]. Nussbaum kritisiert die Haltung vertragstheoretischer Autoren gegenüber dieser Frage:

> "Theorists in this tradition typically hold either that we have no direct moral duties to animals (Kant) or that, if we do, they are duties of charity or compassion rather than justice (Rawls)."[136]

Die Menschheit wirkt tagtäglich massiv auf das Leben von Tieren ein, fügt diesen oftmals unbeschreibliches Leid zu. Dies lässt sich aber in einer Gerechtigkeitskonzeption, die diesen Namen verdienen soll, nicht einfach stillschweigend hinnehmen.

> "Animals are not simply part of the furniture of the world; they are active beings trying to live their lives; and we often stand in their way. That looks like a problem of justice, not simply an occasion for charity."[137]

Rawls gibt Nussbaum in Bezug auf die erste und dritte Grenze recht und gesteht ein, dass seine Konzeption hier möglicherweise scheitert.[138] In Bezug auf die zweite Grenze, die Frage der Gerechtigkeit zwischen Nationalstaaten, meint er, hier in *The*

---

134 Vgl. Ebd., 18–21
135 Nussbaum 2010, 42
136 Nussbaum 2006, 21f.
137 Nussbaum 2006, 22
138 Vgl. Nussbaum 2011, 44f.

Law of Peoples (Das Recht der Völker) eine Lösung präsentiert zu haben, die für Nussbaum allerdings nicht überzeugend ist.

Nussbaum erachtet ein bestimmtes Verhältnis zur Tier- und Pflanzenwelt bzw. zur Natur im Allgemeinen als essentiellen Bestandteil eines guten Lebens. Zumindest Tiere sind dabei Wesen, die aufgrund ihrer aktiven Strebensfähigkeit als selbstzweckhaft behandelt und respektiert werden sollen. Weitere Ausführungen zum Verhältnis des Menschen zur Natur und zur Tierwelt erfolgen im Kapitel 2.8., wo es um die Erörterung des entsprechenden Punktes auf Nussbaums *Liste der zentralen Fähigkeiten* geht.

1.3 Zusammenfassung der Ergebnisse

Das erste Kapitel dieser Arbeit hat zwei Ziele verfolgt: Einerseits sollte die allgemeine Struktur des *Capabilities Approach* in der Version von Martha Nussbaum vor der Behandlung der spezifischeren Fragestellungen hinsichtlich der *Liste der zentralen Fähigkeiten* erfolgen, um so den theoretischen Hintergrund aufzuhellen. Insbesondere auch die metaethische Position Nussbaums wurde thematisiert, welche auf einer intern-realistischen Sichtweise beruht. Auch lassen sich aber bei der Autorin, wie auch bei anderen zeitgenössischen TugendethikerInnen, naturalistische Standpunkte feststellen. Andererseits ging es auch darum, den Ansatz von Nussbaum deutlich abzugrenzen von anderen fundamentalen Gerechtigkeitsvorstellungen hinsichtlich der Frage, wie eine gerechte Gesellschaft zu konstituieren sei, welchen grundsätzlichen Überlegungen eine solche Gesellschaft folgen solle. Hier hat die Auseinandersetzung mit dem Utilitarismus und den liberalen Theorien gezeigt, dass Nussbaum ihren eigenen Ansatz nicht als eine Alternative in Konkurrenz zu den vorgenannten Ansätzen sieht, sondern als deren Weiterentwicklung, welche die Vorteile und Errungenschaften ihrer Vorgänger in die eigene Theorie zu integrieren versucht.

Eine Annäherung an die philosophischen Wurzeln des *Capabilities Approaches* hat gezeigt, auf welchen Grundpfeilern Nussbaums Denken bzw. ihre Version des Fähigkeitenansatzes beruht.

Deutlich wurde unter anderem das aristotelische Verständnis der Person als bedürftiges, verletzbares Wesen, welches auf eine breit angelegte materielle Unterstützung angewiesen ist, um sich in einem „wahrhaft menschlichen Sinne" zu entwickeln, wie Marx das schließlich herausgearbeitet hat. Karl Marx ist dann auch als zweiter einflussreicher Denker zu nennen, welcher Nussbaums Nachdenken über eine gerechte Gesellschaft in besonderer Weise geprägt hat. Als dritte wichtige Quelle wären die Stoiker zu nennen, von welchen Nussbaum hauptsächlich die Idee der menschlichen Würde übernimmt, die jedem einzelnen Menschen als solchem zukommt, unabhängig von seinem gesellschaftlichen Stand, Geschlecht, Religion oder ethnischer Zugehörigkeit. Von John Rawls übernimmt Nussbaum die Überzeugung, dass eine Gerechtigkeitskonzeption liberalen Ansprüchen genügen muss, was hier insbesondere heißen soll, dass sie nicht auf streitbaren religiösen bzw. metaphysischen Voraussetzungen beruhen darf. Auch die Idee eines, trotzdem möglichen, übergreifenden Konsenses *(overlapping consensus)* übernimmt sie von Rawls.

2 Die Konstituenten des guten Lebens: Kritische Untersuchung der Fähigkeitenliste

Nachdem im ersten Kapitel der *Capabilities Approach* Martha Nussbaums einer grundsätzlichen Untersuchung unterzogen und von anderen politischen Theorien abgegrenzt wurde, wird es nun um das Kernstück der Konzeption gehen: Um die von ihr vorgelegte *Liste der zentralen Fähigkeiten*.

Diese Liste, die aus zehn[139] Fähigkeiten bzw. Fähigkeitskomplexen besteht, soll hier nun einer eingehenden Analyse und Bewertung unterzogen werden, wobei jedem der zehn Punkte ein eigener Abschnitt gewidmet sein wird.

Nussbaum hat zwischen ihrer ersten philosophischen Entfaltung des *Capabilities Approach* in mehreren Aufsätzen zwischen 1988 und 1993, über ihre erste umfassende und systematischen Entwicklung des Ansatzes in *Woman and Human Development* (2000) bis hin zu *Creating Capabilities* (2011), verschiedene Formen der Liste gebraucht. In *Frontiers of Justice* (2006) hat sie sich schließlich auf eine inhaltliche Form der Liste eingelassen, die in ihren Schriften bis heute verwendet wird und auf die auch

---

139 Man könnte in begründeter Weise auch von 12 Fähigkeiten sprechen, da die Punkte 7 und 10 unter einem übergeordneten Fähigkeitenbegriff je zwei Fähigkeiten(-bündel) enthalten.

für die hier vorliegende Arbeit zurückgegriffen wird. Wie Nussbaum immer wieder betont hat, versteht sie ihre Liste als evaluativ und für Veränderungen (Kürzungen oder auch Ergänzungen) offen[140]. Diese Offenheit, die fast schon wie eine Art „Anti-Dogmatismus" wirkt, ist dem Anschein nach ernst gemeint, wenn man folgende Aussage betrachtet, mit welcher Nussbaum in *Creating Capabilities* schließt:

> "The Capabilities Approach is offered as a contribution to national and international debate, not as a dogma that must be swallowed whole. It is laid out to be pondered, digested, compared with other approaches – and then, if it stands the test of argument, to be adopted and put into practice. What this means is that you, the readers of this book, are the authors of the next chapter in this story of human development."[141]

Das folgende Kapitel folgt der Einladung Nussbaums und untersucht kritisch die einzelnen Fähigkeiten, welche solcherart als Konstituenten eine Operationalisierung des *guten Lebens* ermöglichen. Nussbaum selbst beschreibt die einzelnen Fähigkeiten nur sehr umrisshaft und allgemein – ganz im Sinne einer *vagen* Konzeption des Guten. Damit bleibt der Ansatz auf einer Ebene, der ihn offen und attraktiv für die von ihr angestrebte weltweite Anwendung machen soll. Lokale Spezifikationen erfolgen erst in einem späteren Schritt. Der Versuch einer solchen Spezifikation soll in diesem Kapitel nun zumindest ansatzweise erfolgen, indem punktuell gefragt wird, wie eine Ausgestaltung in einer westlichen Industrienation wie Deutschland aussehen könnte bzw. welche grundsätzlichen Überlegungen hier zu treffen wären.

Das folgende Kapitel umfasst daher methodisch folgende Schritte und Fragestellungen:

---

140   Vgl. z. B. Nussbaum 1999, 56
141   Nussbaum 2011, 187

1. Die Untersuchung der einzelnen Fähigkeiten beginnt mit der Präsentation der von Nussbaum kurz und bündig gehaltenen Definition.
2. Es folgt sodann eine kritische Reflexion auf die vorgelegte Definition sowie die darin enthaltenen Begrifflichkeiten mit dem Ziel, eventuelle Schwachpunkte und/oder Widersprüchlichkeiten zu benennen. Einzelne Punkte umfassen mehrere Sätze und stellen insofern ein komplexes Argumentationsgefüge dar. Im Sinne einer nachvollziehbaren Analyse werden daher einzelne Fähigkeiten in der Liste mit einer umfangreichen Definition (z. B. die Punkte 4, 7 und 10) in einzelne Argumente gegliedert und reflektiert.
3. Schließlich soll punktuell ein beispielhafter Ausblick erfolgen, wie die jeweilige Tätigkeit konkret für den politischen Raum der Bundesrepublik Deutschland realisiert werden kann, bzw. welche Aspekte hier aus Sicht des Autors zu beachten wären – dies jedoch, ohne eine umfassende und systematische Spezifikation zu wagen, sondern rein aus dem Impetus, punktuell die Grenzen der rein theoretischen Ebene zu überschreiten und mit praktischen Fragestellungen zu konfrontieren.

An die Untersuchung der zehn Fähigkeiten soll dann noch im Rahmen eines Fazits auf die Frage eingegangen werden, ob es Sinn machen könnte, die Liste in einzelnen Punkten zu kürzen oder auch zu ergänzen.

Wie Nussbaum betont, können die Fähigkeiten im Allgemeinen nicht isoliert voneinander betrachtet werden. So schreibt sie beispielsweise in *Aristotelian Social Democracy*: "It is not meant to suggest that these are unrelated items; for in obvious ways they interact with one another, and interpenetrate one another."[142] Als Beispiel nennt sie hier die Fähigkeiten der Mobilität und der Ernährung. Für die wechselseitige Durchdringung führt sie an

---

142 Nussbaum 1990, 224

dieser Stelle noch das von ihr so benannte *Getrenntsein (seperatness)* an, ein Terminus, der unter die 10. zentrale Fähigkeit ihrer Liste fällt und welcher später durch die Fähigkeit zur Kontrolle über die eigene Umwelt (in politischer und materieller Sicht) ersetzt wurde. Denn: "[...] whatever we do, we do as beings who are, each of us, 'one in number,' separate and distinct, tracing distinct paths through space and time."[143]

Diese beiden Aspekte der gegenseitigen Abhängigkeit und der Durchdringung seien hier einführend nochmals herausgestellt, da sonst bei einer eingehenden Untersuchung und Reflexion zu sehr die Gefahr besteht, die einzelnen Konstituenten des Guten bei Nussbaum isoliert zu betrachten. Denn dazu lädt die nummerierte Struktur einer Liste mit klar benannten Fähigkeiten sicherlich ein Stück weit ein.

Ein weiterer wichtiger Punkt ist die Frage, welche der beiden von Nussbaum genannten Schwellen die eigentlich bedeutsame ist bei der Betrachtung und Beurteilung einer gegebenen politischen Praxis. Da die vorliegende Arbeit sich mit dem Begriff des guten Lebens bei Martha Nussbaum beschäftigt, ist es der zweite Schwellenwert, dem das Interesse gilt und in welchem auch Nussbaum, wie gesehen, die eigentliche Herausforderung sieht. Schließlich ist es erst diese zweite Schwelle, die den Ansatz zu einer *Theorie des guten Lebens* werden lässt, während man sagen könnte, dass die erste Schwelle lediglich eine Theorie menschlicher Würde darstellt.

---

143 Ebd., 225

2.1 Leben

1. Life. Being able to live to the end of a human life of normal length; not dying prematurely, or before one's life is so reduced as to be not worth living.[144]

Das Substantiv *Leben* wird hier von Nussbaum vor allem hinsichtlich seiner zeitlichen Erstreckung thematisiert. Herausgestellt werden soll die Fähigkeit eines Menschen, ein Leben von *normaler* Länge zu leben, wobei sich hier natürlich umgehend die Frage stellt, was denn eine solche normale Länge sei. Da Nussbaum hier wie auch bei den anderen zentralen Fähigkeiten methodisch eine allgemeine Formulierung wählt, um unterschiedliche lokale Spezifikationen zu ermöglichen, wäre ein denkbarer Bezugspunkt die durchschnittliche Lebenserwartung in einem bestimmten politischen oder kulturellen Raum.

Doch dies scheint angesichts der enormen Unterschiede bei der Lebenserwartung in vielen Entwicklungsländern einerseits und hochentwickelten Industrienationen andererseits schwer als *gerecht* zu vermitteln. So lag 2009 z. B. die Lebenserwartung bei Geburt in Afghanistan gerade einmal bei 48 Jahren, währenddessen sie beispielsweise in der Schweiz bei 82 Jahren lag und in Deutschland immerhin auch noch bei 80 Jahren[145]. Schon hier zeigt sich also, dass global gültigen Richtwerten sicherlich der Vorzug zu geben wäre, um einem intuitiven Gerechtigkeitsanspruch Rechnung zu tragen. Es ist davon auszugehen, dass die Fähigkeit, ein Leben einer bestimmten Länge zu führen, sicherlich weniger mit lokal unterschiedlichen kulturellen oder religiösen Traditionen zu tun hat (wenngleich diese durchaus auch eine indirekte Rolle spielen können), als vielmehr (im Falle

---

144 Nussbaum 2011, 33. Die Wiedergabe der einzelnen Fähigkeiten im englischsprachigen Original sind allesamt den Seiten 33–34 entnommen.

145 Vgl. WHO 2009 WHO 2009 (Hrsg.): *Life expectancy: Life expectancy by country*, Internet: http://apps.who.int/ghodata/?vid=710 (abgerufen am 03. 04. 2012)

statistisch signifikant niedriger Lebenserwartung) mit sozial bedingten Mängelzuständen, verursacht beispielsweise durch extreme wirtschaftliche Armut und / oder als Folge kriegerischer Auseinandersetzungen oder als Folge von Naturkatastrophen. Sobald extremer Mangel bei einem Großteil der Bevölkerung beseitigt ist, kann man begründeterweise davon ausgehen, dass die durchschnittliche Lebenserwartung in einem gegebenen Gebiet signifikant ansteigen wird. Wenn man bedenkt, dass es auch in Ländern mit extremer Armut (z. B. eben Afghanistan, Bangladesh oder zahlreichen zentralafrikanischen Staaten) eine kleine Oberschicht gibt, die sich aufgrund ihrer Privilegien vor den Auswirkungen der sie umgebenden Armut zu schützen weiß, dann müsste vielmehr die durchschnittliche Lebenserwartung dieser Oberschicht als Maßstab für die Bestimmung der *normalen Lebenslänge* gelten.

Eine andere Möglichkeit wäre es, den vagen Begriff der *normalen Lebenslänge* durch die weltweite durchschnittliche Lebenserwartung zu bestimmen. Diese lag 2011 nach Auskunft des *World Factbook*[146] der US-amerikanischen Organisation *Central Intelligence Agency (CIA)* bei 67,59 Jahren (Männer: 65,59 Jahre, Frauen: 69,73 Jahre). Während diese Marken für viele Entwicklungsländer durchaus ein ambitioniertes Ziel darstellen können, wären sie für Länder, in welchen die Lebenserwartung bereits jetzt deutlich höher liegt, nur von relativem Interesse. Gleichwohl spielt die Frage, ob es in wohlhabenden Industrienationen einzelne Personengruppen gibt, die aufgrund eines verbindenden Merkmals (z. B. einer bestimmten Krankheitsdiagnose) signifikant unter einem (wie auch immer spezifizierten) Durchschnittswert bei der Lebenserwartung bleiben, eine Rolle. Diese Thematik wird bei der Erörterung des zweiten Punktes *(bodily health)* noch eingehender diskutiert.

---

146 Central Intelligence Agency 2011: *World Factbook*, Internet: https://www.cia.gov/library/publications/the-world-factbook/geos/xx.html (abgerufen am 31. 07. 2012)

2 Die Konstituenten des guten Lebens

Im Allgemeinen scheint es für ein entwickeltes Land wie Deutschland jedenfalls nahe zu liegen, die nationale durchschnittliche Lebenserwartung als Richtwert zu verwenden, wenn es darum geht, die Fähigkeit, ein Leben *normaler Länge* zu führen, zu bewerten. Dies kann aber wohl nicht für Länder gelten, in welchen alleine schon eine weitverbreitete Säuglings- und Kindersterblichkeit den statistischen Wert der Lebenserwartung beträchtlich nach unten drückt. Hier wäre dann eher ein Wert heranzuziehen, welcher die Lebenserwartung berücksichtigt, welche Menschen haben, wenn sie beispielsweise das fünfte Lebensjahr vollendet haben. Trotz solcher statistischen Modifizierungen kann gegen eine solche, in letzter Konsequenz relativistische, Orientierung an lokalen Lebenserwartungswerten eingewendet werden, dass es einer universalistischen Gerechtigkeitskonzeption widerspricht, hier mit unterschiedlichen Maßen und Richtwerten zu operieren. Eine regional niedrigere durchschnittliche Lebenserwartung könnte, in einer egalitaristischen Perspektive, höchstens als Zwischenziel fungieren.

Abgesehen von statistischen Erwägungen ist der Begriff der *normalen Länge* auch unter einer anderen Hinsicht problematisch. So gibt es zahlreiche Menschen, die unter bestimmten chronischen Krankheiten leiden und statistisch gesehen schon deswegen eine deutlich von Durchschnittswerten abweichende Lebenserwartung haben. Zu denken wäre hier beispielsweise an Menschen mit dem HI-Virus, mit multipler Sklerose oder (zurückliegenden) Krebserkrankungen, aber auch an Diabetiker und Träger schwerer Erbkrankheiten. Bei diesen Gruppen ist in vielen Fällen das Erreichen der durchschnittlichen Lebenserwartung eher unwahrscheinlich. Die Frage, die sich hier wie auch bei den anderen von Nussbaum benannten Fähigkeiten stellt, ist, ob ein solches Leben damit per se nicht mehr der Würde des Menschen entsprechen würde (erste Schwelle), respektive kein gutes Leben (zweite Schwelle) mehr sein könnte. Spontan würden die meisten Menschen dem wohl widersprechen. Es gibt zahlreiche Beispiele von Menschen, die ganz offensichtlich ein überaus glückliches und erfülltes Leben trotz verschiedenster Krankheitsdiagnosen führen[147]. Trotzdem heißt es bei Nussbaum: "The basic idea is that with regard to each of these, we can argue, by imagining a life without the capability in question, that such a life is not a life worthy of human dignity."[148]

Die Orientierung an diesem letzten Zitat setzt aber voraus, dass für die Fähigkeit selbst bereits eine (lokale) Spezifikation gefunden wurde, die dann beim einzelnen Menschen in relevantem Umfang vorhanden ist oder eben nicht. Deshalb dürfte es, hinsichtlich der genannten Fälle, bei welchen die Lebenserwartung aufgrund gesundheitlicher (Vor-) Belastungen eingeschränkt wäre, eher Sinn machen, die Fähigkeit ein Leben *normaler Länge* zu führen, relativ auf die individuellen Umstände einzelner Personen auszulegen.

Eine sich so abzeichnende Lösung hätte Vor- und Nachteile. Ein Vorteil wäre sicherlich, dass damit die Möglichkeit bestünde, verschiedene, den einzelnen Menschen betreffende Faktoren zu berücksichtigen – und nicht per se einem großen Teil der Bevölkerung schon nach der Prüfung dieser ersten Fähigkeit abzusprechen, ein gutes und/oder zumindest menschenwürdiges Leben führen zu können. Eine solche Lösung wäre durchaus naheliegend. Der größte Nachteil dieser Sichtweise wäre in der Gefahr einer relativistischen Beliebigkeit zu sehen, welche Nussbaum durch den essentialistischen Charakter ihrer Konzeption auf der formalen Ebene des Ansatzes tunlichst zu vermeiden sucht. Denn durch die Relativierung der Antwort auf die Frage, welches ein Leben *normaler Länge* denn nun sei, ist auch

---

147 Tatsächlich behaupten ja sogar immer wieder Menschen, dass sie erst nach einem schweren Schicksalsschlag, wie dies sicherlich auch die Diagnose einer schweren Krankheit darstellt, gelernt haben ihr Leben wertzuschätzen und intensiver zu genießen.
148 Nussbaum 2010, 78

missbräuchlichen oder fahrlässigen Interpretationen Tür und Tor geöffnet. Um das sich hier offenbarende Konfliktpotential zu verdeutlichen, stelle man sich folgenden fiktiven Fall vor, der sich so oder ähnlich sicher oftmals in einem Wohlfahrtsstaat wie Deutschland finden lässt:

> Eine Frau stirbt mit Anfang 60 an den Folgen eines Schlaganfalles. Sie litt an mehreren Vorerkrankungen, u. a. Diabetes, und hatte deutliches Übergewicht. In Anbetracht ihrer persönlichen Situation könnte man zu dem Schluss kommen, dass die Frau über die Fähigkeit ein Leben *normaler Länge* zu führen, durchaus verfügte. Denn trotz ihrer ungünstigen Diagnosen erreichte sie ein Lebensalter, welches von vielen Menschen als angemessen, zumindest aber nicht als ungewöhnlich niedrig, eingestuft werden würde. Die Prüfung der Frage, ob die Frau also über die Fähigkeit verfügt hat, ein Leben *normaler Länge* zu führen, würde so schließlich in der Rückblende bejaht werden. Es wäre aber nun denkbar, dass der Hausarzt der Frau dies völlig anders interpretiert: Er gibt zu bedenken, dass die Frau mit anderen Medikamenten wesentlich länger und auch gesünder hätte leben können, was aber von der gesetzlichen Krankenkasse nicht finanziert wurde. Auch sei die Frau nicht fähig gewesen, einen vom ihm, dem Arzt, verordneten Diätplan zu befolgen (obwohl sie dies durchaus gerne getan hätte), da sie alleinstehend und mit Einkauf und Zubereitung der Nahrungsmittel völlig überfordert gewesen sei. Fazit: Die Frau hätte unter günstigeren Bedingungen noch wesentlich älter werden können, wenn ihre Fähigkeiten, die zur Erreichung eines höheren Lebensalters notwendig gewesen wären, in einem höheren als dem tatsächlichen Maße ausgebildet gewesen wären.

Brisanz gewinnt das Beispiel durch den Umstand, dass die Frau noch nicht einmal die weltweite durchschnittliche Lebenserwartung erreicht hat, geschweigedenn den nationalen Durchschnitt.

Eine mögliche Schlussfolgerung könnte daher für einen Vertreter des *Capabilities Approach* durchaus lauten, dass der Frau geholfen hätte werden müssen. Aus Sicht des Ansatzes stellt sich hier, wie auch bei den anderen zentralen Fähigkeiten, immer wieder die Frage, wie weit die Verantwortung des Staates bzw. der politischen Gemeinschaft für den einzelnen Bürger zu gehen hat. Die sogenannte „Zwei-Klassen-Medizin" gehört zu den politisch am heißesten diskutierten Phänomenen im Gesundheitssystem des Landes – und sie ist wohl nur ein spezifischer Aspekt für einen viel tiefer liegenden Grundtatbestand: Der Zugang zur besten medizinischen Versorgung hängt stark von den finanziellen Ressourcen des Einzelnen ab. Von der bestmöglichen Gesundheitsversorgung hängt aber zweifellos auch das individuell mögliche Maß an Lebenserwartung ab. Ist diese systemimmanente Ungerechtigkeit, die sich hier abzeichnet, eine Bedrohung für das Anliegen bzw. das politische Programm des *Capabilities Approach*?

Die Antwort darauf lautet eindeutig: Nein. Denn wie Nussbaum betont:

> "The capabilities approach is not intended to provide a complete account of social justice. It says nothing, for example, about how justice would treat inequalities above the threshold. [(...)] It is an account of minimum core social entitlements, and it is compatible with different views about how to handle issues of justice and distribution that would arise once all citizens are above the threshold level."[149]

Es ist davon auszugehen, dass Nussbaum sich hier auf die zweite Schwelle bezieht. Das Problem, dass die in dem fiktiven Fall genannte Frau unter anderen Bedingungen (bessere Medikation durch Privatversicherung oder ausreichend Geldmittel und/oder bezahlte Haushaltshilfe zur Zubereitung der Speisen

---

149 Nussbaum 2006, 75

laut ärztlicher Anordnung) eine deutlich höhere Lebenserwartung hätte haben können, ist kein Problem mehr, für welches sich der Vertreter des *Capabilities Approach* zuständig fühlen müsste, wenn die politische Gemeinschaft einen Konsens darüber getroffen hat, dass der durch die gesetzliche Krankenversicherung ermöglichte Zugang zu einer allgemeinen Gesundheitsversorgung ausreicht, um diese Bürgerin bezüglich der Fähigkeit, ein Leben *normaler Länge* zu führen, über die angestrebte zweite Schwelle zu heben. Es ist insofern fraglich, ob man Nussbaums Ansatz tatsächlich als einen egalitären bezeichnen kann[150], denn Ungleichheiten überhalb der 2. Schwelle scheinen für Nussbaum zunächst einmal völlig in Ordnung, selbst wenn sie massiv ausfallen sollten.

Die Fähigkeit, ein Leben *normaler Länge* zu führen, hängt natürlich unmittelbar mit dem zweiten Punkt auf Nussbaums Liste zusammen, welcher sich mit der Fähigkeit, körperlich gesund zu sein, beschäftigt *(bodily health)*.

In *Aristotelian Social Democracy* benennt Nussbaum auf der ersten Ebene *(Level A)* ihrer starken vagen Konzeption des Guten zunächst die Merkmale des Menschseins[151], aus welchen sie dann in einem zweiten Schritt die *Liste der zentralen Fähigkeiten* ableitet. Auch wenn die dort auf *Level A* folgende Liste nicht mehr identisch ist mit der aktuellen, 2011 in *Creating Capabilities* verwendeten Liste, so bietet sie doch einen guten intuitiven Zugang, worauf es der Autorin anzukommen scheint, wenn sie von einem Leben *normaler Länge* spricht:

> "All human beings face death and, after a certain age, know that they face it. This fact shapes more or less every other

---

150 Vgl. z. B. Knoll 2009, der Nussbaums Ansatz als egalitaristische Rezeption Aristoteles' sieht.
151 Nussbaum 1990, 219–224

element of human life. Moreover, all human beings have an aversion to death."[152]

Insbesondere die Ablehnung des Todes lässt sich hinsichtlich ihrer universellen Gültigkeit zumindest in Frage stellen. So merkt Jörke hier an:

„Hier lässt sich eine ganze Reihe von Kulturen nennen, in denen der Tod als eine Art Erlösung vom menschlichen Dasein verklärt oder der Heldentod auf dem Schlachtfeld als ein erstrebenswertes Ideal propagiert wird."[153]

Aus dem Faktum der Sterblichkeit und einer natürlichen Abneigung des Menschen gegen den Tod folgt die für Nussbaum zentrale und förderungswürdige Fähigkeit des Menschen, ein *volles* Leben *normaler Länge* zu führen. Durch diese Fähigkeit kämpft der Mensch, wie Nussbaum treffend anmerkt, gegen eine Grenze an, nämlich gegen die uns konstituierende Endlichkeit. Doch auch wenn sich der Tod durch immer bessere medizinische Versorgungsleistungen und eine optimierte Lebensführung möglicherweise immer weiter zeitlich nach hinten verschieben lässt – die Unendlichkeit bleibt dem Menschen verwehrt. Und Nussbaum meint, dass diese wohl bei näherer Betrachtung vom Menschen auch gar nicht gewünscht wird: "And even where death is concerned, human beings probably do not, when they think most clearly, wish to lose their finitude completely."[154]

Das Bewusstsein der eigenen Sterblichkeit führt bei der Beurteilung der Fähigkeit, ein Leben *normaler Länge* zu führen, möglicherweise zu der naheliegenden Folgerung, dass eine sinnvolle Spezifikation dieser Fähigkeit nicht darin bestehen kann, die Definition für die als adäquat anerkannte Lebenserwartung zu

---

152 Nussbaum 1990, 218
153 Jörke 2005, 98
154 Nussbaum 1990, 224

hoch anzusetzen. Im Sinne des Ziels der Konzeption, nämlich eine basale Gerechtigkeitskonzeption zu begründen, wäre es dementsprechend denkbar, zumindest im Falle einer westlichen Industrienation wie Deutschland, einen Wert als zweite Schwelle anzusetzen, der sich weniger am Ideal der im optimalen Fall erreichbaren Lebenslänge orientiert, als mehr an einem Wert, der sich tatsächlich an der durchschnittlichen Lebenserwartung der lokalen Bevölkerung orientiert. Beim Vorliegen schwerer und/oder chronischer Erkrankung wäre demnach ein gewisser Abschlag zu vertreten, ohne dass deswegen den Betroffenen die Fähigkeit abgesprochen werden müsste, grundsätzlich ein gutes menschliches Leben führen zu können (respektive geführt zu haben) und auch ohne das Ziel aufzugeben, den unter schwerer oder chronischer Krankheit leidenden Menschen ein möglichst langes und schmerzfreies Leben zu ermöglichen. Allerdings wäre der Gerechtigkeit im Sinne der Nussbaum'schen Konzeption bereits genüge getan, ohne dass jeder Bürger den im Optimalfall denkbaren, umfassenden Zugang zu allen theoretisch verfügbaren medizinischen und präventiven Maßnahmen haben muss. Eine Grenze zwischen dem sich hier abzeichnenden *Sollzustand* (im Sinne des *Capabilities Approach*) und einem vorstellbaren *Idealzustand* ist wohl trotzdem in vielen Fällen nicht klar zu ziehen. Notwendig dürfte vielmehr in zahlreichen Fällen der Einsatz von entsprechenden Institutionen, v. a. Ethikkommissionen, sein. Deren Aufgabe wäre es dann beispielsweise, regelmäßig zur Diskussion stehende Behandlungsansätze für (chronisch) Kranke zu prüfen, unabhängig von den absoluten Kosten.

Bisher wurde nur der erste Teil der ersten Fähigkeit innerhalb von Nussbaums Liste behandelt ("being able to live to the end of a human life of normal length"). In einem zweiten Teilsatz heißt es aber weiter: "not dying prematurely, or before one's life is so reduced as to be not worth living." Der Mensch soll also laut Nussbaum über die Fähigkeit verfügen, nicht frühzeitig zu sterben (dieser Punkt wurde durch die bisherige Argumentation bereits abgehandelt) aber auch – und darauf muss nun noch eingegangen werden – nicht zu sterben, bevor das Leben zu eingeschränkt ist, um noch als lebenswert zu gelten.

Aber ab wann ist ein Leben nicht mehr wert, gelebt zu werden? Wann wäre es aus Sicht einer politischen Gerechtigkeitskonzeption wie jener Nussbaums rechtfertigbar, dass Menschen aufgrund ihrer gesundheitlichen Einschränkungen versterben? In gewisser Weise wird durch diesen zweiten Teilsatz der Konflikt, der sich am Ende der Diskussion um den ersten Teilsatz angekündigt hatte, noch weiter zugespitzt. Im Umkehrschluss muss sich Nussbaum hier die Frage stellen, ob ihre Formulierung tatsächlich auch ihrer wohl angedachten Intention entspricht: "not dying prematurely, or befor one's life is so reduced as to be not worth living" – diese Formulierung könnte auch so verstanden werden, dass selbst ein natürlicher Tod nur dann für die Gerechtigkeitskonzeption Nussbaums akzeptabel ist, wenn er aus der Konsequenz eines bis dahin schon nahezu vollständig verlorengegangenen Lebenswertes erfolgt. Sprich: Wer körperlich und geistig bei voller Gesundheit stirbt, selbst in einem, nach objektiven Maßstäben betrachtet hohem Alter, dem fehlte laut diesem Verständnis eine zentrale Fähigkeit, die mit seiner Menschenwürde bzw. seiner Fähigkeit zu einem guten Leben zu tun hat. Das klingt einigermaßen absurd. Denn die meisten Menschen wünschen sich wohl genau das: In hohem Alter und bei ansonsten guter Gesundheit zu sterben, ohne möglicherweise jahrelang zuvor pflegebedürftig oder bettlägrig gewesen zu sein. Deshalb dürfte es sich hier um eine leicht missverständliche Formulierung handeln, zumindest solange der als „vorzeitig" zu übersetzende Ausdruck „prematurely" nicht näher spezifiziert ist. Was Nussbaum hier wohl, auch mit Blick auf die entwicklungspolitischen Intentionen ihres Ansatzes, fordern will, ist, dass Menschen nicht eines unnatürlichen Todes sterben sollten, beispielsweise durch die Anwendung der Todesstrafe, aber auch durch unerträgliche Arbeitsbedingungen mit absehbaren körperlichen

Folgeschäden (z. B. bei Minenarbeitern etc.) Entscheidend ist auch, das „or" in der obenstehenden Formulierung als vollständige Disjunktion zu begreifen.

Aufgrund der hier angedeuteten Problematik könnte dafür argumentiert werden, den zweiten Teilsatz komplett zu streichen. Er fügt dem Anliegen Nussbaums, dass Menschen befähigt werden sollen, ein Leben angemessener oder normaler Länge zu führen, nichts Substantielles hinzu, sondern scheint eher dazu geeignet, eine ohnehin schon schwer zu treffende Spezifizierung weiter zu verkomplizieren.

2.2 Körperliche Gesundheit

2. Bodily health. Being able to have good health, including reproductive health, to be adequately nourished, to have adequate shelter.

Beim zweiten Punkt ihrer Liste geht es Nussbaum, vereinfacht gesagt, um die Fähigkeit, gesund zu sein. Dass der Terminus *Gesundheit* problematisch ist, da seine Operationalisierung im Sinne einer anzupeilenden Fähigkeit stark von der zugrunde liegenden Definition abhängt, hat sich bereits in der Untersuchung der ersten Fähigkeit *(Leben)* angedeutet. *Gesundheit* ist ein sehr vielschichtiger Begriff. Bei eingehender Reflexion[155] zeigen sich in aktuellen Diskussionen sowohl deskriptive Anteile als auch normative gesellschaftliche Erwartungshaltungen. Durch objektivierbare medizinische Daten lässt sich *Gesundheit* als physischer und psychischer Zustand (zumindest in gewissen Hinsichten) beschreiben. Daneben wird Gesundheit aber auch nicht selten mit Begriffen wie *Leistungsfähigkeit* und und *Leistungsstärke* in Bezug gesetzt und damit zu einer normativen Vorgabe. Aus einer positiv zu formulierenden Orientierung auf Gesundheit kann so schnell eine Pflicht zur Gesundheit und zur individuellen

---

155 Vgl. z. B. Sting 2011, 139–150

Verantwortung für das eigene Wohlbefinden werden[156]. Dies hat dann natürlich Folgen für die öffentliche Gesundheitsförderung. Diese „bewegt sich also im Spannungsfeld von individuellen Bestrebungen zur Steigerung und Erhaltung des Wohlbefindens und normativen gesellschaftlichen Anforderungen an den Organismus und dessen Erhaltung."[157]

Hier geht Nussbaum nun einen Schritt weiter, indem sie das Verständnis von Gesundheit erweitert um die Aspekte der Reproduktionsfähigkeit, einer angemessenen Ernährung und einer angemessenen Unterkunft.[158] Eine angemessene Ernährung steht in einem unmittelbaren Verhältnis zum Schutz der Gesundheit und lässt sich wohl verhältnismäßig einfach spezifizieren (z. B. durch ein Mindestmaß an Kilokalorien bzw. Kilojoule pro Tag und Person, Mindestbedarfe an Vitaminen und anderen Nährstoffen etc. und ggf. besondere Bedarfe von Kindern, Schwangeren und körperlich schwer arbeitenden Personen), wobei auch hier verschiedene Aspekte zu betrachten sind. Hier liegt eine originäre Stärke des Fähigkeitenansatzes gegenüber anderen Gerechtigkeitskonzeptionen: Durch das Ziel, jeden einzelnen Menschen adäquat zu ernähren, wird dem Umstand Rechnung getragen, dass Menschen unterschiedliche Bedürfnisse haben und es daher ungerecht wäre, im Sinne des Gießkannenprinzips vorhandene Ressourcen bzw. staatliche Hilfeleistungen gleichmäßig pro Kopf zu verteilen. Dies gilt in den genannten Fällen, noch deutlicher wird die Problematik aber bei Menschen, die aufgrund von Krankheiten einen besonderen Bedarf, z. B. nach teurer Spezialnahrung, haben.

Ein weiterer Aspekt, den es zu beachten gilt, liegt darin, dass *Gesundheit* offensichtlich nicht nur als *Fähigkeit* verstanden wer-

---

156 Vgl. Ebd., 143
157 Ebd., 144
158 „shelter" kann, je nach Verwendung, mit „Asyl", „Schutzhütte" oder auch „Schutzraum" übersetzt werden.

den kann, sondern auch als *Tätigkeit* im Sinne einer gesunden Lebensweise. Nussbaums Grundidee ist es ja, mit ihrer Gerechtigkeitskonzeption den Staat bzw. deren Regierungen darauf zu verpflichten, die in der Liste genannten Fähigkeiten bei ihren Bürgern herzustellen, diesen dann aber die Wahl zu lassen, ob sie sie auch im Sinne einer Tätigkeit anwenden wollen. Bei der hier zu diskutierenden Fähigkeit, *gesund zu sein*, ist das nun nicht so einfach. Fähigkeit und Tätigkeit sind schwer voneinander zu trennen. „In vieler Hinsicht ist Gesundheit auf der Ebene der capabilities [...] nur unter Berücksichtigung entsprechender functionings bzw. gesunheitsbezogener Praxisformen herstellbar."[159] Die Fähigkeit *(gesund sein)* ist also vor allem auf die ständige Anwendung einer Tätigkeit *(gesund leben)* angewiesen. Sting gibt (unter Rückgriff auf Gehlen) zu bedenken, dass man sogar noch weiter gehen könnte und Gesundheit als nicht direkt intendierbaren Zustand begreift, sondern als etwas, dass sich zuallererst als Folge von Ich-Stärke, einem als sinnvoll erfahrenen Leben, sicheren Sozialstrukturen usw. ergibt[160]. Diese Aspekte scheint Nussbaum in ihren Überlegungen mehr oder weniger vollständig auszuklammern. Ihr Gesundheitsbegriff muss direkt intendierbar sein. Gesundheit muss als direkt durch das politische Handeln beeinflussbare Größe gesehen werden. Ansonsten wäre *Gesundheit* keine *Fähigkeit* (im Sinne ihrer Konzeption) mehr, sondern eher der Nebeneffekt eines *guten Lebens* – und würde so faktisch auf die Metaebene ihrer Konzeption wechseln.

Eine Förderung im Sinne der Fähigkeit gesund zu leben könnte in praktischer Hinsicht beispielsweise (u. a.) aus folgenden Elementen bestehen: Förderung von ernährungswissenschaftlichen Grundkenntnissen im Bereich der (schulischen) Bildung und öffentlichen Informationsveranstaltungen; Förderung sportli-

---

159 Sting 2011, 143
160 Vgl. Ebd.

cher Aktivitäten bei Menschen aller Altersklassen, u. a. durch die Schaffung von entsprechenden Angeboten, z. B. durch Gründung und Förderung von Sportvereinen; regelmäßige (kostenlose) medizinische Vorsorgeuntersuchungen (u. a.), Aufklärung über Entstehung und Verbreitung bestimmter Krankheiten (z. B. Ansteckungsrisiken bei Infektionskrankheiten).

Will man nun durch die hier aufgezeigten Wege die Fähigkeit gesund zu sein bei den Bürgern fördern, ist es offenbar notwendig, dass die betroffenen Bürger dafür immer wieder tätig werden. *Gesund sein* ist kein Gut welches, einmal hergestellt, dem Bürger stets zur Verfügung steht – es kann schnell verloren gehen, wenn es nicht durch entsprechende Tätigkeiten aufrecht erhalten wird. Dies gilt zwar für viele der anderen Fähigkeiten die hier untersucht werden auch, jedoch nicht im gleichen Maße. Die Fähigkeit der *praktischen Vernunft* beispielsweise oder die Fähigkeit in einer gewissen Verbundenheit zur Natur zu leben sind nicht im gleichen Umfang vulnerabel, wie die Fähigkeit gesund zu sein.

Nussbaum scheint dieses Problem nur teilweise zu sehen. Insbesondere im Falle von Kindern und Jugendlichen sieht sie es als akzeptabel an, tatsächliche Tätigkeiten und nicht bloß Fähigkeiten als Ziel guter Politik auszugeben, da ansonsten die volle Ausbildung der Fähigkeit im Erwachsenenalter gefährdet würde: "Children, of course, are different; requiring certain sorts of functioning of them (as in compulsory education) is defensible as a necessary prelude to adult capability."[161]

Ansonsten scheint es für Nussbaum ausreichend, wenn der Staat durch geeignete Maßnahmen, wie hier beispielhaft angeführt, die Möglichkeit gesund zu leben fördert und es dem Einzelnen letztlich selbst überlässt, ob er von diesen Angeboten Gebrauch macht. Da Gesundheit ganz offensichtlich ein sehr komplexes Gut ist, dessen Herstellung an sich schon schwierig ist, dessen

---

161 Nussbaum 2011, 26

Aufrechterhaltung über einen längeren Zeitraum aber dezidiert mit einem mehr oder weniger gesunden Lebensstil verbunden zu sein scheint, ist diese Position durchaus kritisch zu hinterfragen. Dies umso mehr, als Nussbaum in einer Fussnote in *Women and Human Development* explizit auf eine sehr starke Definition von Gesundheit verweist, der sie zubilligt, gut zu ihrer Definition von Gesundheit zu passen und welche auch den Faktor der reproduktiven Gesundheit miteinbezieht:

> "The 1994 International Conference on Population and Development (ICPD) adopted a definition of reproductive health that fits well with the intuitive idea of truly human functioning that guides this list: ‚*Reproductive health is a state of complete physical, mental and social well-being* [Hervorhebung J. N., Anm.] and not merely the absence of disease or infirmity, in all matters relating to the reproductive system and its processes. Reproductive health therefore implies that people are able to have a satisfying and safe sex life and that they have the capability to reproduce and the freedom to decide if, when, and how often to do so.' The definition goes on say that it also implies information and access to family planning methods of their choice."[162]

Tätigkeit und bloße Fähigkeit lassen sich hier kaum mehr voneinander trennen. Um gesund zu sein (sei es in reproduktiver oder in allgemeiner Hinsicht), ist man auf eine bestimmte Art von Tätigkeit verwiesen, ohne die sich die Fähigkeit nicht herstellen geschweige denn aufrechterhalten lässt. Dies gilt umso mehr, wenn Gesundheit, wie im oben stehenden Zitat, als eine Art Idealzustand eines vollständigen Wohlergehens definiert wird. Nussbaum scheint in diesem Umstand kein Problem für ihre Konzeption zu sehen, da es für sie im Sinne einer Theorie minimaler sozialer Gerechtigkeit ausreicht, den Bürgern die (nominale) Wahlfreiheit zu ermöglichen, im Sinne ihrer Gesundheit

---

162 Nussbaum 2000, 78

tätig zu sein oder eben nicht. Im Umkehrschluss würde dies aber natürlich auch bedeuten, dass Menschen, die kein *gesundes* Leben führen, kein *gutes* Leben führen können.

In Nussbaums Formulierung der zweiten Fähigkeit taucht auch der Terminus der *reproduktiven Gesundheit* (reproductive health) auf. Es ist notwendig, diesen Begriff zunächst näher zu spezifizieren um ihn dann zur Diskussion zu stellen. Reiner Klingholz fasst den Begriff folgendermaßen zusammen:

> „Reproduktive Gesundheit bedeutet, so steht es im Kapitel 7 des Kairoer Aktionsprogramms, ‚dass Menschen ein befriedigendes und ungefährliches Sexualleben haben können und dass sie die Fähigkeit zur Fortpflanzung und die freie Entscheidung darüber haben, ob, wann und wie oft sie hiervon Gebrauch machen wollen. In diese letzte Bedingung eingeschlossen sind das Recht von Männern und Frauen, informiert zu werden und Zugang zu sicheren, wirksamen, erschwinglichen und akzeptablen Familienplanungsmethoden ihrer Wahl („) zu haben ( ), und das Recht auf Zugang zu angemessenen Gesundheitsdiensten, die es Frauen ermöglichen, eine Schwangerschaft und Entbindung sicher zu überstehen, und die für Paare die bestmöglichen Voraussetzungen schaffen, dass sie ein gesundes Kind bekommen."[163]

Man kann wohl davon ausgehen, dass Nussbaum den Terminus der *reproduktiven Gesundheit* nicht zufällig gewählt hat, sondern dass ihr bewusst ist, dass dieser auf einer solch starken und umfangreichen inhaltlichen Definition beruht, aus der sich eine ganze Reihe Forderungen an die Politik ableiten lassen. Diese gehen beispielsweise weit über die Forderung hinaus, dass Men-

---

163 Klingholz 2009: *Reproduktive Gesundheit*, in: Berlin Institut für Bevölkerung und Entwicklung (Hrsg.): Online Handbuch Demografie, Reproduktive Gesundheit, Internet: http://www.berlin-institut.org/online-handbuchdemografie/entwicklung/reproduktive-gesundheit.html (abgerufen am 31. 07. 2012)

schen ihren Partner zur Fortpflanzung frei wählen können sollen oder dass Schulen Aufklärungsarbeit mit dem Ziel der Förderung von geschütztem Geschlechtsverkehr zu leisten haben (um hier nur zwei nahe liegende Punkte anzusprechen). Der Anspruch der *Vagheit* der Liste ist durch einen solcherart starken Begriff deutlich in Frage gestellt.

Die Spannung ergibt sich noch in einer weiteren Hinsicht. In *Women and Human Development* schreibt Nussbaum:

> "My own view ist that health and bodily integrity are so important in relation to all the other capabilities that they are legitimate areas of interference with choice up to a point, although there will rightly be disagreement about where that point is in each area."[164]

Werden hier, ganz beiläufig, zwei weitere Fähigkeiten(-komplexe) zu *architektonischen Funktionen* erhoben? Mir scheint Nussbaum hier eher dem Bedürfnischarakter dieser beiden Fähigkeiten Rechnung tragen zu wollen. Trotzdem ist dieses Zitat natürlich interessant, weil sich daraus unmittelbar Auswirkungen auf den politischen Gestaltungsauftrag ergeben. Die Schwelle, bis wohin dieser Gestaltungsauftrag reicht, kann kontrovers diskutiert werden und beinhaltet praktische Regelungen zum Umgang mit Drogen, (bzw. einem möglichen Verbot), mit dem Ritual der (weiblichen) Beschneidung oder dem ungeregelten Handel mit Organen (verbunden z. B. mit der Frage, ob nicht lebensnotwendige Organe ohne öffentliche Aufsicht aus finanziellen Gründen angeboten, respektive verkauft werden dürfen). Hier tritt also die paternalistische Problematik, welche oftmals im Zusammenhang mit Nussbaums Konzeption thematisiert wird, offen zum Vorschein.

---

[164] Nussbaum 2000, 95

Die weiteren Bestandteile der zweiten zentralen Fähigkeit ("to be adequately nourished; to have adequate shelter") scheinen, wie schon erwähnt, weniger problematisch. Es gibt in der Praxis zahlreiche Ernährungsempfehlungen, die hier als allgemeine Richtlinien übernommen werden könnten und die dann als Grundlage staatlicher Aufklärungspolitik fungieren können. Im Allgemeinen lassen sich auf Basis dieser Angaben wohl brauchbare Kennwerte ableiten, um diese Fähigkeit zu spezifizieren. Freilich wäre damit noch nicht sichergestellt, dass alle Menschen eines gegebenen politischen Raumes auch Zugang zu diesen Nahrungsressourcen haben. Für entwickelte Länder hingegen dürfte die Aufklärung den Mittelpunkt des Interesses bei der Förderung dieser Fähigkeit darstellen.

Hinsichtlich der Forderung nach einer schützenden Unterkunft wäre es demnach sicherzustellen, dass niemand dazu gezwungen ist, ohne Unterkunft leben zu müssen. Auch hier steht in der Praxis eher die distributive Herausforderung im Fokus, als eine Debatte darüber, ob diese Ressource tatsächlich ein universalisierbares Bedürfnis darstellt. Wenngleich sich die Problematik der Obdachlosigkeit in einem entwickelten Land auf einen prozentual sehr kleinen Personenkreis beschränken mag, ergibt sich hier eine spezifische Herausforderung. So lässt sich zeigen, dass in manchen Ballungszentren Deutschlands mehr Menschen von Obdachlosigkeit bedroht sind, als auf der anderen Seite aktuell Sozialwohnungen oder Pensionszimmer zur Verfügung stehen[165]. Aber auch wenn diese Vermutung falsch sein sollte, so ist es fragwürdig, ob beispielsweise die zur Verfügung stehenden (Not-)

---

165 Vgl. Deutsche Presse Agentur 2012: *Zahl der Sozialwohnungen sinkt dramatisch*, in: SPIEGEL ONLINE, Meldung vom 02.08.2012, Internet: http://www.spiegel.de/wirtschaft/soziales/zahl-der-sozialwohnungen-sinkt-dramatisch-a-847784.html, (abgerufen am 02.08.2012)

Unterkünfte das Maß an Schutz bieten, welches sich aus einer praxistauglichen Spezifikation der Fähigkeit ableiten ließe[166].

Zumindest lässt sich auf Basis dieser Überlegungen eine Spezifizierung der ersten und zweiten Schwelle finden: Die Verfügbarkeit einer Notunterkunft (z. B. im Form einer Obdachlosensammelunterkunft oder eines Pensionszimmers) könnte als erster Schwellenwert fungieren, die zweite Schwelle wäre durch die Verfügbarkeit einer eigenen Wohnung überschritten. In einem Pensionszimmer wäre demnach zwar ein menschenwürdiges Leben möglich, nicht jedoch ein gutes menschliches Leben. Erst durch eine eigene Wohnung wäre das Maß an Privatsphäre und Stabilität der Lebensverhältnisse gegeben, welches als Voraussetzung notwendig ist, um ein gutes Leben führen zu können. Jedoch stellt sich hier postwendend die nächste Schwierigkeit: Ob eine eigene Wohnung das notwendige Maß an Privatsphäre und Rückzugsmöglichkeit für die Bewohner bieten kann, hängt stark von der Anzahl der Bewohner und der Anzahl der zur Verfügung stehenden Zimmer ab. Auch hier müssten bestimmte Kennwerte staatlicherseits benannt werden, die dann zumindest langfristig den Charakter eines anzustrebenden Ziels für die Praxis haben.

2.3 Körperliche Integrität

3. Being able to move freely from place to place; to be secure against violent assault, including sexual assault and domestic violence; having opportunities for sexual satisfaction and for choice in matters of reproduction.

---

166 So zeigen die Berufserfahrungen des Autors u. a., dass viele Obdachlose das Übernachten unter freiem Himmel dem Übernachten in Notschlafstellen vorziehen, da in diesen Unterkünften nach ihrer subjektiven Einschätzung, die Gefahr ausgeraubt oder sexuell missbraucht zu werden, höher ist.

Auch dieser Punkt offenbart eigentlich nicht eine, sondern eine Vielzahl voneinander klar abgrenzbare Fähigkeiten:

a. Die Fähigkeit sich frei und sicher von einem Ort zum anderen zu bewegen.
b. Sicher zu sein vor gewalttätigen und/oder sexuellen Übergriffen.
c. Die Fähigkeit, sich vor häuslicher Gewalt zu schützen.
d. Die Fähigkeit bzw. die Möglichkeit zur sexueller Befriedigung zu haben.
e. Die Fähigkeit, hinsichtlich der Fortpflanzung zwischen verschiedenen möglichen Partnern wählen zu können.

Es fällt umgehend auf, dass die sich hier abzeichnenden Thematiken eng verwandt mit jenen in Kapitel 3.2. sind. Da Nussbaum die einzelnen Fähigkeiten ihrer Liste im besten Sinne vage zu halten versucht (was ihr, wie beim Terminus der reproduktiven Gesundheit gesehen, nicht immer gelingt) und sie keiner tiefergehenden Reflexion zuführt, besteht hinsichtlich der Interpretation ein breiter Spielraum. Dies ist methodisch einerseits sicher gewollt, beherbergt andererseits aber auch die latente Gefahr, sich abseits der von Nussbaum möglicherweise intendierten Fokussierung zu bewegen. Aufklärung könnte dann nur die Autorin selbst leisten.

Analysiert man die Fähigkeit wie oben geschehen, fällt sofort die Heterogenität der einzelnen, von Nussbaum hier subsummierten, Fähigkeiten auf[167]. Was hat die Fähigkeit, sich frei von Ort zu Ort zu bewegen zu tun mit der Fähigkeit, aus mehreren Geschlechtspartnern einen auswählen zu können? Inwiefern stehen die Fähigkeit, sicher vor häuslicher Gewalt zu sein und die Fähigkeit, Möglichkeiten zu sexueller Erfüllung bzw. Befriedigung zu haben, in einem so unabdingbaren Verhältnis, dass sie die Subsummierung unter ein und denselben Punkt der Liste

---

167 Darauf weist auch Scherer (1993, 913) hin

rechtfertigen? Werden hier von Nussbaum nicht einfach nur mehrere Fähigkeiten künstlich in ein Schema zu pressen versucht, um die Liste insgesamt nicht zu umfangreich werden zu lassen und sie statt dessen auf eine runde Zahl von Zehn zu „pressen"? Nebenbei bemerkt drängt sich dieser Verdacht auch schon dadurch auf, dass die Fähigkeiten 7 („Affiliation") und 10 („Control over one's environment") notdürftig in je zwei Unterkategorien aufgeteilt wurden. In *Aristotelian Social Democracy* hatte die Liste noch einen teilweise anderen Inhalt. Aber auch hier wurde eine Fähigkeit, nämlich die 10., in zwei Unterpunkten angeführt[168]. Und wie gesagt: Auch wenn sich die Liste im Lauf der Jahre an einigen Stellen verändert hat, so blieben es doch stets runde zehn Punkte.

Bei näherer Betrachtung und mit etwas gutem Willen lassen sich die fünf oben angeführten Fähigkeiten jedoch auf zwei fundamentalere Kategorien herunterbrechen: Es geht um Sicherheit einerseits (welche durch die Fähigkeiten der Punkte a. bis c. erfasst werden soll) und um sexuelle Selbstbestimmung andererseits (Punkte d. und e.). Und tatsächlich kann für alle fünf Fähigkeiten der Überbegriff der körperlichen Integrität fungieren, ohne dadurch einen Terminus zu wählen, der allzu künstlich wirken würde.

Relativ unstrittig dürfte die Ansicht Nussbaums sein, dass es zu einem guten menschlichen Leben gehört, sich frei und sicher von Ort zu Ort zu bewegen, sowie im Allgemeinen sicher vor körperlicher und sexueller Gewalt zu sein. Anders sieht es da schon mit der Forderung aus, Möglichkeiten zur sexuellen Befriedigung zu haben (Punkt d.) sowie, im Falle eines Wunsches nach Fortpflanzung, frei seinen Partner wählen zu können. Während es hinsichtlich der sexuellen Befriedigung fraglich scheint, ob sie als solche ein Grundrecht darstellt und in einen Katalog allgemein zu fördernder Fähigkeiten eines Menschen

---

168 Vgl. Nussbaum 1990, 223–225

gehört (ganz zu schweigen von der Frage, wie diese Fähigkeit in einem gegebenen politischen Raum spezifiziert und letztlich umgesetzt werden soll) stellt sich bei der Fähigkeit, seinen Partner frei wählen zu können, die Frage, ob hier nicht, im Sinne mangelnder Sensibilität für kulturelle Hintergründe, unter der Hand eine westlich-individualistische Wertvorstellung zum allgemeinen Ideal erhoben wird und damit letztlich doch wieder eine Art (kultureller) Paternalismus droht. Die freie Partnerwahl ist sicherlich ein unabdingbares Konstitutivum der romantischen Liebe. Es ist aber davon auszugehen, dass sehr viele Eheschließungen weltweit, vor allem in Entwicklungsländern, aufgrund vieler anderer Erwägungen, vor allem wohl aus ökonomischen Gründen, geschlossen werden.

Scherer[169] sieht bezüglich der hier genannten Fähigkeiten eine „Forderung nach der Schaffung externer Möglichkeiten in Form von Freiheiten und Mitteln", stellt aber auch sogleich die Frage, wie dies im Falle sexueller Befriedigung zu bewerkstelligen sei. Konkret: Es ist kaum vorstellbar, dass Nussbaum mit diesem Punkt in ihrer Gerechtigkeitskonzeption eine Forderung verknüpfen will, sexuell möglicherweise unfreiwillig inaktiven Personen den Zugang zu Prostituierten durch finanzielle Unterstützung zu ermöglichen.

Inhaltlich wird deutlich, dass es sich hier allesamt um externe Fähigkeiten handelt, insofern sie tatsächlich (nach einer möglicherweise vorgeschalteten präventiven Erziehungsleistung des Staates – z. B. im Sinne einer Ernährungserziehung an Schulen oder auch an für Erwachsenen zugänglichen Institutionen, beispielsweise Volkshochschulen) die Bereitstellung von Mitteln seitens des Staates erfordern.

> „Bei den genannten Fähigkeiten handelt es sich um natürliche Fähigkeiten, die zwar auf externe Mittel angewiesen

---

169 Scherer 1993, 913

sind, normalerweise aber keiner erziehenden Ausbildung wie die internen Fähigkeiten bedürfen. Die restlichen von Nussbaum angeführten ‚Capabilities' haben dagegen vorrangig die Dimension solcher internen Fähigkeiten."[170] In Bezug auf die Forderung nach freier Wahl des Sexualpartners für die Fortpflanzung ist zu konstatieren, dass Nussbaum sie stellen muss, um einen der Grundpfeiler der gesamten Konzeption und der dahinter stehenden Philosophie, nämlich die Selbstzweckhaftigkeit[171] jedes einzelnen Menschen, zu wahren. Gleichwohl dürfte es ihr klar sein, wie utopisch die Realisierung dieser Fähigkeit in vielen Regionen weltweit ist. Dagegen wirkt die Forderung zur Möglichkeit der freien Partnerwahl in der Mehrheitsgesellschaft westlicher Demokratien weitestgehend erfüllt.

Wie kann nun eine Spezifikation der von Nussbaum hier umschriebenen Fähigkeit der *körperlichen Integrität* aussehen, welche Aufgaben fallen dem Staat demgemäß zu?

Unstrittig ist die Aufgabe der Herstellung der öffentlichen Sicherheit durch die entsprechend dafür vorgesehenen Sicherheitsorgane. In Bezug auf die Vermeidung häuslicher Gewalt wird eine praktische Spezifikation schon deutlich schwieriger. Nussbaum lehnt aus Überzeugung die bislang von liberalen Denkern vertretene Prämisse ab, dass der Staat bzw. die Öffentlichkeit sich nicht dafür zu interessieren habe, was innerhalb von Familien und familienähnlichen Systemen geschieht[172]. Familien müssten vielmehr als soziale und politische Institution begriffen werden und damit die Verteilung von Ressourcen und Chancen innerhalb dieser Einheit ins öffentliche Blickfeld rücken.

---

170 Ebd.
171 Als philosophische Wurzel des Gedankens der *Selbstzweckhaftigkeit* des Menschen (wie auch dem damit einhergehenden Begriff der *menschlicher Würde*), sieht Nussbaum die Stoiker (vgl. Nussbaum 2011, 129f.)
172 Vgl. Nussbaum 2010, 294f.

Was kann also der Staat tun, um die Fähigkeit von Frauen, Männern und Kindern zu fördern, von häuslicher Gewalt verschont zu bleiben bzw. sich vor ihr zu schützen? Neben der Bereitstellung eines flächendeckenden Netzes (auch außerhalb von Ballungsräumen) von Schutzräumen (z. B. Frauenhäuser) sollte es ein Anspruch sozialstaatlicher Politik sein, Opfern von häuslicher Gewalt schnellstmöglich zum eigenen Wohnraum zu verhelfen, so diese dies wollen und zum eigenständigen Wohnen fähig sind.

Die zwei Schwellen des menschenwürdigen und des guten Lebens im Sinne Nussbaums ließen sich diesbezüglich wie folgt operationalisieren: Ein menschenwürdiges Leben (erste Schwelle) verlangt als anzustrebendes Minimalziel, dass jeder Obdachlose oder von Obdachlosigkeit bedrohte Bürger einen sicheren Platz zum Schlafen, zum Verstauen seiner materiellen Eigentümer (bis zu einem gewissem Maße), sowie zu Möglichkeiten der Körperpflege erhält. Von einem guten Leben (zweite Schwelle) kann aber erst dann die Rede sein, wenn der einzelne Bürger über einen eigenen Wohnraum verfügt und dieser formalen Wohnsitzerklärung eine tatsächliche Möglichkeit zum Wohnen entspricht (um auf diese Art Fälle ausschließen zu können, in denen die Meldeadresse rein als Postadresse verwendet wird). Zumindest im Sinne des zweiten Punktes *(bodily health)* wäre der Gerechtigkeit damit hinsichtlich der Forderung nach Unterkunft genüge getan. Hier zeigt sich wieder, wie eng die von Nussbaum angeführten Fähigkeiten und Forderungen an eine im minimalen Sinne gerechte Gesellschaft miteinander zusammenhängen und dass sich folglich bei einer Reflexion wie hier oftmals kaum eine sinnvolle Trennung durchführen lässt.

Hinsichtlich des Punktes d. (Die Fähigkeit bzw. die Möglichkeit zu sexueller Befriedigung zu haben) wird es nun wirklich schwierig, eine Spezifizierung durchzuführen, weil auch aus Nussbaums Schriften nicht hervorgeht, wie eine entsprechende

Förderung dieser Fähigkeit durch den Staat aussehen soll. Es liegt die Vermutung nahe, dass Nussbaum weniger eine Förderung im Sinne einer positiven Bereitstellung von Ressourcen vorschwebt, als vielmehr die Stärkung negativer Freiheitsrechte des Individuums. Da Nussbaum bereits in *Woman and Human Development* diese Fähigkeit wortgleich angeführt hat („having opportunities for sexual satisfaction"[173]) und da sie sich in diesem Werk, wie der Titel schon verrät, mit besonderer Aufmerksamkeit der Situation von Frauen in Entwicklungsländern widmet, liegt die Vermutung nahe, dass es der Autorin hier in erster Linie um die Wahrung der körperlichen Selbstbestimmung geht, welche durch bestimmte, kulturell und/oder religiös begründete Praktiken bedroht sein könnte. Das Paradebeispiel hierfür wäre die immer noch in manchen Regionen weit verbreitete Praxis der genitalen Beschneidung von Mädchen, welche zur Folge hat, dass die betroffenen jungen Frauen später keine oder nur eine stark geminderte sexuelle Lust verspüren können (abgesehen von den körperlichen und psychischen Schmerzen die direkt und indirekt mit einem solchen Eingriff verbunden sind).

Ein weitere Fähigkeit, auf die Nussbaum durch die von ihr gewählte Formulierung wohl abzielt, besteht in der Freiheit, in einem konkreten (und damit noch umfassenderen) Sinne über die eigene Sexualität zu verfügen. Dies bedeutet, nicht nur über die Fähigkeit zu verfügen, sexuelle Empfindungen erleben zu können, sondern auch sich frei seine Sexualpartner, aber auch seine favorisierten Sexualpraktiken wählen zu können (solange dafür nicht ein anderer Mensch seiner Fähigkeiten in dieser Hinsicht beschnitten werden muss). Hier liegt ein nicht zu übersehendes Konfliktpotential durch kulturelle Normen und Restriktionen in verschiedensten Regionen der Welt vor, sodass hier der von Nussbaum angestrebte *overlapping consensus* nur schwer zu erreichen sein dürfte (beispielsweise hinsichtlich des Umganges mit Homosexualität).

---

173   Nussbaum 2000, 78

2.4 Sinneswahrnehmung, Vorstellung, Denken

4. Senses, imagination, and thought. Being able to use the senses, to imagine, think, and reason – and to do these things in a 'truly human' way, a way informed and cultivated by an adequate education, including, but by no means limited to, literacy and basic mathematical and scientific training. Being able to use imagination and thought in connection with experiencing and producing works and events of one's own choice, religious, literary, musical, and so forth. Being able to use one's mind in ways protected by guarantees of freedom of expression with respect to both political and artistic speech, and freedom of religious exercise. Being able to have pleasurable experiences and to avoid nonbeneficial pain.

Dieser Punkt in Nussbaums Liste sticht schon aufgrund der ausführlich gewählten Formulierung heraus. Es sind hier eine Vielzahl von Fähigkeiten angesprochen, welche von den politischen Machthabern in Form der Bereitstellung von Ressourcen einerseits, sowie der Sicherung negativer Freiheitsrechte andererseits, gewährleistet werden sollen.

Schon die inhaltliche Ausrichtung auf so schwer zu quantifizierende Begriffe wie *Denken* oder *Wahrnehmen* ist problematisch. Wie sollen hier konkret Schwellen festgelegt werden, welche ein Leben zu einem menschenwürdigen Leben bzw. zu einem guten menschlichen Leben machen? Hier stößt man auf eine der am kritischsten zu betrachtenden Einwände gegen die Nussbaum'sche Version des Fähigkeitenansatzes.

Nussbaum betont an vielen Stellen, dass die Fähigkeiten irreduzibel sind, was bedeutet, dass ein Defizit einer der Fähigkeiten nicht durch ein übermäßiges Vorhandensein einer anderen Fähigkeit ausgeglichen werden kann. Es fällt jetzt nicht schwer, sich hinsichtlich des hier zu besprechenden vierten Punktes einen fiktiven Fall zu überlegen, der in der Realität so oder ähnlich sicherlich oftmals vorkommt und für die Argumentation Nussbaums äußerst problematisch werden könnte. Man denke zum Beispiel an taubstumme oder blinde Personen. Diesen Menschen fehlen zweifelsohne eine oder mehrere Formen der Sinneswahrnehmung, was sich in weiterer Folge auch auf die eine oder andere Weise auf ihre Vorstellungskraft auswirkt. Nun wird man in aller Regel aber wohl eher nicht bestreiten, dass auch blinde oder gehörlose Menschen ein gutes (menschliches) Leben führen können. Um Nussbaum hier zu verteidigen, ist zweierlei festzuhalten.

Zunächst lohnt es sich, noch einmal Nussbaums Genese der Liste in Erinnerung zu rufen. Sie trägt dazu in *Aristotelian Social Democracy* menschliche Erfahrungsbereiche zusammen, Merkmale menschlichen Lebens, und nennt sie "Level A of the Thick Vague Conception: The Constitutive Circumstances of the Human Being (or: the Shape of the Human Form of Life)"[174] Hier werden von Nussbaum zentrale Erfahrungsbereiche des Menschen beschrieben, aus welchen sie in einem zweiten Schritt dann die zentralen Fähigkeiten ableitet. Das Ziel dieser Methode ist es, hier eine Vergewisserung der menschliche Lebensform in einer sehr allgemeinen Weise durch Abgrenzung von niederen (Pflanzen, Tiere) und denkbaren höheren (Engel, Götter) Lebensformen darzustellen. Über den Bereich der dem Menschen eigenen kognitiven Fähigkeiten heißt es dort:

> "And these abilities are regarded as valuable. It is an open question what sorts of accidents or impediments to individuals in these areas will be sufficient to make us judge that the form of life is not human, or no longer human. But it is safe to say that if we imagine a tribe whose members totally lack sense-perception, *or* totally lack imagination, *or* totally lack reasoning and thinking, we are not in any of these cases imagining a tribe of human beings, no matter what they look like."[175]

---

[174] Nussbaum 1990, 219
[175] Ebd., 221. Hervorhebungen im Original, J. N.

Unter Rücksicht auf den Charakter der Abgrenzung zu anderen (realen oder durch Mythen nur vorstellbaren) Lebensformen wird ein Stück weit klarer, worum es Nussbaum hier tatsächlich geht, nämlich um eine wertende Herausstellung der Bedeutung von bestimmten Fähigkeiten. Denn auch der Blinde oder der Gehörlose weiß um die Bedeutung der menschlichen Sinnesorgane – er schätzt normalerweise die ihm zur Verfügung stehenden Sinnesorgane und bedauert in irgendeiner Form dann auch die funktionelle Abwesenheit anderer.

Trotzdem ist sich Nussbaum sehr wohl bewusst, dass ihre *Liste der zentralen Fähigkeiten* in Verbindung mit dem Anspruch der Irreduzibilität der Fähigkeiten, auch nach Einbeziehung dieser Überlegungen zur Genese der Liste, missverständlich sein könnte. Als Konsequenz führt sie in *Frontiers of Justice* deshalb aus:

> "In other words, we say of some conditions of a being, let us say a permanent vegetative state of a (former) human being, that this just is not a human life at all, in any meaningful way, because possibilities of thought, perception, attachment, and so on are irrevocably cut off. (Notice that we do not say this if just one or more of the perceptual modalities is cut off; we say this only if the entirety of a group of major human capabilities is irrevocably and entirely cut off. Thus there is a close relation between this threshold and the medical definition of death. And we do not say this if any random one of the capabilities is cut off: it would have to be a group of them, sufficiently significant to constitute the death of anything like a characteristic human form of life. The person in a persistent vegetative condition and the anencephalic child would be examples.)"[176]

Obwohl es Nussbaum an dieser Stelle zunächst nur um den ersten Schwellenwert geht (und damit nur um die Frage des

---

176 Nussbaum 2006, 181

menschlichen bzw. menschenwürdigen, nicht aber des guten menschlichen Lebens), so vollzieht sie damit doch gewissermaßen einen Bruch mit dem bisher verfolgten Anspruch der Irreduzibilität der von ihr genannten Fähigkeiten. Dies geschieht, wie gezeigt, aus schlüssig nachvollziehbaren Gründen. Nussbaum merkt dazu in einer Endnote an:

> "Thus I modify some statements made in articles in the 1980s and 1990s, which might have been read to suggest that if any one of the capabilities is totally cut off, the life is no longer a human life."[177]

Durch diese Argumentation wird also dem Leben eines körperlich Behinderten, sei es aufgrund fehlender Funktionstüchtigkeit von Sinnesorganen oder auch durch Mobilitätseinschränkungen oder aus anderen Gründen, nicht sofort die Möglichkeit abgesprochen, ein menschliches, respektive ein gutes menschliches Leben führen zu können. Lediglich Extremfälle (von ihr werden, wie gesehen, als explizite Beispiele Fälle von Wachkoma sowie Anenzephalie genannt) wären hiervon betroffen. Diese Fälle zeichnen sich formal dadurch aus, dass nicht nur einzelne der zentralen Fähigkeiten fehlen, sondern ganze Gruppen von Fähigkeiten unwiderruflich dem betroffenen Menschen nicht mehr zur Verfügung stehen.

Der Anspruch der Irreduzbilität wird damit aber nur teilweise aufgegeben, nämlich hinsichtlich der starken Wertung für die Erste-Person-Perspektive, also aus der Perspektive des einzelnen Bürgers, um keine ethisch problematischen Wertungen zu treffen, ob ein bestimmtes Menschenleben nun noch ein gutes sei oder nicht. Trotzdem ist und bleibt es vernünftig und nachvollziehbar, am Anspruch der Irreduzibilität aus Sicht der dritten Person (hier: der Politik bzw. des Staates) festzuhalten um die Heterogenität der Bestandteile eines guten menschlichen Lebens bewusst zu halten, welches sich nicht dadurch schützen,

---

177 Ebd., 432

geschweige denn fördern lässt, indem man einzelne Bestandteile in ihrer Bedeutung über andere erheben würde.

Die unter dem vierten Punkt aufgelisteten Fähigkeiten münden hauptsächlich in der Forderung nach einem umfassenden Bildungswesen, um damit gewissermaßen die *Basisfähigkeiten* des Vorstellens, Denkens und Wahrnehmens zu schulen um sie so in einem *wahrhaft menschlichen Sinne* („truly human way") gebrauchen zu können. Hier greift Nussbaum wieder auf die Formulierung von Marx zurück, der damit festhalten wollte, dass diese menschlichen Vermögen durch die Lebensumstände (vor allem auch durch die Arbeitsbedingungen) bis zur Unkenntlichkeit deformiert werden können.

Bildung zu fordern, zumal in einer sehr grundlegenden Form, wie Nussbaum es hier tut, ist wenig spektakulär. Berücksichtigt man andere Werke der Autorin[178], so wird klar, dass sich hier ein humanistisches Bildungsideal abzeichnet, dem Nussbaum anhängt und welches frei von jeder Funktionalität und (späterer) ökonomischer Verwertbarkeit, in erster Linie als selbstzweckhaftes Gut verstanden werden will.

Doch Nussbaum bleibt nicht bei der Forderung nach Förderung dieser Fähigkeiten durch Bildung stehen, sondern verlangt auch einen (durch das Grundgesetz zu deckenden) Rahmen an Freiheit, der notwendig ist, um diese Fähigkeiten in der Praxis auszutesten. Konkret spricht sie von der Möglichkeit, diese Fähigkeiten durch das Anfertigen literarischer, musikalischer und auch religiöser Werke auszuprobieren. Nussbaum fordert also eine allgemeine Meinungs- und Glaubensfreiheit. Ist diese nicht gegeben, ist die, möglicherweise ausreichend zur Verfügung gestellte Bildung, nur von relativem Wert, da in der Praxis nicht anwendbar.

---

178 Vgl. v. a. Nussbaum 2003 und 2010a

Der vierte Punkt in Nussbaums Liste stellt also die Forderung nach Förderung eines ganzen Bündels an Fähigkeiten dar. Enthalten sind einerseits Forderungen nach der (positiven) Bereitstellung von Gütern (in erster Linie nach einer adäquaten Bildung), andererseits die Sicherstellung negativer Freiheitsrechte (in erster Linie die Fähigkeit zur freien Religionsausübung und zu freier Ausübung der Künste).

Eine entwickelte Industrienation wie Deutschland mit seiner rechtstaatlich demokratischen politischen Ordnung dürfte bezüglich dieser Forderungen gut abschneiden und deswegen die Forderungen, die sich aus diesem Fähigkeitenbündel ableiten lassen, erfüllen.

Die Ausbildung der in diesem Punkt angesprochenen Fähigkeiten hängt, ebenso wie die Ausbildung anderer in der Liste genannten Fähigkeiten, sehr stark von einem adäquaten Bildungssystem ab. Weiterführende Reflexionen zum Thema Bildung könnten daher sowohl hier als auch bei der Untersuchung anderer Fähigkeiten der Liste (z. B. beim Thema Emotionen) erfolgen. Im Rahmen der vorliegenden Untersuchung wird dem Thema Bildung innerhalb von Nussbaums Denken im Kapitel 2.6., als Ergänzung zur Erläuterung der Fähigkeit der *praktischen Vernunft*, weitere Reflexionen widmen.

2.5 Emotionen

5. Emotions. Being able to have attachments to things and people outside ourselves; to love those who love and care for us, to grieve at their absence; in general, to love, to grieve, experience longing, gratitude, and justified anger. Not having one's emotional development blinghted by fear and anxiety. (Supporting this capability means supporting forms of human association that can be shown to be crucial in their development.)

Emotionen[179] bzw. Gefühle nehmen in Nussbaums Arbeiten an verschiedenen Stellen einen zentralen Stellenwert ein. Schon in ihrer Beschäftigung mit der griechischen Tragödie und Philosophie im umfangreichen Werk *The Fragility of Goodness* nimmt das Thema der Emotionen eine zentrale Rolle ein, noch mehr jedoch in ihrer späteren Beschäftigung mit dem Thema in den Schriften zum *Capabilities Approach*. Die wichtigsten Aussagen finden sich hier in *Women and Human Development*, sowie in *Emotions and Women's Capabilities*[180]. In *Frontiers of Justice*[181] und *Creating Capabilities*[182] fordert Nussbaum wiederholt die Dringlichkeit einer noch auszuarbeitenden politischen Psychologie, welche dabei helfen soll, die Bedeutung von Emotionen für den Menschen und für das menschlich gute Leben herauszuarbeiten. Hier geht sie wiederum auf Distanz zu der von ihr vermuteten kantianischen Personenkonzeption in liberalen Ansätzen, welche in ihr Zentrum den Begriff der Vernunft stellt und gewissermaßen einen Rationalitätsbegriff vertritt, der Emotionen als tendenziell irrational abwertet. Weitere, für die Darstellung des Begriffs der Emotionen aufschlussreiche Aussagen trifft Nussbaum in einem Essay mit dem Titel *Constructing Love, Desire, and Care*[183]. Hier argumentiert sie dafür, Gefühle in ihrer für den Menschen universellen Gültigkeit anzuerkennen, arbeitet sodann aber auch Unterschiede heraus, welche durch lokale und

---

179 Nussbaum verwendet im Englischen zumeist den Begriff der *emotions*, während in den vorliegenden deutschen Übersetzungen sowohl der Begriff der *Emotionen* als auch vor allem der Begriff der *Gefühle* verwendet wird. Da zwischen diesen Substantiven im Wesentlichen in Nussbaums Diktion keine explizite Unterscheidung getroffen wird, sollen hier auch beide Formen verwendet werden.

180 Nussbaum 1995a, 360–395

181 Vgl. Nussbaum 2010, 215f.

182 Vgl. Nussbaum 2011, 180–184

183 Veröffentlicht in Nussbaum 1999a, 253–275

kulturelle Prägungen entstehen und so die Erscheinungsform und den Umgang mit den Gefühlen bestimmen[184].

Nussbaums Integration der Emotionen bzw. Gefühle dient, so könnte man sagen, einer erweiterten und differenzierteren Anthropologie als sie bei der Formulierung von Gerechtigkeitskonzeptionen bisher verfolgt wurde. Dies ist ihr insofern besonders wichtig als sie nicht nur bei Rawls (als Vertreter des politischen Liberalismus) sondern vor allem auch beim politischen und ökonomischen Utilitarismus ein regelrechtes Ausschlussverhältnis zwischen *Vernunft* bzw. *Rationalität* einerseits und *Emotionen* andererseits gegeben sieht. Da aber Menschen ganz offensichtlich ständig mit Emotionen der unterschiedlichsten Art konfrontiert sind, lässt sich dieser Bereich nicht einfach ignorieren, wenn es darum geht, die zentralen Fähigkeiten des Menschen zu identifizieren und zu benennen. Und ohne Gefühle lässt sich nach Nussbaum auch keine vollwertige moralische Theorie konstruieren. „Moralisches Urteilen ist nach Nussbaum nicht von unseren Gefühlen trennbar. Das Erreichen eines Überlegungsgleichgewichts zwischen moralischen Prinzipien und moralischen Einzelurteilen schließt die angemessenen Empfindungen ein."[185]

Einen wichtigen Stellenwert nehmen Gefühle auch bei Genderfragen ein. Emotionen werden als Thema beispielsweise oft instrumentalisiert, so Nussbaum, um feste Rollenzuschreibungen zu rechtfertigen.

> "Here it is claimed that, on account of their emotional ‚nature', women are in fact well equipped to perform certain valuable

---

184 Eine eingehende Untersuchung über die Philosophie der Emotionen liefert z. B. Voss 2004. Unter anderem wird vom Autor dort auch Nussbaums Theorie kritisch untersucht.
185 Pauer-Studer 2000 (Hrsg.), 129

social functions: for example, raising children, caring for the needs of a husband."[186]

Nussbaum argumentiert hingegen dafür, dass es keinen Grund gibt anzunehmen, dass Frauen von Natur aus emotionaler als Männer sind. Sollte sich hier im Alltag das Gegenteil feststellen lassen, wäre dies nach ihrer Ansicht eher auf die jeweilige Sozialisation und Erziehung zurückzuführen als auf eine natürliche Veranlagung[187]. Damit nimmt sie das klassische, auf Simone de Beauvoir zurückgehende, feministische Argument auf, dass man als Frau nicht zur Welt kommt, sondern von der Umwelt dazu gemacht wird.

Emotionen sind für Nussbaum ein konstitutives Element menschlichen Lebens, d. h. sie sind nicht nur ein (möglicherweise lästig empfundenes) Attribut, welches dem Menschen anhängt, sondern integraler Bestandteil jeden menschlichen Lebens und machen als solche auch unsere Würde aus. Denn Wesen, welchen Emotionen völlig fremd wären, würden wir nicht als Menschen erkennen[188]. Als Ergebnis Ihrer Untersuchung über die Emotionen hält Nussbaum deshalb fest:

> "I have argued that the emotions are best understood not as blind and brutish, but as intelligent forms of evaluative perception, either identical with or very closely linked to judgements; that, while Spinoza and the Stoics are right to link emotions with beliefs about our lack of self-sufficiency, there are reasons to think such beliefs both true and politically valuable; that while emotions do begin at home, so to speak, the love and gratitude of the home is a necessary prerequisite for an adequate awareness of the needs of those at a distance; that emotions do focus on particulars rather than on classes,

---

186 Nussbaum 1995a, 364
187 Vgl. Ebd.
188 Vgl. z. B. Nussbaum 1999, 52

but that in so doing they show the pont and ultimate goal of class action."[189]

Wichtig ist nun das selbsttranszendente Moment, welches dem Menschen durch Emotionen ermöglicht wird. Nicht umsonst heißt es im ersten Satz zum Thema der Emotionen bei Nussbaum „Being able to have attachments to things and people outside ourselves". Emotionen ermöglichen uns, in einer wahrhaft menschlichen Weise mit unserer Umwelt zu interagieren, da wir durch sie unser Gegenüber in einer besonderen Weise wahrnehmen, welche sich von der Wahrnehmung anderer Dinge in der Welt unterscheidet. Menschen haben Gefühle – unabhängig von ihrem Kulturkreis, ihrer religiösen Überzeugung oder ihrer ethnischen Abstammung. Davon ist Nussbaum überzeugt. Zwar räumt sie ein, dass Gefühle stark durch die jeweilige Umgebung geformt werden, trotzdem hält sie fest: "But it would be surprising indeed if there were not a great deal of overlap among societies in the general repertory of emotions they teach."[190]

In *Human functioning and Social Justice. In Defense of Aristotelian Essentialism* will Nussbaum nachweisen, dass nur eine essentialistische, nicht-subjektivistische und nicht-relativistische Moraltheorie solche Gefühle wie Mitleid und Achtung hinreichend erklären kann. Hinsichtlich des Mitleids führt Nussbaum aus:

> "Compassion requires us to say: However far these people are from us in fortune or class or race or gender, those differences are morally arbitrary and might have befallen me as well."[191]

Alle Menschen sind mit Gefühlen konfrontiert, gehen aber – je nach sozialer bzw. kultureller Prägung – unterschiedlich damit

---

189 Nussbaum 1995a, 388
190 Ebd., 389
191 Nussbaum 1992, 239

um. Nussbaum arbeitet in *Sex and Social Justice*[192] vier Formen der Abweichung heraus:

1. Zunächst hält sie fest, dass die Regeln der Gefühlsäußerung je nach kulturellem Hintergrund variieren. *"Rules for emotional expression and behavior vary.* Each society teaches rules for the proper expression of emotions such as grief, love, and anger."[193] Ein sehr einleuchtendes Beispiel, welches sie diesbezüglich anführt, sind die unterschiedlichen Formen der Trauerbekundungen beim Verlust Angehöriger.
2. „*Normative judgments about an emotion vary.*" Alle Gesellschaften kennen, so Nussbaums Argumentation, bestimmte Emotionen, wie z. B. Zorn. Doch in unterschiedlichen Kulturen gelten unterschiedliche gesellschaftliche Vorgaben, wie diese Gefühle auszudrücken sind. Im Unterschied zum ersten Punkt geht es hier um das Gefühl als Ganzes, nicht nur hinsichtlich eines bestimmten Anlasses. So führt Nussbaum folgenden Vergleich hinsichtlich des Zorns an: Während bei einem bestimmten Eskimostamm (den *Utku*) nachgewiesen wurde, dass Zorn als Emotion für einen Erwachsenen eine völlig unangemessene Reaktion und gewissermaßen als charakterliches Defizit verpönt ist, war es bei den alten Römern zu Zeiten Senecas geradezu eine männliche Pflicht bei bestimmten Vorkommnissen in äußersten Zorn zu geraten, um weiterhin ernst genommen zu werden.[194]
3. *"The taxonomy of emotions recognized varies."*[195]. Dieser Punkt folgt unweigerlich aus (2). Denn wenn „Zorn", wie gesehen, beim Eskimostamm der Utku und den alten Römern völlig anders gesellschaftlich bewertet wird, steht er auch in einem

---

192 Nussbaum 1999a, 259–265
193 Ebd., 259. Hervorhebungen im Original, J. N.
194 Vgl. Ebd.
195 Ebd., 260

anderen Verhältnis zu anderen Gefühlen. So dürfte der Angehörige der Utku im Zusammenhang mit seinem Zorn eher Scham empfinden, während der Römer in Nussbaums Beispiel damit möglicherweise eher sogar Stolz empfindet. Für bestimmte Gefühle, die in einer Kultur vorkommen, gibt es in einer anderen möglicherweise überhaupt keine Entsprechung. Dies sieht Nussbaum im Fall der in vielen christlichen Kulturen vorherrschenden Scham gegenüber dem Körper gegeben, welche sich in ähnlicher Weise im antiken Griechenland wohl nicht nachweisen lassen würde.[196]

4. *"Individual histories vary, and emotions bear traces of their history."*[197] Dieses Argument ist sowohl ein kulturspezifisches, als auch ein die Individualität des Gefühlslebens betonendes. Durch individuelle biografische, wie auch durch gesellschaftshistorische Ereignisse wird das Gefühlsleben geformt und beeinflusst. Der Mensch verfügt über eine Erinnerung seiner Vergangenheit, welche auf die Gegenwart einwirkt: "It bears the trace of loved or feared or hated objects from one's past, and the past lends the present some of its wonder or terror."[198]

Für Nussbaum spielen nun Gefühle bzw. Emotionen eine so wichtige Rolle, weil, wie weiter oben bereits angedeutet, damit die moralische Urteilsfähigkeit zusammenhängt – und damit auch die Fähigkeit, sich als Mensch in ein politisches System zu integrieren:

„Dort [in *Poetic Justice*[199], Anmerkung J. N.] lege ich dar, dass die Fähigkeit, die Lage eines Menschen zu verstehen, der sich

---

[196] Vgl. Nussbaum 1999a, 260
[197] Ebd., 261
[198] Ebd.
[199] Nussbaum 1997

in anderen Lebensumständen befindet, eine fundamentale Fähigkeit des politischen Vorstellungsvermögens ist. Diese Fähigkeit wird von Kindheit an auf unzählige Weisen kultiviert, [...]"[200]

Im Gegensatz zu vielen anderen Moralphilosophen spielen Gefühle bei Nussbaum also eine bedeutende Rolle bei der moralischen und infolge dessen auch bei der politischen Willensbildung. Für Nussbaum haben Emotionen daher nicht nur einen selbstzweckhaften Wert für den einzelnen Menschen, sondern auch einen gesellschaftlichen Wert. Geschult wird diese Fähigkeit nach Nussbaums Vorstellung vor allem auch durch die Literatur, weil diese am besten „die Einzigartigkeit des individuellen Lebens herausarbeitet und sich weigert, das soziale Ganze als ein bloßes Aggregat zu betrachten; [...]"[201].

Welche Forderungen ergeben sich nun aus dieser Sicht auf die Emotionen für eine gerechte Politik? Wo liegen hier die besonderen Aufgaben der Politik? Im ersten Teil des Punktes *Emotionen* wird, von der Struktur her, das Ziel formuliert: Es soll die Fähigkeit gefördert werden, welche es Menschen erlaubt, mit Hilfe einer ausgebildeten Emotionalität Bindungen zu Dingen, v. a. aber zu Personen außerhalb unserer selbst einzugehen ("Being able to have attachments to things and people outside ourselves"). Sodann wird diese Forderung in einer Annäherung konkretisiert ("to love those who love and care for us, to grieve at their absence; in general, to love, to grieve, experience longing, gratitude, and justified anger"). Schließlich wird, wiederum durch eine negative Formulierung, ein Schutz des Einzelnen angemahnt, der für die Entwicklung der anvisierten emotionalen Fähigkeiten eines gewissen Schutzraumes bedarf ("Not having one's emotional development blinghted by fear and anxi-

---

200 Nussbaum in Pauer-Studer (Hrsg.) 2000, 134. Der Text wurde nur in der deutschen Übersetzung veröffentlicht. Übersetzung von Ilse Utz.
201 Nussbaum 2000, 134

ety"). Die in Klammern gesetzte Ergänzung ("Supporting this capability means supporting forms of human association that can be shown to be crucial in their development") lässt freilich einen weiten Interpretationsspielraum hinsichtlich der Frage nach den möglichen Formen menschlicher Gemeinschaft, die hier gefördert werden sollen. Aufgrund der großen kulturellen Unterschiede und der damit einhergehenden unterschiedlichen Organisationsformen des öffentlichen und privaten Lebens weltweit ist das auch nur folgerichtig.

In praktischer Hinsicht lassen sich für einen Staat wie Deutschland aus dieser sehr vagen Forderung etliche Adressaten subsummieren, die als Empfänger von entsprechenden Förderungen infrage kommen. Insbesondere können, neben der Familie, wohl alle Institutionen des Bildungswesens sowie sämtliche Sport- und Musikvereine, Kirchgemeinden, Pfadfinder, freiwillige Feuerwehren und viele andere Formen zur Gruppe der Adressaten gerechnet werden, die allesamt einen Beitrag zur Ausbildung jener Fähigkeiten leisten, die Nussbaum hier intendiert. Denn alle diese Organisationsformen bieten dem Einzelnen Möglichkeiten, mit anderen Menschen in Kontakt zu treten und dabei auch die eigene Emotionalität zu schulen. In direkter Hinsicht lässt sich aus Nussbaums Plädoyer für ein liberales, humanistisches Bildungswesen, wie sie es z. B. in *Cultivating Humanity* und *Not for Profit*[202] entfaltet und verteidigt, die Forderung nach einer entsprechenden Reform (bzw. Rückbesinnung) auf bildungspolitischer Ebene ableiten[203].

---

202 So kritisiert Nussbaum in *Not for Profit* das US-amerikanische Bildungssystem, in dessen Ausrichtung sich eine ökonomistische Sichtweise spiegelt, die den Menschen zwecks immer weiterer materieller Wohlstandsmehrung in erster Linie als Produzenten und Konsumenten versteht und dementsprechende Akzente und Schwerpunkte setzt. Demgegenüber geraten Fächer wie Literatur, Kunst und Musik immer weiter ins Hintertreffen, was nach Überzeugung der Autorin auch negative Auswirkungen auf das Funktionieren einer demokratischen Gesellschaft hat.
203 Vgl. hierzu auch die Ausführungen im folgenden Kapitel (2.6.)

Auch an diesem Punkt zeigt sich wieder, dass in Nussbaums Denken die Grenzen zwischen dem Privaten und der (politischen) Öffentlichkeit verschwimmen. Hier vertritt Nussbaum eindeutig die von jeher von vielen Feministinnen geteilte Position, dass das Private durchaus auch politisch sei. Staatliche Interventionen werden im Umkehrschluss nicht nur denkbar, sondern auch legitim, sollte die Ausbildung zentraler Fähigkeiten einzelner Personen gefährdet sein. Aus den von Nussbaum gewählten Formulierungen lässt sich, wie hier besonders deutlich hervorgehen dürfte, ein Lenkungsauftrag der Politik ableiten.

2.6 Praktische Vernunft

6. Practical Reason. Being able to form a conception of the good and to engage in critical reflection about the planning of one's life. (This entails protection for the liberty of conscience and religious observance.)

Schon in *Aristotelian Social Democracy* schreibt Nussbaum der *praktischen Vernunft* als einer von zwei Fähigkeiten (die andere ist die Zugehörigkeit – *Affiliation* – siehe 3.7.) eine architektonische Funktion innerhalb ihrer Fähigkeitenliste zu. Dort zeigt sie zunächst, dass sich alle von ihr genannten Fähigkeiten mehr oder weniger wechselseitig durchdringen und bedingen, die *praktische Vernunft* und die Zugehörigkeit bzw. Verbundenheit mit Anderen dies aber in einem ganz besonderen Maße tun.

> "Two of the human functions organize and arrange all of the others, giving them in the process a characteristically human shape. These two are: practical reason and affiliation. All animals nourish themselves, use their senses, move about, and so on – and all of this as beings one in number. What is distinctive, and distinctively valuable to us, about the human way of doing this is that all these functions are, first of all,

planned and organized by practical reason, and, second, done with and to others."[204]

In einem guten Leben, so Nussbaum, muss die *praktische Vernunft* alle Tätigkeiten und Pläne im Hinblick auf deren Realisierung durchdringen.[205] Der Begriff der *praktischen Vernunft* kann auf vielfältige Weise konstruiert und operationalisiert werden[206]. Nussbaum erleichtert uns ein Verständnis ihrer Vorstellung des Begriffs durch die Formulierung „being able to form a conception of the good". Im Prinzip wird damit die Fähigkeit postuliert, sich eine Vorstellung von einem guten Leben bilden zu können – und zwar aus einer kritischen Distanz zu sich selber. Der springende Punkt scheint in dieser Fähigkeit zur Selbstdistanzierung zu liegen. Unbewusst folgen alle Menschen einer Konzeption des guten Lebens, jedoch nicht unbedingt einer, die einer persönlichen, kritischen Prüfung unterzogen wurde. Dazu bedarf es der Bewusstwerdung der eigenen Fähigkeit zur Selbstdistanzierung, wie sie zum Beispiel in der humanistischen Psychologie von Viktor Frankl besonders eindringlich herausgearbeitet wurde[207]. Maßgeblich für die Entwicklung dieser Fähigkeit beim Menschen ist ihre Förderung durch eine entsprechende Erziehung durch Eltern und Schule, welche das kritische Nachdenken und die persönliche Meinungsbildung fördert. In diesem Unterkapitel sollen deshalb auch einige Reflexionen zu Nussbaums Vorstellungen einer adäquaten Ausbildung erfolgen, in welchen sich zeigen wird, dass Nussbaum insbesondere der Vorstellungskraft *(imagination)* eine zentrale Rolle zuweist.

---

204 Nussbaum 1990, 226

205 Vgl. Nussbaum 1999, 60

206 Vgl. hierzu z. B. Pauer-Studer 2000. In diesem Band stellt die Autorin im Medium des Interviews die teilweise stark variierenden Vernunftkonzepte von bedeutenden zeitgenössischen Philosophen (Benhabib, Korsgaard, Scanlon, Gauthier, Nussbaum, Dworkin, Sen, Sandel und Walzer) zur Diskussion.

207 Vgl. z. B. Biller, Lourdes-de Stiegeler 2008, 382–384.

Zunächst aber noch einige allgemeinere Aspekte zu ihrem Vernunftbegriff.

Nussbaum begründet keine tiefgreifende Theorie der menschlichen Vernunft. In ihren Schriften zum *Capabilities Approach* hält sie sich auch nicht lange mit Begriffsklärungen und Abgrenzungen auf, wie es für viele Philosophen seit jeher eigentlich üblich ist. Damit umgeht sie wohl bewusst die Gefahr, sich in metaphysische Deutungen zu verstricken, welche den angepeilten Konsens *(overlapping consensus)*, den sie mit ihrer *Liste der zentralen Fähigkeiten* formulieren will, unterlaufen. Trotzdem bleibt sie nicht vollkommen ohne eigene Stellungnahme, sobald sie über das Wesen der menschlichen Vernunft bzw. über die Rationalität menschlichen Handelns nachdenkt. Dies wurde beispielhaft deutlich bei der Untersuchung von Nussbaums Wertschätzung der Emotionen, welche bei ihr in einer Theorie der Rationalität in jedem Fall eine bedeutende Stellung einnehmen, womit sie sich von anderen Denkern deutlich abgrenzt[208].

Man kann sagen, dass es ihr mit der Benennung der *praktischen Vernunft* in der *Liste der zentralen Fähigkeiten* vor allen Dingen darauf ankommt, ein Potential zu benennen, welches in jedem Menschen angelegt ist (wie bei den anderen Fähigkeiten auch), ohne welches aber die anderen Fähigkeiten keine Gestalt gewinnen könnten. Ohne die *architektonischen Funktionen* würde das koordinierende Zentrum fehlen. Und dieses Zentrum ordnet nun alle anderen Fähigkeiten, „bündelt" sie in gewisser Weise, um sie auf das eigentliche Ziel des Menschseins auszurichten: Das (menschlich) gute Leben. Wie immer dieses auch aussehen mag – und Nussbaum gesteht ja zu, dass es hierfür nahezu unzählige Spezifikationen gibt – es benötigt die Fähigkeit der

---

208 Als Beispiel sei hier Thomas Scanlon genannt. In seinem umfangreichen und vielbeachteten Hauptwerk *What we owe to each other* (Scanlon 1998) wird das Thema der Emotionen bzw. Gefühle nahezu vollständig ausgespart.

praktischen Vernunft im Sinne einer kritischen und reflektierenden Planung. Diese Kompetenz bei denjenigen zu fördern, die noch nicht in einem hinreichenden Maße über sie verfügen, ist eine der obersten, gleichwohl auch komplexesten Aufgaben einer politischen Gemeinschaft. Metaphysisch gesprochen wird durch die Benennung der architektonischen Fähigkeiten aus einer Bündeltheorie eine Substanztheorie. Denn wenn auch alle Fähigkeiten der Liste für Nussbaum essentiell sein mögen, so spricht sie der *praktischen Vernunft* und der Zugehörigkeit eine übergeordnete Rolle zu, welche gewissermaßen den Kern der Identität des Menschen ausmachen. Das ist auch leicht nachvollziehbar: Wenn eine der anderen Fähigkeiten fehlt, die architektonischen aber vorhanden sind, dann lassen sich im Sinne der Liste Nussbaums die anderen Fähigkeiten, zumindest potentiell, noch erreichen. Doch einem Leben, welchem die Fähigkeit zur *praktischen Vernunft* fehlt, wird auch ein Übermaß an anderen (zentralen) Fähigkeiten nicht dazu verhelfen, ein im Sinne Nussbaum gutes, menschliches Leben zu führen. Ein Leben ohne *praktische Vernunft* ist hier, um es bildlich auszudrücken, mit einem Schiff ohne Steuerruder zu vergleichen. Selbst die modernste Ausstattung und die solideste Bauweise helfen einem solchen Schiff nicht, seiner eigentlichen Bestimmung nachzukommen, nämlich Menschen oder Güter von einem Ort zu einem selbstgewählten anderen zu bringen.

Die bisherigen Analysen zeigen unter Verweis auf die wenigen Ausführungen Nussbaums zum Begriff der *praktischen Vernunft* wie wichtig es der Autorin hier ist, vage zu bleiben. Kritisch kann man einwenden, dass Nussbaum damit sachliche Unklarheit rechtfertigt, was gerade bei so einem zentralen Terminus wie der hier zu diskutierenden *praktischen Vernunft* von einem systematisch-philosophischen Standpunkt aus betrachtet fragwürdig ist. *Praktische Vernunft* kann hier wohl in erster Linie (auch) als Reflexionsfähigkeit verstanden werden. Dies inkludiert die Fähigkeit zur selbstdistanzierten Meinungs- und Urteilsbildung, sowie die Fähigkeit, eigene Entscheidungen zu treffen, welche auf den je eigenen Vorstellungen des guten Lebens basieren. Straßenberger sieht Nussbaums Begriff der *praktischen Vernunft* noch sehr stark von deren Arbeit zur griechischen Tragödiendichtung *(The Fragility of Goodness)* geprägt:

> „Nussbaum interpretiert die Darstellung der Komplexität ethischer Konflikte in der Tragödie als Hinweis auf den Wertepluralismus in der griechischen Gesellschaft. Über den permanenten Wechsel der Perspektiven, einschließlich ihrer emotionalen Dimension, wird die praktische Vernunft daraufhin als zu erlernende Fähigkeit entworfen, sich diese Pluralität zu vergegenwärtigen. Die angemessene Reflexion der Vielschichtigkeit und Komplexität einer Situation verlangt, die eigene Perspektive um die anderen möglichen Standpunkte zu erweitern."[209]

Immer wiederkehrend ist die Forderung Nussbaums, die architektonischen Fähigkeiten müssen, mit Marx gesprochen, in einem „wahrhaft menschlichen" Sinne gebraucht werden können. Dies wiederum ist nur durch das Vorhandensein der *praktischen Vernunft* und der Fähigkeit zur Kooperation mit anderen (siehe folgendes Kapitel) gegeben, durch welche letztlich u. a. auch festgelegt wird, welche Schwellen *(thresholds)* wir für die Entwicklung der zentralen Fähigkeiten akzeptieren:

> "All the items on the list should be available in a form that involves reason and affiliation. This sets constraints on where we set the threshold, for each of the separate capabilities, and also constraints on which specifications of it we will accept."[210]

Eine Frage, die sich hinsichtlich der *praktischen Vernunft*, wie auch bei manch anderen der zentralen Fähigkeiten, besonders

---

209 Straßenberger 2009, 163
210 Nussbaum 2000, 82f.

dringlich stellt, ist jene nach der Spannung zwischen Tätigkeit und reiner Fähigkeit, wie sie ja maßgeblich für die politischen Forderungen der Autorin sind. In *Women and Human Development* findet sich eine Stelle, an welcher Nussbaum hinsichtlich der *praktischen Vernunft* von ihrer Maxime abweicht, dass lediglich Fähigkeiten und nicht tatsächlich ausgeübte Tätigkeiten das Ziel ihres Ansatzes seien. Denn selbst wenn eine Person sich, voll in Besitz der *praktischen Vernunft*, entscheiden sollte, durch persönliche Wahl einen Großteil der eigenen Autonomie aufzugeben, beispielsweise durch Beitritt zum Militär oder auch einer streng religiösen Gemeinschaft, so hat doch die Gesellschaft hier ein Interesse, dass der Betreffende von seiner *praktischen Vernunft* in bestimmten Fällen Gebrauch macht, zum Beispiel, wenn ein Militärangehöriger einen klar unmoralischen Befehl erhält[211].

> "Even when a person retreats from political life, we want them to be able to use practical reason as citizens, should the need arise. In short: we may sometimes have reasons to protect capability by requiring a limited degree of functioning, at least when a person is exercising a responsible social function."[212]

Die Definition der Fähigkeit der *praktischen Vernunft* so wie Nussbaum sie vorlegt, beinhaltet, dass ein Mensch nicht nur in der Lage sein muss, sich eine Konzeption des guten Lebens zu machen, sondern auch, diese kritisch zu reflektieren – und zwar in Hinsicht auf die eigene Lebensplanung. Ein Mensch soll also nicht nur in der Lage sein, sich eine Vorstellung des guten Lebens zu bilden und ihr dann zu folgen, sondern ihr *kritisch* zu folgen. Hiermit sind zwei weitere Aspekte angesprochen, die einer kurzen Erläuterung bedürfen. Einerseits geht es um die

---

211 Vgl. Ebd. 92f.
212 Ebd., 93

Bedeutung, welche Nussbaum *Lebenskonzeptionen* für ein gutes Leben zuspricht, andererseits um das indirekt angesprochene *Faktum der Kontingenz* menschlichen Lebens.

Lebenskonzeptionen haben einen strukturierenden Charakter. Die Vielzahl der Wünsche und Gefühle, mit denen der Mensch sich täglich konfrontiert sieht, müssen in eine Ordnung gebracht werden. Bestimmte Wünsche können den Charakter übergeordneter Ziele erhalten, andere werden, im Sinne einer Prioritätenliste, zeitlich anderen vor- oder nachgeordnet[213]. Diese Planung *(planning)* mündet schließlich in eine Gesamtkonzeption. Steinfath definiert den Begriff der Lebenskonzeption deshalb folgendermaßen:

> „Konstellationen von Wünschen können also sowohl hierarchisch wie temporär strukturiert sein. Sofern sich solche Wunschkonstellationen nicht nur auf einzelne Bereiche unseres Lebens, sondern unser Leben als Ganzes beziehen, können sie auch als Lebenskonzeptionen bezeichnet werden […] Das Gutsein eines Lebens würde demnach in der weitgehenden Erfüllung der (unseren Gefühlen entsprechenden) Wünsche bestehen, über die sich eine Lebenskonzeption definiert."[214]

Für Steinfath ist nun das Entscheidende, dass das Vorliegen einer (mehr oder weniger) reflektierten Lebenskonzeption eine Voraussetzung dafür darstellt, ob man das eigene Leben bejahen kann[215]. Es ist begründeterweise davon auszugehen, dass diese Selbstbejahung dem eigenen Leben gegenüber auch für Nussbaum ein wichtiges Element darstellt, dass Nussbaum hier letztlich das Telos der *praktischen Vernunft* sieht.

---

213 Vgl. Steinfath 1998, 76f., sowie in dieser Arbeit die Ausführungen zur Wunsch- und Zieltheorie des guten Lebens in Kapitel 4.5.2.
214 Ebd., 77
215 Vgl. Ebd., 78

Mit dem zweiten Teilsatz (*"to engage in critical reflection about the planning of one's life"*) weist die Autorin indirekt auf die nicht zu leugnende Kontingenz menschlichen Lebens hin. Es ist das Eine, die Fähigkeit zu postulieren, sich eine Vorstellung des guten Lebens zu machen und dann daraus eine je eigene Lebenskonzeption zu bilden. Im realen Leben tauchen dann aber nicht nur in aller Regel immer wieder Hindernisse auf, die uns dazu zwingen, unsere Lebenskonzeption zu modifizieren, sondern oft auch Ereignisse und Umstände, welche weite Teile der Konzeption überhaupt in Frage stellen, weil zentrale bzw. übergeordnete Ziele aufgrund (schicksalshafter) Entwicklungen nicht mehr erreicht werden können. In diesem Fall besteht dann die zentrale Fähigkeit der *praktischen Vernunft* darin, sich veränderten Umständen anzupassen, Kreativität im Umgang mit unvorhergesehenen Entwicklungen zu entfalten und letztendlich womöglich eine völlig neue Lebenskonzeption zu konstruieren (die dann unter Umständen nicht mehr vorrangig darin besteht, aktiv bestimmte Ziele zu verfolgen, sondern zu erlittenem Leid und Schicksalsschlägen eine bestimmte Einstellung zu entwickeln, um auf diesem Wege weiter das eigene Leben als sinnvoll zu erfahren[216]). Steinfath sieht als Folge seiner Überlegungen zum Thema der Kontingenz menschlichen Lebens die Fähigkeit, mit der eigenen Lebenskonzeption in den Wechselfällen des Lebens in konstruktiver Weise umzugehen, als mindestens genauso wichtig an wie die Fähigkeit, die eigentlichen Ziele zu erreichen:

> „Deswegen ist für ein gutes Leben der Umgang mit unseren Lebenskonzeptionen, die *Art und Weise* wie wir uns von ihnen leiten lassen, mindestens ebenso wichtig wie der Erfolg, der uns bei der Verwirklichung unserer zentralen Ziele beschieden ist."[217]

---

216 Zur Möglichkeit, selbst im Leiden Sinn zu finden, vgl. z. B. Frankl 1984, insbesondere 161–216

217 Steinfath 1998, 81. Hervorhebung im Original, J. N.

Die *praktische Vernunft*, so lässt sich zusammenfassen, drückt sich bei Nussbaum durch das menschliche Bedürfnis aus, sein Leben selbst und nach den eigenen Vorstellungen zu planen, es jederzeit kritisch zu reflektieren und neuen Gegebenheiten anzupassen. Auch bei der *praktischen Vernunft* handelt es sich für Nussbaum um eine kombinierte Fähigkeit, also eine Fähigkeit, die interne (hier die Fähigkeit zur Selbstdistanzierung und Reflexion) und externe Faktoren (hier die durch die Politik zu gewährende Freiheit, seinen eigenen Lebensplan in die Tat umzusetzen zu können) verbindet. Ersteres geschieht maßgeblich durch eine adäquate Erziehung und Ausbildung, letzteres durch entsprechende (gesetzliche) Gewährleistungen.

Es lohnt sich nun an dieser Stelle, das Bildungsverständnis Nussbaums näher unter die Lupe zu nehmen. Bildung und Erziehung kommen in Nussbaums Konzeption, wie bereits mehrfach erwähnt, äußerst wichtige Bedeutung zu. Wie bereits bei der Untersuchung der Emotionen (3.5.) angesprochen, hat Nussbaum ihre bildungspolitischen Vorstellungen v. a. in *Not for Profit* dargelegt. Sie plädiert darin für ein umfassendes Bildungsverständnis und sieht dieses, zumindest in ihrer Heimat, den USA, immer stärker bedroht von einem rein instrumentellen Bildungsverständnis, welches einseitig die ökonomische Verwertbarkeit fokussiert. Ingrid Robeyns, eine der bedeutendsten Forscherinnen zum Capability-Approach und eine fundierte Kennerin der Nussbaum'schen Philosophie, unterscheidet in einem Aufsatz drei Bildungskonzepte: Bildung als Humankapital, Bildung als Menschenrecht und Bildung als Handlungsbefähigung[218].

Wird Bildung in erster Linie als Humankapital verstanden, dann besteht die Gefahr, dass lediglich die instrumentellen und ökonomisch relevanten Bezüge von Bildung als bedeutsam angese-

---

218 Robeyns 2009, 55–66.

hen werden[219]. Ein solches Bildungsverständnis bleibt defizitär, da es den Menschen lediglich als (zukünftigen) Wirtschaftsfaktor in einer Wertschöpfungskette begreift.

Demgegenüber seien die beiden anderen Bildungskonzepte umfassender bzw. integrativer[220]. Wird Bildung in erster Linie als ein Menschenrecht gesehen, so wird damit zwar durchaus einem intrinsischen, selbstzweckhaften Aspekt des Menschseins Rechnung getragen, jedoch ergeben sich hier nach Ansicht Robeyns neue Probleme:

> „So birgt der Rechtsdiskurs die Gefahr, die formalen Aspekte des Rechts zu überschätzen. Darüber hinaus kann er die im Bildungsbereich verantwortlichen Akteure dazu verleiten, die Hände in den Schoß zu legen, sobald sie gesetzlichen Mindestanforderungen nachgekommen sind, auch wenn eigentlich zusätzliche Anstrengungen nötig wären, um das mit dem jeweiligen Recht verknüpfte Ziel zu erreichen."[221]

Mit anderen Worten: Bildung als ein Menschenrecht anzusehen und sie dementsprechend als rechtlichen Anspruch festzuschreiben, ist ohne Zweifel ein wichtiger Schritt, bleibt jedoch ebenfalls fragmentarisch. Dieses Mal nicht im Sinne einer ökonomistischen Verwertbarkeit (wie beim Humankapitalansatz), sondern in der „Betonung auf der individuell-intrinsischen Funktion von Bildung"[222]. Demgegenüber versucht das Bildungskonzept des Capability Approach, so Robeyns, beide Funktionen von Bildung zu integrieren. Bildung dient im Sinne dieses Ansatzes der Handlungsbefähigung des Einzelnen.

---

219 Robeyns 2009, 63
220 Ebd., 55
221 Ebd.
222 Ebd., 63

> „Bildung ist im Rahmen des Capability-Ansatzes sowohl aus intrinsischen als auch instrumentellen Gründen relevant [...] Über Wissen zu verfügen und Zugang zu Bildung zu haben, die einer Person die Chance auf ein erfülltes Leben eröffnet, wird generell als wertvoll angesehen. [...] Gebildet zu sein kann jedoch auch für die Entwicklung anderer Fähigkeiten instrumentelle Bedeutung haben. Bezogen auf Erfahrungen in Indien betont etwa Nussbaum [...] die Bedeutung der Lese- und Schreibfähigkeit, damit Frauen ihre Handlungsmöglichkeiten so erweitern, dass sie eine von Gewalt und Missbrauch gekennzeichnete Ehe beenden oder sich politisch engagieren können."[223]

Die Analyse an dieser Stelle zu beenden würde aber nicht Nussbaums eigenem humanistischen Bildungsideal gerecht werden. Denn obwohl Robeyns hier eine gute Skizze liefert, wie Bildung im Sinne des *Capabilities Approach* verstanden werden kann, bleibt sie doch wieder auf einer (wenn auch weiter gefassten) instrumentellen Ebene stehen. Nussbaum betrachtet Bildung noch eine Stufe abstrakter: Für sie kommt es entscheidend darauf an, dass Bildung die Vorstellungskraft *(imagination)* schult (vgl. 3.4.). Sie geht also über den Wert der direkten Handlungsbefähigung hinaus. In *Not for Profit* liefert Nussbaum deshalb ein Plädoyer für eine Rückbesinnung auf die Bedeutung der Künste[224]. Diese helfen dabei, die Vorstellungskraft zu schulen, wobei Nussbaum hier insbesondere die Fähigkeit intendiert, sich in die Situation anderer Menschen hineinzuversetzen:

> "Citizens cannot relate well to the complex world around them by factual knowledge and logic alone. The third ability of the citizen, closely related to the first two, is what we can

---

223 Ebd., 62

224 Im deutschen Sprachraum vertritt bezüglich des Bildungswesens (und der Bedeutung, welcher darin ein vertieftes Studium literarischer Texte beigemessen werden sollte) Bieri eine ähnliche Position wie hier Nussbaum. Vgl. z. B. Bieri 2011, insbesondere 61–83

call the narrative imagination. This means the ability to think what it might be like to be in the shoes of a person different from oneself, to be an intelligent reader of that person's story, and to understand the emotions and wishes and desires that someone so placed might have. The cultivation of sympathy has been a key part of the best modern ideas of democratic education, in both Western and non-Western nations. Much of this cultivation must take place in the family, but schools, and even colleges and universities, also play an important role. If they are to play it well, they must give a central role in the curriculum to the humanities and the arts, cultivating a participatory type of education that activates and refines the capacity to see the world through another person's eyes."[225]

Die Ausbildung der *praktischen Vernunft*, so die Konklusion, bleibt bei Nussbaum nicht auf einer rein instrumentellen Ebene stehen. Die Fähigkeit, sich eine Konzeption des Guten zu bilden (und ihr zu folgen), bezieht die Fähigkeit ein, sich mit Hilfe der Vorstellungskraft auch in die Lage der Mitmenschen einzufühlen, ebenso die Fähigkeit entsprechend Emotionen auszubilden und dann, ganz allgemein, die Umwelt bei der eigenen Lebensplanung miteinzubeziehen. Für Demokratien, so Nussbaum, ist eine solche Ausbildung überlebenswichtig:

> "Thirsty for national profit, nations, and their systems of education, are heedlessly discarding skills that are needed to keep democracies alive. If this trend continues, nations all over the world will soon be producing generations of useful machines, rather than complete citizens who can think for themselves, criticize tradition, and understand the significance of another person's sufferings and achievements. The future of the world's democracies hangs in the balance."[226]

---

225   Nussbaum 2010a, 95f.
226   Nussbaum 2010a, 2

Nussbaums Betonung der Dringlichkeit, der Ausbildung der Vorstellungskraft eine besondere Rolle im Bildungssystem zuzuweisen, ist im Sinne der Begründung ihres eigenen Ansatzes eine nur logische Konsequenz. Denn die Begründung ihres Ansatzes im Allgemeinen, wie auch ihrer *Liste der zentralen Fähigkeiten* im Besonderen, ergibt sich ja nach ihrem Verständnis aus der Interpretation von (überlieferten) Narrationen. Ihr Bild des Menschen, wie auch die daraus folgende Vorstellung des guten menschlichen Lebens, ist ja die Folge eines Interpretationsprozesses, dessen Grundlage harte naturwissenschaftliche Fakten ebenso wenig bilden wie metaphysische oder religiöse Dogmen, sondern vielmehr narrative Elemente wie Mythen, Sagen, Romane und vieles mehr. Ein solcher Interpretationsprozess bedarf nun eben einer gut ausgebildeten Vorstellungskraft, welche ihrerseits wiederum mit der Beschäftigung solcher Narrationen erweitert wird[227]. Um die Vorstellungskraft auszubilden, nützt ein rein funktionell verstandenes Bildungsverständnis, wie es der Humankapitaltheorie zugrunde liegt, wenig.

Ein eigenes Beispiel zur Verdeutlichung: Wenn wir das zutiefst menschliche Phänomen der *Schuld* betrachten, dann lässt sich dieses sicherlich durch die Wissenschaft der Psychologie einer theoretischen Analyse zuführen, die im fachlichen Kontext zweifellos ihre Berechtigung hat. Was *Schuld* aber in der Praxis wirklich bedeutet, wie sie sich tatsächlich anfühlt und wie sie die Existenz eines einzelnen Menschen beeinflussen kann, wird durch einen Roman wie *Schuld und Sühne* von Dostojewski viel tiefgehender transportiert als es ein psychologisches Fachbuch wohl jemals leisten könnte.

Die narrative Methode, welche Nussbaum zum Zwecke der menschlichen Selbstinterpretation favorisiert, muss aber nicht auf eben diesen Zweck beschränkt bleiben. Bei Nussbaums

---

227 Nussbaum hat sich diesem Aspekt schon 1997 in *Poetic Justice: The Literary Imagination and Public Life* gewidmet (Nussbaum 1997)

Definition der *praktischen Vernunft* ist ja die Rede davon, die Fähigkeit zu besitzen, sich eine Konzeption des guten Lebens zu machen. Hier stellt sich nicht nur die Frage, was ein gutes Leben (im Allgemeinen) für den Menschen bedeutet (wie es ja die Ausgangsfrage zur Begründung der stark vagen Konzeption war), sondern was es für den Einzelnen konkret bedeutet. Die *praktische Vernunft* kann also auch als Fähigkeit definiert werden, was es für einen konkreten, einmaligen Menschen an diesem bestimmten Ort, zu dieser Zeit und in dieser gegebenen Lebenssituation bedeutet, ein gutes Leben zu führen. Ein solcher Interpretationsprozess geht noch wesentlich tiefer, weil er nun nicht mehr nur auf eine allgemeine Wesensfrage menschlichen Daseins rekurriert, sondern auf eine individuelle, existenzielle Frage nach mir selbst. Auch hier kann die narrative Methode wertvolle Hilfestellung leisten. So schreibt beispielsweise Brüntrup im Rahmen einer Untersuchung des Motivationsbegriffes:

> „Die meisten Menschen werden auf die Frage, warum sie diesen oder jenen Beruf ausüben, diesem oder jenem Hobby frönen, mit einer Geschichte antworten.[…] Wenn man keine Geschichten mehr erzählen kann, die das gegenwärtige Handeln verständlich machen, dann weiß man nicht mehr, warum man tut, was man gerade tut. Ein Mensch, der keine Geschichte erzählen kann, die erklärt, warum er lebt, wie er lebt, ist entweder ein willenlos Getriebener oder aber einer, der wie paralysiert in seinem Lebensvollzug einhalten muss, weil er kein Motiv mehr hat, weiterzumachen."[228]

Die Fähigkeit, Geschichten (von sich selbst) zu erzählen, wie auch die Fähigkeit, die Geschichten anderer zu interpretieren und zu verstehen, ist ein kreativer Prozess, der einer gut ausgebildeten *praktischen Vernunft* bedarf. So kann Nussbaum hier wohl verstanden werden. Da die Ausbildung dieser Fähigkeit von so hoher Bedeutung ist, setzt sich Nussbaum in ihren Schrif-

---

228 Brüntrup 2012, 188

ten vehement für den Erhalt bzw. Schutz von Schulfächern ein, welche nach ihrer Überzeugung die Entwicklung hier besonders fördern.

Auch für liberale Demokratien wie Deutschland, so kann man im Sinne Nussbaums folgern, gilt es daher sorgsam zu beobachten, dass Fächer aus den Bereichen der Bildenden Künste und der Literaturwissenschaften nicht einer rein funktionalistisch verstandenen Ausbildungskonzeption zum Opfer fallen. Als hier durchaus verwandtes, wenn auch nicht deckungsgleiches Anliegen kann die Kritik am Bologna-Prozess gelesen werden, welche das Studium junger Menschen beschleunigen soll, u. a. damit diese als Fachkräfte möglichst schnell dem Arbeitsmarkt zur Verfügung stehen[229].

2.7 Zugehörigkeit

Affiliation. (A) Being able to live with and toward others, to recognize and show concern for other human beings, to engage in various forms of social interaction; to be able to imagine the situation of another. (Protecting this capability means protecting institutions that constitute and nourish such forms of affiliation, and also protecting the freedom of assembly and political speech.) (B) Having the social bases of self-respect and nonhumiliation; being able to be treated as a dignified being whose worth is equal to that of others. This entails provisions of nondiscrimination on the basis of race, sex, sexual orientation, ethnicity, caste, religion, national origin.

Menschen sind soziale Wesen und zeichnen sich dementsprechend dadurch aus, dass sie ihr Leben gemeinschaftlich organisieren. Wir erkennen Menschen unter anderem daran, dass sie ihr Leben mit- und füreinander organisieren. Einsiedler oder Eremiten mag es geben, aber deren Lebenskonzeption wirkt auf

---

229 Vgl. hierzu z. B. die kritischen Anmerkungen von Pfaller 2012, 37–40

den Großteil der Menschen eher befremdlich und wenig attraktiv[230]. Die meisten Menschen, vor allem in den urbanen Regionen der westlichen Welt, hätten wohl gar nicht die Fähigkeiten, derer es bedürfte, ein völlig autarkes Leben fernab jeglicher Gemeinschaft zu führen. Folglich sind sie in der Regel auf ein Minimum an eigener sozialer Kompetenz angewiesen, welche es ihnen ermöglicht, sich zumindest soweit in eine bestehende Gruppe, Familie oder Gesellschaft zu integrieren, um ihre eigenen vitalen Bedürfnisse befriedigen zu können. Und um ein gutes menschliches Leben führen zu können, so lässt sich Nussbaum hier wohl interpretieren, bedarf es darüber hinausgehend noch weiterer interner Fähigkeiten. Zu nennen wären hier (in Anlehnung an die oben stehende Definition von Nussbaum) die Fähigkeit zur Empathie und Sorge für andere, ebenso wie ein Minimum an Einfühlungsvermögen. Wie sich im Rahmen der Untersuchung der *praktischen Vernunft* (2.6.) und ihrer bildungspolitischen Implikationen gezeigt hat, kommt dort, wie auch an anderer Stelle (Vgl. 2.4. aber auch 2.5.) der Ausbildung der Vorstellungskraft *(imagination)* eine tragende Bedeutung zu.

Es ist Nussbaum sicher recht zu geben, dass diesem Fähigkeitenbündel eine zentrale Rolle bei der Frage nach dem guten Leben zukommt. Die Tatsache, dass sich menschliches Leben immer nur aus seiner jeweiligen sozialen Einbettung verstehen lässt, kann mit gutem Grund als anthropologische Konstante gesehen werden, obwohl in der Philosophiegeschichte (z. B. bei Hobbes oder Nietzsche) auch eine stark solitäre Vorstellung des Menschen vertreten wurde[231]. Bei diesen Sichtweisen liegt das Primat menschlicher Strebungen in den (egoistischen) Strebungen des

---

230 Vgl. Nussbaum 1999, 53f. Auch hier mag es Ausnahmen in Form von Gesellschaften geben, in welchen das Einsiedlertum (beispielsweise ab einem gewissen Lebensalter, z. B. im Hinduismus) als Ideal gilt, aber auch hier organisieren die Menschen ihr Leben in aller Regel in der Gemeinschaft.

231 Vgl. Thies 2009, 83

Subjektes, soziale Beziehungen kommen erst sekundär hinzu. Ähnliche Ansichten teilte auch Sigmund Freud[232].

Bei der Frage, wie sich begrifflich die Position von Nussbaum zur Frage der Bezogenheit der Menschen auf eine, wie auch immer geartete, Gemeinschaft fassen lässt, kann man wohl mit Thies antworten: Sozietär und egalitär[233]. Wie schon aus der Untersuchung der philosophischen Wurzeln im ersten Kapitel hervorgegangen ist, findet sich diese Position schon bei den Stoikern, insbesondere der egalitäre Aspekt, der bei Nussbaum in dem immer wiederkehrenden Hinweis auf die Selbstzweckhaftigkeit des Menschen (*"each one as an end"*) seinen Niederschlag findet. Gleichwohl erschöpft sich die Verwiesenheit des menschlichen Individuums auf die Gemeinschaft nicht in ethischen Forderungen, sondern ergibt sich schon aus seiner biologischen Natur: Menschen sind nach ihrer Geburt jahrelang auf die Gemeinschaft mit der Mutter, dem Vater bzw. anderen erwachsenen Personen angewiesen. Im Gegensatz zur Tierwelt sind lebensnotwendige Instinkte nur sehr eingeschränkt ausgebildet, wodurch am Anfang menschlichen Lebens sofort die Verwiesenheit auf andere Personen steht.

Darüber hinaus benötigen Menschen aber nicht nur als Kinder und Jugendliche die verschiedenen Formen der Gemeinschaft, angefangen bei der Familie. Auch im Alter sind Menschen überall auf der Welt mehr oder weniger darauf angewiesen, aus ihren jeweiligen sozialen Bezugssystemen Unterstützung zu erhalten, in verschärftem Maße im Falle von schwerer Krankheit und gegebenenfalls dauerhafter Pflegebedürftigkeit.

Berücksichtigt man die Faktizität der Verwiesenheit des Menschen in bestimmten Lebensphasen auf Andere, stellt sich die Frage, ob der Mensch in den anderen Phasen (als gesunder,

---

232 Vgl. Ebd., 85
233 Vgl. Ebd., 83f.

selbstständiger Erwachsener) zur Sozialität neigt, nicht mehr in dieser Schärfe. Aber auch hier gibt es nur wenige Menschen, welche die völlige Isolation einem Leben in und durch die Gemeinschaft vorziehen.

Die Fähigkeit der Zugehörigkeit bzw. sozialen Eingebundenheit, die bei Nussbaums *Liste der zentralen Fähigkeiten* dargestellt werden soll, umfasst, wie bereits angedeutet, ein komplexes Bündel an *Teilfähigkeiten* oder auch *Zubringerfähigkeiten*. Betrachtet man die Ausführungen, die sie unter Punkt (A) fasst, wären hier zu nennen:

(1) Die Fähigkeit, mit und für andere zu leben.
(2) Die Fähigkeit, andere Menschen anzuerkennen.
(3) Die Fähigkeit, Interesse an anderen Menschen zu zeigen.
(4) Die Fähigkeit, sich auf soziale Interaktion einzulassen.
(5) Die Fähigkeit der Empathie, die es einem ermöglicht, sich in die Lage des Anderen hineinzuversetzen.

In einem analytischen Sinne lassen sich nun diese Fähigkeiten wieder in fundamentalere Fähigkeiten untergliedern usw. Hier wird zum wiederholten Mal die Problematik des Fähigkeitenbegriffes sehr deutlich, wie er auch bereits im 1. Kapitel der Arbeit anhand der Kritik von Sedmak dargestellt wurde.

Während es sich bei den in (A) intendierten Fähigkeiten um interne Fähigkeiten handelt, die einer Förderung und Ausbildung bedürfen, wird die Verwendung des Fähigkeitenbegriffs dann im Unterpunkt (B) auf die externen Aspekte gelenkt. Dort heißt es (u. a.): "[...] being able to be treated as a dignified being whose worth is equal to that of others [...]". Hier verknüpft Nussbaum eine Fähigkeit mit einer ethischen Forderung. Befördert werden soll diese Fähigkeit durch anti-diskriminierende gesellschaftliche Rahmenbedingungen aufgrund von ethnischer Zugehörigkeit, Geschlecht, sexueller Orientierung, Religion usw., im Sinne der Sicherung negativer Freiheitsrechte.

Ein gutes Leben benötigt nach Nussbaum also Fähigkeiten, die unter dem Schlagwort der *sozialen Kompetenz* gefasst werden können. Zur Schulung der *sozialen Kompetenz* gibt es mittlerweile bereits wissenschaftlich fundierte Übungsprogramme[234], welche das Ziel verfolgen, Defizite bei bestimmten Zielgruppen (z. B. gewaltbereiten Jugendlichen oder bei Patienten mit bestimmten psychiatrischen Krankheitsbildern wie Depressionen, sozialen Phobien usw.) auszugleichen, indem Fähigkeiten gefördert werden, welche der von Nussbaum verwendeten Formulierungen nahe kommen. So zählt de Jong-Meyer u. a. folgende Ziele auf, welche durch das soziale Kompetenztraining in der Psychologie und Psychotherapie erreicht werden sollen:

> „Eigene Rechte und berechtigte Interessen in Anspruch nehmen und durchsetzen, Forderungen stellen, unberechtigte Forderungen anderer ablehnen, Gefühle, Wünsche und Bedürfnisse einbringen, Umgang mit Kritik, Kompromisse finden, Kontakte aufnehmen und gestalten, Menschen für sich gewinnen."[235]

Tatsächlich lässt sich wohl unter Verweis auf die renommierten Programme zur Schulung sozialer Kompetenzen feststellen, dass damit eine Operationalisierung bzw. Spezifizierung der von Nussbaum zur Bestimmung des guten Lebens geforderten sozialen Fähigkeiten vorliegt. Allerdings werden diese Programme erst post-diagnostisch angeboten, d. h. erst nachdem zuvor ein entsprechendes Defizit festgestellt wurde (in erster Linie von Ärzten, Psychologen oder auch Jugendrichtern). Nussbaum fordert aber ein aktiveres Vorgehen der Gesellschaft, welches nicht erst eingreift, wenn objektiv ein Mangel vorliegt. Wahrscheinlich würde sie Programme wie jene zur Schulung sozialer Kompetenzen nicht ablehnen, jedoch kann man vermuten, dass

---

[234] Vgl. z. B.: Hinsch, Pfingsten 2007
[235] de Jong-Meyer 2004, 4

ihr eine präventivere Ausrichtung – auch hinsichtlich sozialer Fähigkeiten – vorschwebt, beginnend bei einer entsprechenden Schwerpunktsetzung in der Erziehung und im Bildungssystem. In ihrer Aristoteles-Interpretation in *Aristotelian Social Democracy* legt sie diese Idee eines aktiven Sozialstaates für die Ausarbeitung ihrer eigenen Konzeption zugrunde. Die Politik eines Staates solle nicht warten, wer sozusagen zu den Verlieren gehört, um die Bemühungen in der Folge dann darauf zu konzentrieren, diesen Personen aus ihrer misslichen Lage herauszuhelfen[236]. Durch diesen Anspruch gewinnen die Anforderungen an ein adäquates Bildungs- und Erziehungssystem ein immer stärkeres Gewicht, nachdem schon die Untersuchung anderer zentraler Fähigkeiten der Liste gezeigt hat, wie zentral diese Aufgabe ist, die der Staat in einer umfassenden Weise abdecken und erfüllen soll.

Spätestens wenn es um die Frage geht, wie soziale Fähigkeiten und Gemeinschaftsleben denn nun am besten eingeübt werden sollen, wird politisch hochexplosives Terrain betreten, auf welchem es um die grundlegende um Frage geht, wie weit der Staat sich in die Erziehung der Eltern einmischen darf bzw. sich aus derselben herauszuhalten hat.

In der gegenwärtigen politischen Situation der Bundesrepublik Deutschland mag hier die Diskussion um das sogenannte *Betreuungsgeld* als Beispiel dienen, welches nach den Vorstellungen vornehmlich bürgerlich-konservativer Kräfte an Eltern ausbezahlt werden soll, die ihre ein bis dreijährigen Kinder nicht von einer (staatlichen) Kindertagesstätte oder Tagesmutter betreuen lassen. Gewährleistet werden soll damit eine Wahlfreiheit, jedoch werden natürlich auch unterschiedliche Menschenbilder deutlich. Nur so könne die notwendige Bindung der Kinder zu ihren Eltern in ausreichendem Maße hergestellt werden, wovon später auch deren Sozialverhalten profitiert. Die Befürworter der Kin-

---

236   Vgl. Nussbaum 1999, 62

dertagesstätten nennen ihrerseits als Hauptargument, dass Kinder durch die frühe Konfrontation mit (fremden) Kindern und Erwachsenen in den Kitas notwendige soziale Kompetenzen entwickeln können, was sich wiederum positiv auf ihre weitere Entwicklung auswirkt. Es liegen also zwei inhaltlich entgegengesetzte Konzepte vor, welche beide für sich beanspruchen, die sozialen Kompetenzen bei Kindern besser zu fördern. Spricht dies nun gegen Nussbaums Argumentation? Ganz im Gegenteil: Es ist zu vermuten, dass sie auch hier lokale Spezifikationen gelten lässt, was u. a. im Falle des Betreuungsgeldes zur Folge haben könnte, dass dieses in Bayern mit seinen verhältnismäßig hohen ruralen Bevölkerungsanteilen und traditionellen Familienformen ein passables Konzept sein könnte um deren Leistungen anzuerkennen, nicht aber in Stadtstaaten wie Berlin oder Hamburg, wo das Betreuungsgeld bei bildungsfernen Schichten eher einen Fernhalteeffekt mit sich bringen würde, der den betroffenen Kindern, respektive der Entwicklung ihrer sozialer Kompetenzen, zum Nachteil gereichen könnte. Nussbaum vertritt hier keine dezidierte Position, zumindest lässt sich eine solche nicht aus dem Gesagten erkennen.

Zusammenfassend lässt sich festhalten, dass von Nussbaum unter diesem Punkt mit dem Namen *Zugehörigkeit (Affiliation)* ein sehr heterogenes Bündel an sozialen Fähigkeiten des Individuums einerseits und an Forderungen zur Sicherung negativer Freiheitsrechte andererseits subsummiert werden. Hinsichtlich Nussbaums Vorstellung vom guten Leben ist dieser Umstand nicht unproblematisch. Klar ist, es geht der Autorin stets um den Verweis auf die Bezogenheit des Einzelnen auf Andere. Hier liegt der Ausgangspunkt der von ihr intendierten Fähigkeit: "Being able to live with and toward others, [...]". Ohne Berücksichtigung dieser Verwiesenheit ist gar kein menschliches, geschweige denn gutes menschliches Leben denkbar. Gleichwohl, und hier sind die Ausführungen Nussbaums unter (B) an der zitierten

Stelle maßgeblich, bedeutet diese Verwiesenheit keine Form des vollständigen „Aufgehens" in der Gemeinschaft.

Für die Gestaltung des sozialen Lebens ist die Fähigkeit zur Anerkennung des Anderen als mir gleichwertigen Menschen grundlegend. Ohne diese Anerkennungsleistung, die jedes Mitglied der Gesellschaft jedem anderen Mitglied entgegenbringen können muss, wird das Gelingen des eigenen Lebens fragil, auch wenn man selbst möglicherweise von der fehlenden Anerkennung nicht betroffen ist. Mit anderen Worten: Das Leben in einer Gesellschaft, in welcher einer bestimmten Personengruppe die Anerkennung als Gleichwertige (rechtlich) verweigert wird, hat negative Auswirkungen auf mein eigenes Leben, weil dadurch die Entwicklung meiner zentralen Fähigkeiten zu einem gedeihlichen sozialen Zusammenleben untergraben und womöglich in einer Art und Weise geprägt werden, welche dem egalitären Ansatz in Nussbaums Konzeption entgegengesetzt wäre. So verstanden enthält Nussbaums Fähigkeitenliste an dieser Stelle die indirekte Aufforderung, eine aufmerksame, couragierte Haltung gegenüber rassistischen, sexistischen und faschistischen Tendenzen einzunehmen.

2.8 Andere Spezies

8. Other species. Being able to live with concern for and in relation to animals, plants, and the world of nature.

Der achte Punkt in Nussbaums *Liste der zentralen Fähigkeiten* ist eine konsequente Fortsetzung des siebten Punktes, mit dem Unterschied freilich, dass Nussbaum hier nicht von einer *architektonischen* Fähigkeit spricht. Neben der Verwiesenheit auf andere Menschen kommt auch kein Mensch darum herum, sich in Beziehung zur Natur zu verstehen. Der Naturbegriff auf den Nussbaum hier abzielt meint wohl in erster Linie das nicht-menschliche Leben, welches sowohl Tiere als auch Pflanzen umfasst. In einem sehr allgemeinen Sinne geht es um das Verhältnis zur Gesamtheit unserer Außenwelt, in welcher unser Leben stattfindet. Bei Nussbaum liest sich das so:

> "Human beings recognize that they are not the only living things in their world: that they are animals living alongside other animals, and also alongside plants, in a universe that, as a complex interlocking order, both supports and limits them. We are dependent upon that order in countless ways; and we also sense that we owe that order some respect and concern [...]"[237]

Für Nussbaum gehört es zum Menschsein, einen Sinn für die Schönheiten der Natur zu haben und über sie staunen zu können[238], wenngleich sie diese Überzeugung sofort relativiert, weil es durchaus Menschen zu geben scheint, auf die diese Überzeugung nicht mehr zutrifft: "[...] perhaps we shall someday be called upon either to change our conception of humanness or to acknowledge a fundamental gulf in forms of life among humans."[239]

Hier wird also die ansonsten sehr klar vertretene, universalistische Konzeption Nussbaums brüchig, weil die Autorin bemerkt, dass man hier begründeterweise anders argumentieren könnte. Beispielsweise in einer Art, welche dem Umgang mit Tieren keinen gesonderten Stellenwert in einem guten Leben zuweist. Nussbaum selbst bemerkt in einer Endnote[240] in *Aristotelian Social Democracy*, dass sie erst durch ein Werk von Erik Allardt[241]

---

237 Nussbaum 1990, 222
238 Vgl. Nussbaum 1999, 54
239 Nussbaum 1990, 223
240 Vgl. Nussbaum 1999, 274
241 Allardt 1990

zu der Überzeugung kam, diesen Punkt überhaupt in ihre Liste zu integrieren.

Ihr Interesse für die Natur, insbesondere für einen Umgang mit Tieren als Wesen mit eigenen Ansprüchen an eine Konzeption der Gerechtigkeit, hat sie dann in *Frontiers of Justice* 2006 vertiefend reflektiert. Den Ausgangspunkt der dortigen Untersuchung bildet Nussbaums Feststellung, dass die von ihr untersuchten Vertragstheorien der Gerechtigkeit (insbesondere jene von John Rawls) u. a. bei der Frage nach dem Umgang mit Tieren an ihre Grenzen stoßen oder diese Thematik sogar vollständig ausklammern. Nussbaum argumentiert, dass die auf Kant zurückgehende Theorie des Gesellschaftsvertrages, derer sich auch spätere Vertreter (wie eben John Rawls) bedienten, Tieren keine dezidierte Würde zusprechen kann, da es ihnen an Vernunft mangle. Aufgrund dessen sind Tiere in weiterer Folge der Argumentation auch keine primären Subjekte der Gerechtigkeit[242].

Nussbaum kritisiert nun in einer umfangreichen Auseinandersetzung diese Konzeption, indem sie einerseits zu zeigen versucht, dass viele, vor allem höher entwickelte Tiere, über ein beachtliches Maß an Intelligenz verfügen. Andererseits weist sie die Vorstellung zurück, dass nur Wesen mit annähernd gleichen Fähigkeiten Subjekte eines gerechten Gesellschaftsvertrages sein können ("that only those who can join a contract as rough equals can be primary, nonderivative subjects of a theory of justice."[243]). Nussbaum möchte dafür argumentieren, dass es nicht nur *moralisch falsch* ist, Tierquälerei zu betreiben, sondern dass dies auch *ungerecht* sei, da Tiere einen moralischen Anspruch auf eine andere Behandlung haben[244].

---

242 Vgl. Nussbaum 2010, 445
243 Nussbaum 2006, 327
244 Nussbaum 2010, 458

Innerhalb vertragstheoretischer Konzeptionen wie jener Rawls, lässt sich Tieren keine Stellung als primäre Subjekte der Gerechtigkeit zuschreiben – einfach schon deshalb, weil sie keine Sprache besitzen und daher nicht mit den anderen Parteien im Urzustand über Fragen der Gesellschaftsordnung und Gerechtigkeit verhandeln können. Doch wie lässt sich ein *moralischer Anspruch*, den man Tieren nach Nussbaum zugestehen sollte, dann begründen? Die Autorin formuliert als Ausgangspunkt die Feststellung, dass Tiere aktiv nach etwas streben:

> "I believe that thinking of animals as active beings who have a good naturally leads us to have the further thought that they are entitled to pursue that good. If we have that thought, we are likely to see important damages done to them, blocking them from their pursuit of the good, as unjust."[245]

Als ergebnisorientierter Ansatz (eine Eigenschaft, die der Fähigkeitenansatz mit utilitaristischen Ansätzen teilt) umgeht der *Capabilities Approach* in der Version Nussbaums damit die Schwierigkeit, Tiere aufgrund mangelnder Vernunft- und Sprachfähigkeiten als Träger von moralischen Rechten anzuerkennen um sie erst so in eine fiktive Ausgangssituation wie den Rawl'schen Urzustand einbinden zu können.

Nussbaum möchte den Fähigkeitenansatz nun auf die Welt der *nichtmenschlichen Tiere* ausweiten. Die Formulierung „nichtmenschliche Tiere" *(nonhuman animals)* soll wohl auf ihre aristotelische Sichtweise hinweisen, die sich hier darin ausdrückt, dass für Aristoteles der Mensch als Lebewesen nicht jene Sonderstellung genoss, wie später zum Beispiel im Christentum[246], sondern die Welt für ihn ein Kontinuum darstellt und wir Menschen deshalb allen Lebewesen mit Respekt und Achtung entge-

---

245 Nussbaum 2006, 337
246 Vgl. Nussbaum 2010, 446

gentreten sollten: "[…] all living creatures are worthy of respect and even wonder."²⁴⁷

Die Formulierung in der *Liste der zentralen Fähigkeiten* „Being able to live with concern for and in relation to animals […]" wurde durch Nussbaum besser ausgearbeitet als wohl jeder andere Punkt auf der Liste. Für das Thema dieser Arbeit sind die Reflexionen und Argumentationen nun deswegen so interessant, weil sie Aufschluss über das Verhältnis zwischen Tier und Mensch geben, welches nach Nussbaum notwendigerweise in ihrer Theorie des guten Lebens vorherrschen muss. Die Konklusion muss in etwa lauten: Ein Mensch, der ein gutes Leben führen will, muss mit Achtung und Aufmerksamkeit für die Bedürfnisse und Belange von Tieren leben, wo immer ihm diese begegnen. Er trifft auf sie als Träger moralischer Ansprüche, als Subjekte der Gerechtigkeit und nicht als Objekte mit instrumentellem Charakter. Dies wirft natürlich im Rahmen einer praktischen Ethik viele Fragen auf, beispielsweise wie die industrielle Fleischproduktion unter diesem Blickwinkel noch legitimiert werden kann, ob neben einzelnen Tieren auch eine ganze Spezies (die z. B. vom Aussterben bedroht ist) einen moralischen Anspruch auf Schutz durch den Menschen besitzt und schließlich die unumgängliche Frage ob es Abstufungen zwischen den sehr unterschiedlich entwickelten Arten von Tieren gibt. Mit anderen Worten: Schulden wir Obstmücken die gleiche Art von Anerkennung und Rücksichtnahme wie Delphinen oder Schimpansen?

Fähig zu sein, auf die sich hier abzeichnende Art und Weise der Natur im Allgemeinen und der Tierwelt im Besonderen entgegenzutreten, erfordert ein entsprechendes Maß an Bildung und Sensibilisierung. Ein Maß, welches durch die Reflexionen in *Frontiers of Justice* und der dort geforderten Ausweitung des Fähigkeitenansatzes auf die Welt der Tiere zu einer starken Auf-

---

247   Nussbaum 2006, 328

blähung der Konzeption des Guten führt. Im Vergleich zu den dort entfalteten Thesen mit all deren Implikationen für die *Liste der zentralen Fähigkeiten* (die hier nur kurz angeschnitten wurden), liest sich dieser Punkt auf der Liste in *Aristotelian Social Democracy* noch vergleichsweise harmlos (vgl. Zitat eingangs dieses Unterkapitels).

Hier scheinen Tiere in Nussbaums Denken noch einen reinen Objektstatus zu besitzen. Wir schulden Tieren und Pflanzen zwar eine „pflegliche Behandlung" aber eben noch nicht eine Behandlung als Subjekte im Sinne einer substantiellen Gerechtigkeitstheorie, welche Tiere mit einbezieht. Dieser Schritt geschieht erst in *Frontiers of Justice*. Trotzdem markiert auch schon die vage und allgemeine Formulierung in der *Liste der zentralen Fähigkeiten* einen normativ stark aufgeladenen Bezugspunkt, wobei dem Hinweis auf die aristotelische Sicht der Natur und die Stellung des Menschen in ihr (als ein Tier unter anderen in der Gesamtheit der Natur, die ihrerseits ein Kontinuum darstellt) eine besondere Bedeutung zukommt. Der Mensch ist nicht nur auf ein Netz von sozialen Beziehungen verwiesen (wie die Untersuchung des 7. Punktes der Liste herauszuarbeiten versucht hat), sondern befindet sich auch in einem Netz von Beziehungen zu *nichtmenschlichen Tieren*, die als Lebewesen allesamt mit ihm die Bedürfnis-Fähigkeiten-Struktur teilen, welche sich in einem artspezifischen, aktiven Streben nach dem Guten ausdrückt.

Aus dem bisher Gesagten wird deutlich, dass Nussbaums Vorstellungen über einen gerechten Umgang mit der Tierwelt mit bestimmten Kulturen besser kompatibel zu sein scheint. Während im Christentum und im Judentum der Mensch strukturell eine Stellung einnimmt, in welcher er sich die Tierwelt untertan machen darf und auch soll, begegnen wir beispielsweise im hinduistischen Weltbild einem in weiten Teilen anderen Verständnis:

"[...] the Hindu traditions of India teach reverence for at least many animals, and vegetarianism is an important moral ideal. By contrast, all philosophers writing in the modern Western tradition, whatever their religious beliefs, have been deeply influenced by the Judeo-Christian tradition, which teaches that human beings were given dominion over animals and plants."[248]

Postwendend stellt sich hier natürlich die Frage, ob denn ein im Sinne Nussbaums gerechter Umgang mit der Tierwelt unter dem im westlichen Abendland vorherrschenden Verhältnis der Unterordnung der Tiere unter den Menschen überhaupt möglich ist. Um diese Frage zu beantworten, ist es notwendig sich anzusehen, welches denn genau die Elemente (bzw. Fähigkeiten) sind, auf deren Schutz durch den Menschen Tiere einen moralischen Anspruch haben. Hier findet sich in *Frontiers of Justice* folgende prägnante Formulierung:

"Dignified existence would seem at least to include the following: adequate opportunities for nutrition and physical activity, freedom from pain, squalor, and cruelty; freedom to act in ways that are characteristic of the species [(...)]; freedom from fear and opportunities for rewarding interactions with other creatures of the same species, and of different species; a chance to enjoy the light and air in tranquility."[249]

Die Frage, die sich aus dieser Formulierung ergibt, betrifft den Kreis der Tiere, auf den sich diese Forderungen zur Rücksichtnahme beziehen. Es macht kaum Sinn, dieses Zitat Nussbaums so zu verstehen, dass der Kreis alle Tiere weltweit umfasst, denn es stellt wohl kaum eine angemessene Forderung dar, den Menschen dafür in der Verantwortung zu sehen, dass beispielsweise wildlebende Tiere in den entlegendsten Gebieten der Erde stets

---

248 Nussbaum 2006, 328
249 Ebd., 326

über genug Nahrungsressourcen verfügen. Vielmehr macht es wohl Sinn, die Aussage bezogen auf jene Tiere zu verstehen, in deren Lebensraum der Mensch bereits auf die eine oder andere (mehr oder weniger intensive) Weise, aktiv und systematisch eingegriffen hat.

Menschen sollen also im Sinne eines gerechten Umganges mit der Tierwelt die oben genannten Fähigkeiten schützen bzw. respektieren. Man könnte an dieser Stelle Nussbaum kritisch fragen, ob hier nicht zwei verschiedene Fragen vorliegen. Denn in *Frontiers of Justice* geht es eben ganz dezidiert um Fragen der Gerechtigkeit, nicht in erster Linie um Fragen des guten (menschlichen) Lebens. Es geht also im weitesten Sinne wieder um die Spannung zwischen *gutem Leben* und *Gerechtigkeit*. Im Rahmen des vierten Hauptkapitels wird sich zeigen, dass Nussbaum Fragen der Gerechtigkeit und des guten Lebens bewusst nicht strikt voneinander trennen will, sondern dass vielmehr beide Güter aufeinander verweisen, ohne aber identisch zu sein. Es gibt keinen Grund anzunehmen, dass diese strukturelle Verwiesenheit (wie sie für tugendethische Konzeptionen kennzeichnend ist) im Falle des Umganges mit der Tierwelt nicht Nussbaums Argumentation zugrunde liegt. Deshalb lassen sich aus den Ausführungen der Autorin in *Frontiers of Justice* (obwohl sie sich hier eben dezidiert Fragen der Gerechtigkeit widmet) begründeterweise Rückschlüsse für Fragen nach dem guten menschlichen Leben ableiten. Ein gutes Leben ist eben u. a. auch ein Leben, in welchem man Tieren gegenüber gerecht auftritt.

2.9 Spiel

9. Play. Being able to laugh, to play, to enjoy recreational activities.

Ihre Erörterung in *Aristotelian Social Democracy* beginnt Nussbaum bezüglich dieses Punktes mit der Feststellung, dass menschliches Leben immer auch Raum für Erholung und

Lachen hat. "The forms play takes are enormously varied and yet we recognize other humans, across many and varied barriers, as the animals who laugh."[250]

Die Fähigkeit zu lachen und zu spielen, ist für Nussbaum aus keiner Gesellschaft wegzudenken und erhält dadurch seinen Stellenwert als integraler Bestandteil einer Konzeption des guten Lebens. Und im Allgemeinen gilt für Nussbaum auch, dass wir mehr Freizeit haben wollen, als es tatsächlich der Fall ist.[251]

Verschiedene Formen des Spiels und, etwas allgemeiner, Aktivitäten, die der Erholung und dem Gemeinschaftsleben abseits des ökonomischen Überlebens dienen, sind tief in allen menschlichen Kulturen verwurzelt. Wir wachsen mit den dazugehörigen Bräuchen und Riten auf, lernen schon in unserer Kindheit lokal vorherrschende Sportarten und Musikinstrumente kennen usw. Wenn nun dieser Punkt als zentrale Fähigkeit in Nussbaums Liste auftaucht, so ist hier von der Autorin wohl nicht nur eine positiv zu bewirkende Befähigung intendiert (indem man z. B. alle jungen Menschen einer Gesellschaft dazu bringt, spezifische Formen des Spiels aktiv zu erlernen) sondern auch eine negativ zu sichernde Zeit für derartige Aktivitäten.

Insbesondere Frauen, so Nussbaum, leiden in vielen Teilen der Welt ganz massiv unter der Doppelbelastung von Erwerbsarbeit einerseits und Versorgung ihrer Familien andererseits, was dazu führt, dass oftmals kaum noch Zeit bleibt, um sich abseits der Pflichten des Alltags zu erholen und im Medium des Spiels kreativ zu verwirklichen[252]. Die hier geforderte Gewährleistung von Freizeit könnte von Kritikern der Liste nun leicht als manch anderen Fähigkeiten nachgeordnet eingestuft werden. Doch wie schon an anderen Stellen angemerkt, lehnt Nussbaum eine Pri-

---

250 Nussbaum 1990, 223
251 Vgl. Ebd.
252 Vgl. Nussbaum 2000, 1

orisierung einzelner Fähigkeiten gegenüber den anderen ab. Alle Fähigkeiten in der Liste sind irreduzibel hinsichtlich eines menschenwürdigen, respektive guten menschlichen Lebens.

Hinsichtlich der Fähigkeit zu spielen bedeutet das, dass man diese Fähigkeit nicht in einem instrumentellen Sinne verstehen darf – sozusagen als Mittel zum Zweck (z. B. zum Erhalt der Arbeitsfähigkeit). In *Creating Capabilities* schreibt Nussbaum: "What play and the free expansion of the imaginative capacities contribute to a human life is not merely instrumental but partly constitutive of a worthwhile human life."[253] Mit anderen Worten: Wir spielen nicht, weil wir uns so am besten für unsere anderen Aufgaben erholen, sondern weil wir im Spiel einen Aspekt unserer menschlichen Natur verwirklichen, ohne den unser Leben eben kein wirklich menschliches wäre. Deswegen schreibt Nussbaum auch schon in *Aristotelian Social Democracy*, dass uns eine ganze Gesellschaft, der diese Fähigkeit fehlen würde, wohl äußerst befremdlich erscheinen würde[254].

Die Fähigkeit zu spielen ist natürlich, wie die anderen von Nussbaum genannten Fähigkeiten auch, wechselseitig auf andere Fähigkeiten bezogen bzw. verwiesen. *Spielen*, so wie es hier verstanden wird, findet in den meisten (wenn auch nicht allen) Fällen in der Gruppe statt – sei es beim Sport, beim Tanz (oder allgemeiner in der Musik), bei rituellen Bräuchen oder beim klassischen Karten- und Brettspiel. Dies setzt eine gewisse Integration in eine vorhandene Gemeinschaft voraus. Das „mitspielen dürfen" ist so gesehen eine Folge aus der Anerkennung der individuellen Person durch die Gemeinschaft.

Weiterhin bedarf es wohl für so gut wie jede Form des Spiels eines Mindestmaßes an kognitiven und / oder körperlichen Fähigkeiten, ohne welche einem das Mit-Spielen von Seiten der Gemeinschaft verweigert werden könnte.

---

253   Nussbaum 2011, 36
254   Nussbaum 1990, 223

Natürlich erschöpft sich das Verständnis des Spiels, so wie Nussbaum es wohl zu verstehen scheint, nicht in einer solch positivistischen Deutung. Tatsächlich kommt dem Faktor Freizeit, der hier als grundsätzliche Bedingung eines menschenwürdigen Lebens herausgearbeitet werden soll, eine maßgebliche Bedeutung zu. Je weniger Zeit der einzelne Mensch für sich selbst hat, desto größer, so könnte die Konklusion lauten, ist die Gefahr, dass das Individuum seine Selbstzweckhaftigkeit einbüßt, da es sich unbeschränkt den Belangen anderer widmet (widmen muss). Das Spiel kann sogesehen als eine Art „Puffer" verstanden werden, welches die Selbstzweckhaftigkeit und damit eine in der Realität sichtbar werdende Grenze zieht zwischen den Interessen, welche die jeweilige Umwelt an das Individuum heranträgt, und der Grenze des Individuums selbst.

In ihrer Streitschrift zum Thema der gegenwärtigen Bildungspolitik in den USA und der von ihr kritisierten Tendenzen einer Ökonomisierung des Bildungsbereiches, *Not for Profit*, beschäftigt sich Nussbaum mit der Bedeutung des Spiels für die Ausbildung der Vorstellungskraft, jener Fähigkeit also, die, wie bereits deutlich geworden sein sollte, auch bei der Ausbildung zahlreicher anderer zentraler Fähigkeiten von Bedeutung ist. Sie beruft sich hierbei immer wieder auf den britischen Psychoanalytiker und Kinderarzt Donald Winnicott (1896–1971) und die Schlüsse, welcher dieser über die Bedeutung des Spielens für die Entwicklung eines Kindes zog (auch als Folge seines eigenen Aufwachsens):

> "Play, Winnicott believed, is crucial to this entire phase of development. Having been raised in a repressive ultra-religious household in which imaginative play was strongly discouraged, and having experienced serious relational difficulties in adult life as a result, he came to believe that play was a key to healthy personality growth."[255]

---

[255] Nussbaum 2010a, 99

Das Spiel, so rezipiert hier Nussbaum Winnicott, bietet eine Form der Interaktion, in welcher Kinder in einem geschützteren Rahmen als er außerhalb des Spiels gegeben wäre, mit der Umwelt kommunizieren und lernen können:

> "Here people (children first, adults later) experiment with the idea of otherness in ways that are less threatening than the direct encounter with another may often be. They thus get invaluable practice in empathy and reciprocity."[256]

Spielen, so kann man also festhalten, dient nicht nur der Erholung und der sozialen Einbindung. Seine Bedeutung beginnt schon in der frühen Kindheit, indem es dem heranwachsenden Menschen dabei hilft, Kontakt mit der Umwelt aufzunehmen und diese für sich in eine erste Ordnung zu bringen, wenn es gilt das eigene Blickfeld auszuweiten.

Es lässt sich also konstatieren, dass sich bezüglich der Fähigkeit des Spielens bei genauerer Betrachtung mehrere Aspekte benennen lassen, welche auch für die praktische Politik von Bedeutung sind. Zunächst ist ein quantitativer zeitlicher (Frei-)Raum zu schützen, z. B. durch entsprechende Arbeitszeitgesetze. Damit ist es aber nicht getan. Wer nach einem achtstündigen Arbeitstag nach Hause gehen darf, ist deshalb noch lange nicht fähig, (in einem umfassenden Sinne) zu *spielen*. Denn diese Fähigkeit bedarf nicht nur, wie bereits angedeutet, verschiedener kognitiver, gegebenenfalls auch körperlicher, Fähigkeiten (die ihrerseits einer vorgeschalteten Entwicklung und Förderung bedürfen), sondern auch einem Mindestmaß an sozialer Einbindung. Daraus lässt sich im Umkehrschluss die Forderung an eine gerechtigkeitsorientierte Politik ableiten, gesellschaftliche Aussenseiter aller Art in einem (zuminest minimalen Sinne) durch geeignete Maßnahmen sozial einzubinden, respektive die Chancen für eine solche Einbindung zu erhöhen. Erfolgreiches „spielen" aber

---

256 Ebd.

auch „lachen" setzt fast zwangsläufig eine gelingende zwischenmenschliche Interaktion voraus. Öffentliche Begegnungsstätten, kostenfreie bzw. kostengünstige Gemeinschaftsaktivitäten oder Mitgliedschaften in Sport- und Kulturvereinen aller Art, könnten dementsprechend als Ziele einer gerechten Politik im Sinne des *Capabilities Approach* verstanden werden.

Ein Sozialstaat, wie er in Deutschland existiert, muss es also auch als seine Aufgabe betrachten, abseits von unmittelbar benennbarer materieller Not Gemeinschaftsaktivitäten (finanziell) zu fördern und finanziell auszustatten, um allen Bürgern einen Zugang zu Möglichkeiten der sinnvollen Freizeitgestaltung zu ermöglichen.

2.10 Kontrolle über die eigene Umwelt

10. Control over one's environment. (A) Political. Being able to participate effectively in political choices that govern one's life; having the right of political participation, protections of free speech and association. (B) Material. Being able to hold property (both land and movable goods), and having property rights on an equal basis with others; having the right to seek employment on an equal basis with others; having the freedom from unwarranted search and seizure. In work, being able to work as a human being, exercising practical reason and entering into meaningful relationships of mutual recognition with other workers.

Der zehnte und letzte Punkt auf Nussbaums *Liste der zentralen Fähigkeiten* enthält die Forderung nach grundlegenden politischen Rechten. Zu nennen wären hier vor allem:

1. Aktives und passives Wahlrecht,
2. Recht auf freie Meinungsäußerung und Versammlungsfreiheit (A),
3. Recht auf Eigentum sowie

4. das Recht auf (menschenwürdige) Arbeit und
5. das Recht auf Schutz vor (staatlichen) Eingriffen in die Privatsphäre (B).

Hier kommen also der Begriff der Fähigkeit und jener des Rechts bzw. Rechtsanspruches offenbar zur vollständigen Deckung. Es geht nicht mehr um individuell zu fördernde Fähigkeiten (kognitiver, emotionaler oder anderer Art), sondern um eine gewisse Anzahl an Grundrechten, die als Bedingungen fungieren, tatsächlich vorhandene interne Fähigkeiten in Tätigkeiten umsetzen zu können. Dies ist deshalb interessant, da damit das eigentliche Verständnis des Fähigkeitenbegriffes in der Diktion Nussbaums nicht gegeben ist. Zur Erinnerung: In *Creating Capabilities* unterscheidet Nussbaum zwar zwischen *basic capabilities, internal capabilities* und *combined capabilities*. Während basic capabilities lediglich grundsätzliche Potentiale für eine (spätere) Entwicklung von Fähigkeiten benennen und internal capabilities die tatsächlich im originären Sinn zu verstehenden individuellen Fähigkeiten eines Menschen bezeichnen, lautet die Definition für *combined capabilities*:

> "[.] combined capabilities are defined as internal capabilities plus the social / political / economic conditions in which functioning can actually be chosen [...]"[257]

Im Sinne des hier zu besprechenden 10. Punktes der Nussbaum'schen *Liste der zentralen Fähigkeiten* handelt es sich demnach gar nicht um eine Fähigkeit, sondern um verschiedene Voraussetzungen zur Ausbildung von *combined capabilities*. Insofern ist es irreführend, den zehnten Punkt in eine Fähigkeitenliste aufzunehmen, respektive ihm einen expliziten Status zuzuweisen, da es sich nicht, wie im Falle der anderen Punkte, um eine Kombination einer internen Fähigkeit und dafür not-

---

[257] Nussbaum 2011, 22

wendiger äußerer Voraussetzungen handelt, sondern lediglich um letztere.

Anders als in *Creating Capabilities* verwendet Nussbaum im bereits 1987 erschienen Aufsatz *Nature, Function and Capability: Aristotle on Political Distribution* nicht den Begriff der *combined capabilities*, sondern der *E-capabilities*, welchen sie wie folgt definiert:

> "A person is E-capable of function A at time t, if and only if at t the person is I-capable of A and there are no circumstances present that impede or prevent the exercise of A."[258]

Es bleibt folglich festzuhalten, dass die von Nussbaum hier unter dem zehnten Punkt subsumierten externen Bedingungen auf der formalen Ebene weder der Definition der *combined capabilities* noch jener der ursprünglicheren *E-capabilities* entsprechen und deshalb konsequenterweise nicht freistehend in ihrer Fähigkeitenliste geführt werden dürften.

Gerettet werden könnte Nussbaums Vorgehen an dieser Stelle, indem man die externen Bedingungen, die hier in Form von politischen Rechten aufgeführt werden, in einem doppelten Sinn versteht – nämlich auch als interne Fähigkeiten. So verstanden, wäre die zuerst genannte Fähigkeit („Being able to participate effectively in political choices ...") eine kombinierte Fähigkeit, als sie nicht nur z. B. ein aktives Wahlrecht fordert, sondern auch eine in der Person liegende Fähigkeit (hier also eine Art Spezifizierung der *praktischen Vernunft*) erfordert. Jedoch scheint diese Interpretation aufgrund der von Nussbaum tatsächlich gewählten Formulierung eher fragwürdig.

Am prägnantesten und treffendsten für die hier genannten Fähigkeiten bzw. Rechte dürfte der Begriff der *Politischen Fähig-*

---

258 Nussbaum 1987, 24

keiten (political capabilities) sein. Dieser wird von Nussbaum in *Creating Capabilities*[259] auch verwendet. Aber auch im dort verwendeten Kontext deutet nichts auf eine *combined capability* hin, sondern lediglich auf die Sicherung politischer Rechte (nicht etwa auf eine Befähigung der einzelnen Bürger im Sinne einer politischen Ausbildung, infolge derer dann *politische Fähigkeiten* tatsächlich als *combined capabilities* verstanden werden könnten).

Die Forderungen des zehnten Punktes lesen sich wie eine bündige Zusammenfassung zentraler Normen einer rechtsstaatlichen Demokratie. Die Bereitstellung erfolgt zunächst durch Festschreibung in der Verfassung (hier vor allem die Forderungen unter (A), aber auch die Forderung, Eigentum besitzen zu können, sowie vor unangemessenen Eingriffen der staatlichen Gewalt geschützt zu sein). Deutlich mehr Interpretationsspielraum lassen die Passagen zum Thema Arbeit bzw. Arbeitsplatz zu. Die Formulierung „being able to work as a human being" erfolgt, wie bereits mehrfach angemerkt, in Anlehnung an Marx und dessen Feststellung, dass es Formen der Arbeit gibt, die mit der Würde des Menschen unvereinbar sind"[260]. Nussbaums Konzeption verlangt eine gründliche Untersuchung real existierender Arbeitsverhältnisse:

> "The conception calls for a searching examination of the forms of labor and the relations of production, and for the construction of fully human and sociable forms of labor for all citizens, with an eye to all the forms of human functioning."[261]

Innerhalb einer freien bzw. sozialen Marktwirtschaft ist eine solche Formulierung nicht unproblematisch, suggeriert sie doch zumindest ein Stück weit, dass die Schaffung von Arbeitsplätzen als solche – und nicht nur hinsichtlich ihrer Ausgestaltung

---

259 Vgl. Nussbaum 2011, 22
260 Vgl. Nussbaum 1999, 66f.
261 Nussbaum 1990, 231

als menschenwürdige – Aufgabe des Staates sei. Dieses Missverständnis umgeht Nussbaum aber, indem sie eben von Arbeitsformen *(forms of labor)* spricht, und nicht von Arbeitsplätzen *(jobs)*. Es geht also nicht um die Schaffung, sondern um die Ausgestaltung von Arbeitsplätzen. Die Zulassung von Gewerkschaften spielt hier sicherlich eine Rolle, ebenso wie das Recht, Betriebsräte zu gründen und einen allgemeinen Kündigungsschutz einzuführen – um nur einige Stichworte zu benennen.

Durch die Betonung Nussbaums, dass solche Arbeitsformen für *alle Bürger* geschaffen werden sollen, enthält den Aufruf zur Integration von Menschen, die beispielsweise durch körperliche oder geistige Behinderung selten die Möglichkeit haben, sich in rein gewinnorientierten Arbeitsverhältnissen zu betätigen (und diese machen in einer Gesellschaft mit kapitalistischem Wirtschaftssystem nun mal den Großteil der vorhandenen Arbeitsplätze aus).

Interessant ist hinsichtlich der von Nussbaum getroffenen Formulierungen zur Ausgestaltung der Arbeitsplätze auch die Stelle „exercising practical reason", wodurch sie wohl ihre Ablehnung gegenüber extrem monotonen Tätigkeiten zum Ausdruck bringen will. Doch was soll es tatsächlich bedeuten, die *praktische Vernunft* am Arbeitsplatz einzusetzen? Zur Erinnerung: Nussbaums Definition für *practical Reason* lautete: "Being able to form a conception of the good and to engage in critical reflection about the planning of one's life." Der Arbeitsplatz, so die Folgerung, darf nicht in Widerspruch zur eigenen Konzeption des Guten bzw. im Widerspruch zur eigenen Lebensplanung stehen. Es ist nicht leicht zu verstehen, was das genau für die Ausgestaltung der Arbeitsplätze bedeuten soll. Reicht eine Einschränkung der täglichen und wöchentlichen Arbeitszeit aus? Bedarf es klar ausformulierter Regelungen zum Arbeitsschutz? Oder müssen Arbeitsplätze darüber hinaus auch dem menschlichen Bedürfnis nach Sinnhaftigkeit des eigenen Tuns entsprechen?

So bedeutend diese Fragen auch sein mögen, eine Kritik an Nussbaums Formulierung hier lässt sich noch deutlich allgemeiner ausdrücken: Sind Nussbaums Forderungen nicht prinzipiell zu stark von einer bürgerlichen Vorstellung der Arbeitswelt geprägt, die schon bei Freiberuflern, Künstlern aber auch beispielsweise bei Bauern an ihre Grenzen stößt? Oder verkörpern gerade diese Berufe bzw. Berufsbilder ein Ideal, weil sie möglicherweise eine größere Unabhängigkeit versprechen? Zumindest die zweite Frage würde Nussbaum wohl mit Hinblick auf den liberalen Anspruch ihrer Version des *Capabilities Approach* verneinen. Zu diesem Anspruch gehört es ja gerade, keine Ideale vorzugeben, sondern lediglich Grundvoraussetzungen zu benennen. Deshalb kann für ein gutes Leben, wie es sich begrifflich aus Nussbaums Fähigkeitenliste erschließen lässt, weder ein idealer Beruf noch eine ideale Arbeitsform (was immer man an Aspekten unter einer solchen Form auch subsumieren mag) benannt werden.

Was die Frage betrifft, ob Nussbaum bei all ihren Ausführungen zum Thema Arbeit (und damit in nicht zu vernachlässigender Weise auch zum Thema Freizeit und Spiel – vgl. Kapitel 2.9.) möglicherweise zu wenig ihre eigene Herkunft mitreflektiert und dadurch undifferenziert westlich-bürgerliche (Wert-)Vorstellungen übernimmt, so kann dieser Vorwurf mit der gleichen Argumentation, wenn schon nicht eindeutig zurückgewiesen, so doch zumindest relativiert werden. Denn bei ihrer universalistischen Konzeption (und ihren anthropologischen Grundlagen) ist es völlig unerheblich, welche Tätigkeiten ein Mensch ausübt, ob er dafür Lohn erhält oder nicht (und wenn ja, wie viel), ob es sich um selbstständige oder unselbstständige Arbeit bzw. Tätigkeit handelt. Wichtig ist nur, dass sie nicht im Widerspruch zu einem menschenwürdigen Leben stehen. Was dies letztlich bedeutet, wo hier eine Grenze zu ziehen ist, dies gilt es im Einzelfall genauer zu spezifizieren. Aber auch mögliche praktische Konkretisierungen stoßen einfach an die Grenzen, welche durch den menschlichen Körper und die *praktische Vernunft* gesetzt sind. Mit anderen Worten: Egal um welche Tätigkeit es sich handelt – wenn sie in einem zeitlichen Umfang stattfindet, der ein durchschnittliches Schlafbedürfnis von etwa 8 Stunden nicht mehr zulässt (um hier eine nahe liegende Spezifikation zu bemühen), dann ist diese Form der Arbeit abzulehnen, auch wenn der oder die Betroffene dieser Tätigkeit freiwillig nachgeht.

Wie wäre dann aber der Fall zu bewerten (der unzweifelhaft nicht selten vorkommen mag), dass ein Mensch mit voller Hingabe und in tiefer Überzeugung einer Arbeit nachgeht, die entweder monoton oder auch extrem zeitintensiv ist und so einen Raubbau an der eigenen Gesundheit darstellt? Mit anderen Worten: Kann in Nussbaums Logik ein Arzt, der 100 Stunden pro Woche oder mehr arbeitet (und dies freiwillig, aus tiefer Überzeugung und in Einklang mit seiner *praktischen Vernunft* tut) kein menschenwürdiges, respektive gutes, Leben führen? Auch dies würde Nussbaum verneinen, denn es geht ihr ja mit ihrer Konzeption darum, eine Wahlfreiheit zu schaffen. Der (über-)engagierte Arzt hat die Möglichkeit, jederzeit seine Tätigkeit abzubrechen, sich einen neuen Job zu suchen und im Normalfall hat er sogar die Möglichkeit, sich bis zu dessen Antritt einen mehrwöchigen Erholungsurlaub zu gönnen. Im Gegensatz dazu wäre ein von seinem geringen Lohn abhängiger Minenarbeiter in einem Entwicklungsland womöglich ohne jede entsprechende Arbeitsalternative und könnte daher kein gutes Leben führen.

Als Fazit lässt sich festhalten, dass es, um Nussbaums Ausführungen zum Thema Arbeit richtig zu interpretieren, nicht nur auf eine isolierte Bewertung eines gegebenen Arbeitsplatzes ankommt, sondern auch auf die Frage, ob der so tätige Mensch die ökonomische Freiheit besitzt, eine menschenunwürdige Tätigkeit zu beenden bzw. abzulehnen.

Unter diesem Aspekt können aktuelle sozialpolitische Diskussionen, wie jene um den Streit über die Sinnhaftigkeit eines flächendeckenden gesetzlichen Mindestlohns oder auch um ein bedingungsloses Grundeinkommen, gelesen werden. Gerade letzteres verfolgt ja die Intention, den Menschen ein Stück weit unabhängig von den Zwängen des Arbeitsmarktes zu machen, um sich dann aus einem sicheren finanziellen Rahmen um eine sinnvolle Integration in den Arbeitsmarkt zu bemühen. Es wäre daher durchaus denkbar, dass Nussbaum sich hier für diese sozial- bzw. arbeitsmarktpolitischen Eingriffe in der innerdeutschen Diskussion einsetzen würde.

2.11 Die Liste der zentralen Fähigkeiten: Ein kritisches Fazit

Nachdem nun mit der Analyse der einzelnen Punkte von Nussbaums Liste der zenralen Fähigkeiten das Herzstück ihrer Konzeption untersucht wurde, lassen sich auf einer Metaebene einige kritische Anfragen formulieren. Dabei handelt es sich aber nicht um jene Vorwürfe, die auf der formalen Ebene des Ansatzes erst im nächsten Kapitel diskutiert werden sollen, sondern um Fragen zur spezifischen Struktur der Liste, zu ihrem Umfang und Inhalt.

Bei der kritischen Reflexion auf den Fähigkeitenbegriff in Anlehnung an Sedmak (welche bei ihm in der Formulierung von fünf Fundamentalfähigkeiten mündet[262]) im nächsten Kapitel wird deutlich werden, dass Fähigkeiten auf vielschichtige Weise verstanden werden können und dass daher Nussbaums Operationalisierung dieses Terminus nur eine von mehreren Möglichkeiten darstellt.

Das folgende Fazit soll sich entlang der folgenden vier kritischen Thesen bewegen:

---

262 Vgl. Sedmak 2011, 48

1. Nussbaums Fähigkeitenbegriff vermischt an vielen Stellen zu stark *interne Fähigkeiten* und *äußere Voraussetzungen*.
2. Die Begrenzung der Liste auf zehn Punkte wirkt bei genauerer Betrachtung künstlich bzw. entspringt möglicherweise einer psychologischen Erwägung der Autorin (und weniger einer nachvollziehbaren konzeptionellen Notwendigkeit).
3. Die Liste ist zu aufgebläht. Sie könnte beispielsweise auf die beiden Fähigkeitenkomplexe der *praktischen Vernunft (practial reason)* und der Bezogenheit auf Andere *(Affiliation)* reduziert werden, da sich aus diesen beiden Punkten alle anderen ableiten lassen.
4. *Tätigkeit* und *Fähigkeit* lassen sich, wie an vielen Stellen der Untersuchung deutlich wurde, oft nicht scharf voneinander trennen, zumindest nicht so, wie es Nussbaum auf der theoretischen Ebene der Konzeption vorschwebt.

Ad 1. Kritisch konnte also zunächst festgehalten werden, dass bei Nussbaum die Grenze zwischen Fähigkeiten im Sinne einer persönlichen (internen) Eigenschaft und Fähigkeiten im Sinne politischer Rechte an vielen Stellen der Liste nicht mehr klar erkennbar ist. Dadurch wird andererseits klar, wie wenig autonom der einzelne Mensch eigentlich agieren kann, wie er vielmehr in Bezogenheit auf und in Abhängigkeit zu Anderen sein Leben gestalten muss.

Deutlich wird dadurch die Vulnerabilität des menschlichen Individuums und die Verwiesenheit von Glück und Moral aufeinander.

Nussbaum betrachtet die von ihr aufgelisteten Fähigkeiten als irreduzibel. Eine politische Ordnung, welche bestimmte Fähigkeiten ihrer Bürger fördern will, sie dann aber an deren Umsetzung hindert, ist selbst widersprüchlich und inkohärent. Andererseits aber macht es genauso wenig Sinn, wenn sich die politisch Herrschenden auf die Rolle der Verteidiger der negativen Freiheitsrechte der Bürger zurückziehen, die Menschen aber ansonsten alleine lassen. Menschen bzw. Bürger brauchen vielmehr beides: Schutz und Unterstützung bei der Entwicklung ihrer *Fähigkeiten* (aus den angeborenen *basic capabilities*) und dann aber auch die notwendige *Freiheit*, um diese Fähigkeiten in einer wahrhaft menschlichen Weise zu gebrauchen, aufrechtzuerhalten und ggf. weiter zu entwickeln.

Die Fähigkeitenliste von Nussbaum sprengt, so betrachtet, die Grenzen zwischen Individualethik und Sozialethik auf und erweckt erst gar nicht den Eindruck sich innerhalb der strukturellen Begrenztheit dieser Bipolarität bewegen zu wollen. Das Individuum kann als solches nur innerhalb einer je gegebenen Gesellschaft überhaupt verstanden werden. Individualität lässt sich erst im Austausch, im Zusammenleben und letztlich in der Abgrenzung zu anderen ausbilden. Diesem Umstand trägt Nussbaum Rechnung, wenn sie sich zeitweise regelrecht zu weigern scheint, strikt zwischen internen Fähigkeiten und äußeren Voraussetzungen zu trennen.

Ad 2. Konstatiert kann auf jeden Fall werden, dass Nussbaums Liste zwar auf zehn Punkte begrenzt wurde, tatsächlich aber unter den einzelnen Punkten oft ein ganzes Bündel von Unter- oder (in Anlehnung an Sedmak) *Fundamentalfähigkeiten* gefasst wird. Aus der runden Zahl von zehn zentralen Fähigkeiten könnte so schnell und in nachvollziehbarer Weise ein Mehrfaches werden. Nussbaum möchte aber, wohl auch aus psychologischen Gründen, an der runden Zahl von *zehn* Fähigkeiten festhalten. Eine solche lässt sich leichter einer breiten fachlichen Diskussion zuführen als eine Liste mit einer unrunden Anzahl von Fähigkeiten.

Ad 3. Schon in *Aristotelian Social Democracy* war es Nussbaums Anliegen, eine starke Konzeption des Guten zu formulieren – im Gegensatz zur schwachen Theorie des Guten bei John Rawls, welche nur einige Grundgüter umfasst. Die für manchen Leser aufgebläht wirkende Liste ist so gesehen ein konzeptionelles Anliegen der Autorin. Sie möchte damit der Komplexität menschlichen Lebens Rechnung tragen und deutlich machen, dass die Gefahr bei schwächeren Konzeptionen groß ist, an irgendeiner Stelle des (philosophischen) Nachdenkens bzw. des politischen Prozesses die Fragilität des menschlichen Lebens, die sich aus dieser Komplexität ergibt, aus dem Blickfeld zu verlieren.

Der Wunsch nach einer kürzeren oder einfacheren Konzeption mag nachvollziehbar sein, jedoch stiege damit die Gefahr, wichtige Bereiche menschlichen Lebens aus dem Auge zu verlieren, die oft genug in der Praxis darüber entscheiden, ob menschliches Leben gelingt oder aber scheitert. Je kürzer eine solche Liste also ist, desto mehr würde sie einer reduktionistischen Sichtweise auf den Menschen Vorschub leisten.

Es bleibt die allgemeine Frage, inwiefern die Arbeit mit Listen überhaupt als sinnvoll zu bewerten ist, wenn man über das gute menschliche Leben nachdenkt. Als Gegenfrage lässt sich aber prompt kontern: Was wäre die Alternative? Denn wenn man sich nicht mit trivialen Antworten aus dem Alltag zufrieden geben will (z. B. „Ein gutes Leben ist ein Leben voller Liebe" oder auch nur „Hauptsache gesund bleiben") sondern ein philosophisches, differenziertes und reflektiertes Nachdenken präferiert, welches eine Analyse der menschlichen Natur miteinbezieht, dann lassen sich Aufzählungen über verschiedene Aspekte, die zu einem guten Leben gehören, gar nicht vermeiden. Wenn Nussbaum dann daraus eine dezidierte Liste erarbeitet und zur Diskussion stellt, ist das nur konsequent und legitim.

Beim Gang durch die einzelnen Punkte der Liste fällt es mitunter schwer, einen ausfindig zu machen, der möglicherweise gestrichen oder gekürzt werden könnte. Zumindest müsste dies aber sehr gut begründet werden. Will man einen Punkt dezidiert streichen (beispielsweise Punkt 9 – *play*) muss man die Autorin an dieser Stelle erstmal widerlegen. Wie aussichtsreich ein solcher Versuch wäre, bleibt zumindest zweifelhaft. Kann man wirklich sinnvoll argumentieren, dass ein menschliches Leben auch dann ein gutes ist, wenn es keine Möglichkeiten des Spiels (im dargestellten, abstrakten Sinne) gibt?

Bei der Analyse und Interpretation des ersten Punktes der Liste (*Life*, vgl. Kapitel 2.1.) wurde dafür argumentiert, den zweiten Halbsatz ("not dying prematurely, or before one's life is so reduced as to be not worth living") zu streichen, da er dem offensichtlichen Anliegen Nussbaums nichts Wesentliches hinzufügt und sogar gänzlich missverstanden werden könnte. Aber auch Kürzungsvorschläge wie dieser müssten wohl sehr gut begründet werden, um in der Diskussion standzuhalten.

Manche Punkte der Liste (v. a. 4., 5., 7., und 10. – vgl. entsprechende Unterkapitel) wurden sehr umfangreich von Nussbaum ausformuliert. Dies mag zwar dem besseren Verständnis des Lesers dienen, andererseits aber wachsen damit auch die Fähigkeiten, um die es geht, zu ziemlich umfangreichen Fähigkeitenbündeln an, die dann in der Rekonstruktion nur noch mit Mühe unter einem zentralen Überbegriff gefasst werden können. Beispielhaft wurde dies anhand des dritten Punktes *(bodily integrity)* gezeigt. Nussbaum schlägt hier einen weiten Bogen bei ihrer Definition. Sie beginnt zwar mit der verständlichen Forderung nach Bewegungsfreiheit und Schutz vor (sexueller) Gewalt, erweitert den Begriff dann aber plötzlich um die Forderung, Möglichkeiten zur sexuellen Befriedigung zu haben. An dieser Stelle kommt eine kritisch zu betrachtende, inhaltliche Aufblähung der Konzeption zum Vorschein, die durchaus skeptisch hinterfragt werden darf. Ganz allgemein kann bezweifelt werden, ob es eine gesellschaftliche oder gar staatliche Aufgabe sein kann, dem einzelnen Bürger (direkt oder indirekt) zu sexueller Befriedigung zu verhelfen.

Etwas dünn fällt hingegen in allen Listenfassungen die Definition der *praktischen Vernunft* aus. Das überrascht insofern, als dieser ja nach Nussbaums eigener Auffassung eine architektonische Funktion zukommt. Wie bereits erwähnt, dürfte der Grund dafür darin liegen, dass Nussbaum sich sehr bewusst ist, dass der Begriff der *praktischen Vernunft* allgemein ein „heißes Eisen" in der Philosophie darstellt und bei einer Explikation des Begriffs stets die Gefahr besteht, sich in metaphysisch problematische Annahmen zu verstricken, was einem Grundanliegen der Konzeption (Abwesenheit von metaphyischen und/oder religiös umstrittenen Überzeugungen) zuwiderlaufen würde.

Ad 4. Die strikte Trennung von Fähigkeiten und Tätigkeiten auf der theoretischen Ebene lässt sich, wie die Untersuchung ebenfalls gezeigt haben sollte, nicht immer stringent aufrechterhalten. Trotzdem ist die Unterscheidung zwischen beiden ein essentieller Bestandteil des *Capabilities Approach*. Nur so lässt sich der liberale Anspruch der Konzeption behaupten. Doch wo sich Fähigkeiten und Tätigkeiten auf der theoretischen Ebene klar trennen lassen, vermischt sich ihr Wesen auf der operativen Ebene immer wieder. Dies wurde besonders deutlich am Beispiel der Gesundheit *(bodily health)*. *Gesund sein* als Fähigkeit ist auf eine kontinuierliche Anwendung der Tätigkeit *gesund leben* angewiesen (Ausnahmen mag es, zumindest bis zu einem gewissen Grade, geben). Noch deutlicher wird die Problematik bei der Ausbildung der *praktischen Vernunft*. Diese Fähigkeit ist an ein ganzes Bündel an Tätigkeiten und Erlebnissen (z. B. kognitiver und emotionaler Natur) gebunden. Das wird von Nussbaum wohl gesehen, jedoch nicht immer konsequent auf die theoretische Ebene rücktransportiert. Mit anderen Worten: Es ist zwar verständlich, dass Nussbaum *Fähigkeiten* und *Tätigkeiten* theoretisch strikt trennen muss, um nicht sofort mit dem Vorwurf des Paternalismus konfrontiert zu werden, jedoch müsste umgehend darauf das Eingeständnis folgen, dass Fähigkeiten eben auch immer auf bestimmte, wiederkehrende Tätigkeiten angewiesen sind – zumindest dort, wo der Fähigkeitenbegriff nicht deckungsgleich mit dem Postulat negativer Freiheitsrechte (im Sinne äußerer Voraussetzungen) ist, sprich: wo es um die Ausbildung interner Fähigkeiten geht.

Das kritische Fazit der Liste der zentralen menschlichen Fähigkeiten soll damit an dieser Stelle beendet werden. Insgesamt kann festgehalten werden, dass die Verwendung von Listen, auch im Rahmen einer philosophischen Diskussion, durchaus konstruktiv für den ethischen Dialog sein kann und dass Nussbaum mit ihrer Version hier ein diskutabler Vorschlag gelungen ist. Die einzelnen Punkte lassen sich möglicherweise anders oder kürzer formulieren, aber nur schwer als Bestandteile eines guten menschlichen Lebens widerlegen. Kritisch zu hinterfragen ist an Nussbaums Entwurf daher weniger die Form, als vielmehr die teilweise wenig reflektierte Verwendung des Fähigkeitenbegriffs im Allgemeinen. Unter anderem dieser Aspekt soll im Rahmen der kritischen Untersuchung des nächsten Kapitels thematisiert werden.

3 Zur Kritik am *Capabilities Approach*

Der *Capabilities Approach* in der Variante Nussbaums hat neben viel Zustimmung durchaus auch kritische Töne hervorgerufen. Oft genug geht es dabei um Sinn und Unsinn ihrer *Liste der zentralen Fähigkeiten*, aber auch um ihre, zumindest im kontinental-europäischen Raum doch recht eigenwillig anmutende, Aristoteles-Interpretation. Auf beide Punkte wurde – im Kontext der Zielsetzung der vorliegenden Arbeit – bereits teilweise eingegangen.

Nachdem nun in den ersten beiden Kapiteln der *Capabilities Approach* Martha Nussbaums eingehend untersucht worden ist, soll im dritten Teil dieser Arbeit das Hauptaugenmerk auf Kritikpunkten liegen, die gegen den Ansatz vorgebracht werden können. Bereits im ersten Kapitel wurde gezeigt, wie auf einer metaethischen Ebene gegen den von Nussbaum vertretenen *internen Realismus* argumentiert werden kann. Im Folgenden sollen nun drei ausgewählte, besonders relevante Punkte herausgegriffen und diskutiert werden, wobei der erste Punkt eine begriffliche Kritik darstellt, während die beiden anderen Punkte formal-inhaltliche Aspekte der Konzeption Nussbaums betreffen.

Zunächst, so die hier vertretene Überzeugung, scheint es notwendig, den grundlegenden Begriff der *Fähigkeiten* selbst kritisch zu reflektieren. Wie sich bei der Untersuchung der *Liste der zentralen Fähigkeiten* im zweiten Kapitel gezeigt hat, stößt die Verwendung des Begriffs in der Terminologie Nussbaums immer wieder an seine Grenzen, wenngleich sie den Eindruck erwecken will, mit der im ersten Kapitel dargelegten Unterscheidung von *basic, internal* und *combined capabilities* eine ausreichende Differenzierung und Spezifizierung getroffen zu haben. Unter Rückgriff auf die sehr eindrückliche Analyse des Fähigkeitenbegriffes durch Clemens Sedmak erfolgt deshalb also zunächst eine Kritik dieses paradigmatisch verwendeten Begriffs.

Im zweiten Schritt geht es dann um konkrete inhaltliche Kritiken. Die zwei wohl am häufigsten geäußerten Vorwürfe sind dabei jener des Paternalismus und jener der mangelnden Sensibilität gegenüber kulturellen Eigenheiten bestimmter ethnischer oder religiöser Gruppen. Sie werden deshalb auch den Schwerpunkt dieses Kapitels darstellen. Beide Kritikpunkte sind eng miteinander verwandt, denn auf leicht variierende Weise ist es jeweils der materielle Charakter der Nussbaum'schen Liste, der *stark vagen Konzeption des Guten*, der die Wurzel der Kritik darstellt. Während sich der Paternalismusvorwurf in erster Linie gegen den von Nussbaum gehegten *Empfehlungscharakter* an die praktische Politik richtet, ist es im Sinne des Vorwurfes der mangelnden kulturellen Sensibilität der *universalistische Anspruch* der Konzeption, der infrage gestellt wird.

Nussbaum hat sich beiden Vorwürfen an verschiedenen Stellen in ihrem umfangreichen Schrifttum zum *Capabilities Approach* gestellt und versucht zu zeigen, dass sie zurückgewiesen werden können. Ob ihre Argumentation überzeugend ist, darüber soll der folgende Abschnitt Aufklärung leisten.

3.1 Analyse und kritische Reflexion des Fähigkeitenbegriffes

Was sind Fähigkeiten? Bei Nussbaum findet sich auf diese sehr allgemeine Form der Frage folgender Hinweis:

"They are the answers to the question, 'What is this person able to do and to be?' In other words, they are what Sen calls 'substantial freedoms,' a set of (usually interrelated) opportunities to choose and to act."[263]

Fähigkeiten sind in diesem Verständnis positive Freiheiten bzw. Möglichkeiten, die einer Person zur Verfügung stehen, aus denen sie auswählen kann. Fähigkeiten stehen in einem direkten Verhältnis zur persönlichen Freiheit, sie ermöglichen Freiheit erst. Das Ziel aller Entwicklung bedeutet für Amartya Sen demzufolge auch, den Radius der Freiheit im Leben eines Menschen zu vergrößern[264]. Nussbaum teilt diese Ansicht, möchte aber den Blick von der eher abstrakten Sicht Sen's auf konkrete Fähigkeiten lenken, was sie letztlich durch ihre *Liste der zentralen Fähigkeiten* auch tut. Die zentralen Fähigkeiten die Nussbaum benennt, haben zwei wesentliche Eigenschaften:

a. Sie sind irreduzibel, können nicht durch das vermehrte bzw. verstärkte Vorhandensein einer anderen zentralen Fähigkeit ausgeglichen werden.
b. Sie sind Teil eines (organischen) Ganzen und wirken solcherart gegenseitig aufeinander ein. Umgekehrt besteht die Gefahr, dass durch den Verlust einer der zentralen Fähigkeiten auch andere verloren gehen.

Sedmak spricht im Bezug auf den zweiten Punkt vom *Matthäus-* und vom *Matildaeffekt*:

---

263 Nussbaum 2011, 20
264 Vgl. Ebd. und Sen 1999, insbesondere 13–34

„Der Matthäuseffekt geht auf Mt 25,29 zurück und besagt, dass denjenigen, die haben, gegeben wird. Anders gesagt: Wenn nämlich jemand über eine Fähigkeit verfügt, dann kann er Ressourcen erschließen. Und mit diesen Ressourcen kann er weitere Fähigkeiten realisieren bzw. sich auch weitere Fähigkeiten aneignen."[265]

Der Mathildaeffekt ist das Umkehrfazit. Ebenfalls mit Bezug auf Mt 25,29 besagt er, dass „[...] denjenigen, die nichts haben, auch das, was sie haben, genommen wird."[266] Ein Beispiel, ebenfalls von Sedmak angeführt, soll dies verdeutlichen: Arbeitslose Menschen sind oft vom Mathildaeffekt betroffen, weil sie in der Folge eines Arbeitsplatzverlustes nicht nur die Fähigkeiten einbüßen, die sie bisher berufsmäßig ausgeübt haben, sondern weil sie sich oftmals in ihrem Selbstverständnis beschädigt sehen, was nicht selten soziale Rückzugstendenzen zur Folge hat, was mit dem Verlust weiterer zentraler Fähigkeiten einhergehen kann und so fort[267].

3.1.1 Fähigkeiten 1. und 2. Ordnung

Sedmak[268] führt eine eingehende Analyse des Fähigkeitenbegriffes durch, wobei sein Hauptaugenmerk auf der Unterscheidung von Fähigkeiten erster und zweiter Ordnung liegt. Fähigkeiten erster Ordnung sind Fähigkeiten, die wir direkt ausführen bzw. anwenden können, während Fähigkeiten zweiter Ordnung Fähigkciten sind, die sich auf Fähigkeiten erster Ordnung beziehen:

---

265 Sedmak 2011, 33
266 Ebd.
267 Vgl. Sedmak 2011, 33
268 Vgl. Ebd., 29–52

> „Fähigkeiten erster Ordnung beziehen sich auf das Vermögen, Situationen zu transformieren, während Fähigkeiten zweiter Ordnung die Eigenschaft haben, Fähigkeiten verändern zu können."[269]

Sedmak bezeichnet Fähigkeiten zweiter Ordnung auch als *Schlüsselfähigkeiten* oder *Fähigkeitsfähigkeiten*. Er analysiert diese Fähigkeiten zweiter Ordnung nun weiter und sucht unter ihnen nach *Fundamentalfähigkeiten*. Damit bezeichnet er jene Fähigkeiten, die *Identitätsarbeit* leisten:

> „Damit geht es um die Frage: Welche Fähigkeiten sind entscheidend dafür, an einem ‚Lebensplatz' bauen zu können, der den betreffenden Menschen als besonderen und einzigartigen Menschen ausweist, der in einem Handlungsraum moralisch begründet auftreten kann?"[270]

Hier deutet sich eine theoretische Begründung für Nussbaums Postulat an, jeden Menschen als Einzelnen, als Zweck seiner selbst, zu sehen und ihm einen Platz innerhalb eines moralischen Systems zuerkennen zu können. Es sind gewisse Fundamentalfähigkeiten, die unsere Identität als Einzelne ausmachen. Ob diese natürlich universell gelten können bzw. gar eine anthropologische Kategorie darstellen, sei erstmal dahingestellt. Aber für Nussbaum und ihre Theorie können die folgenden Reflexionen sehr erhellend sein. Sedmak plädiert dafür, folgenden fünf Fundamentalfähigkeiten besondere Aufmerksamkeit zu schenken und sie beispielsweise im Erziehungswesen verstärkt zu berücksichtigen[271]:

---

269 Ebd., 46
270 Ebd., 48
271 Sedmak 2011, 48

1. Selbstreflexionsfähigkeit als Fundamentalfähigkeit für den Aufbau von Besonderheit.
2. Entscheidungs- und Urteilsfähigkeit als Fundamentalfähigkeit für den Aufbau von Handlungsraum.
3. Freundschaftsfähigkeit als Fundamentalfähigkeit für Zugehörigkeit.
4. Fragefähigkeit als Fundamentalfähigkeit für den Aufbau von Welttheorie.
5. Anteilnahmefähigkeit als Fundamentalfähigkeit für den Aufbau von besonderem Engagement.

Wenn man diese Liste mit der Fähigkeitenliste von Martha Nussbaum vergleicht und ihren Erläuterungen in *Aristotelian Social Democracy* folgt, so werden mit diesen fünf Fundamentalfähigkeiten Aspekte *der praktischen Vernunft* benannt, die Nussbaum selbst als *architektonische Funktion* auszeichnet, insofern sie, ebenso wie auch die *Verbundenheit mit anderen Menschen*, alle anderen Fähigkeiten strukturiert und ihnen so in gewisser Weise vorgeschaltet ist[272].

Die Untersuchung des Fähigkeitenbegriffes, der ja bei Nussbaum im Zentrum steht, findet auf zwei Ebenen statt. Auf der ersten Ebene wurde Sedmaks Vorschlag der Unterscheidung von Fähigkeiten erster und zweiter Ordnung aufgenommen und Fundamentalfähigkeiten als besonders förderungswürdige Fähigkeiten zweiter Ordnung herausgearbeitet. Auf einer zweiten Ebene soll nun gefragt werden, durch welche Eigenschaften sich Fähigkeiten auszeichnen, wie man sie also gewissermaßen ontologisch fassen kann. Dabei soll stets eine Kontrastierung zu Nussbaums Ansatz erfolgen um zu zeigen, wo hier die Verwendung des Fähigkeitenbegriffs auf Schwierigkeiten stößt, wenn man ihm eine zentrale Stellung innerhalb einer Theorie des guten Lebens zuweist.

---

[272] Vgl. Nussbaum 1999, 59f.

3.1.2 Was sind Fähigkeiten – eine ontologische Analyse in Anlehnung an Clemens Sedmak

Sedmak liefert einige Vorschläge für eine ontologische Analyse des Fähigkeitenbegriffs, die nun näher ausgeführt und hinsichtlich ihrer Relevanz für Nussbaums *Capabilities Approach* befragt werden sollen.

Fähigkeiten sind subjektbezogen

Fähigkeiten haben die Eigenschaft, dass sie nicht für sich selbst vorkommen, sondern auf einen Träger angewiesen sind, durch den sie zum Ausdruck gebracht werden können (oder auch nicht). Im Sinne dieser Subjektbezogenheit sind sie aber nicht nur akzidentelle Eigenschaften des Trägers, sondern werden, sobald sie erworben sind, integraler Bestandteil einer Person:

> „Fähigkeiten sind nicht ‚akzidentelle Anhängsel', die an einem Subjekt hängen wie ein Anzug an einem Kleiderhaken; Fähigkeiten sind mit der Identität des Subjekts in einer zweifachen Weise verbunden: Das Subjekt wird durch seine Fähigkeiten mitgeprägt [(...)], das Subjekt prägt die Fähigkeiten"[273]

Diese wechselseitige Durchdringung zwischen dem Subjekt als Träger (oder besser: Inhaber) der Fähigkeiten und den Fähigkeiten selbst wird bei Nussbaum, so scheint es jedenfalls beim Studium der zentralen Schriften zum *Capabilities Approach*, nicht immer ausreichend mitreflektiert. Nussbaum verweist[274] deshalb wohl auch selbst in *Creating Capabilities* auf eine Arbeit von Wolf und De-Shalit[275], welche sich auch mit diesen dynamischen Effekten der Fähigkeiten befasst. Mathäus- und Mathildaeffekt bekommen bei diesen beiden Autoren passenderweise die

---

273 Sedmak 2011, 36
274 Vgl. Nussbaum 2011, 44
275 Wolff, De-Shalit 2007

Namen *fertile functioning* und *corrosive disadvantage*: Mit Bezug auf die beiden genannten Autoren erläutert Nussbaum:

> "A fertile functioning is one that tends to promote other related capabilities. [(...)]. They argue plausibly that affiliation is a fertile functioning, supporting capability-formation in many areas.[...] Corrosive disadvantage is the flip side of fertile capability: it is a deprivation that has particularly large effects in other areas of life."[276]

Sedmak zufolge sollten Fähigkeiten aufgrund dieser Bezogenheit auf das Subjekt, welches sie erst durch seine Handlungen formt und zum Ausdruck bringt, (wie beispielsweise der große Komponist, der seine Fähigkeit zum komponieren in einer sehr persönlichen Weise erst Realität werden lässt) nicht als „flottierende Entitäten" verstanden werden, die „verteilt werden müssen wie Brot oder Wasser"[277].

Der Hinweis der Subjektbezogenheit von Fähigkeiten scheint auf den ersten Blick trivial. Dies ändert sich aber, wenn man – im Hinblick auf Nussbaums Liste der zentralen Fähigkeiten – feststellt, welche bedeutende Stellung in ihr Fähigkeiten haben, die scheinbar gar keine strikte Subjektbezogenheit aufweisen. Um etwas konkreter zu werden: Die Fähigkeit ein Leben von „normaler Dauer" zu führen (Punkt 1), die Fähigkeit „bei guter Gesundheit zu sein" (Punkt 2) oder die Fähigkeit Land erwerben zu können (Punkt 10) sind innerhalb der hier diskutierten Subjektbezogenheit nur schwer zu verstehen fassen. Tatsächlich scheint es hier besser, in der deutschsprachigen Diskussion statt von Fähigkeiten von *Ressourcen, Möglichkeiten* oder *Befähigungen* zu sprechen – allesamt ebenfalls zulässige Übersetzungen von *Capabilities*.

---

276 Nussbaum 2011, 44
277 Sedmak 2011, 36

Fähigkeiten sind immer Teil eines Bündels an Fähigkeiten bzw. Unfähigkeiten

Fähigkeiten können nicht isoliert betrachtet werden. Dies wird bei Nussbaum durch das Postulat der kombinierten Fähigkeiten *(combined capabilities)* nur angedeutet. Die meisten Fähigkeiten, die wir spontan benennen würden (z. B. Fussball spielen, Autofahren, ein Haus bauen), ließen sich problemlos als komplexes Bündel mehrerer, fundamentalerer, Fähigkeiten darstellen. Um Fussball spielen zu können, benötigt man nicht nur eine entsprechende körperliche Gesundheit, sondern auch eine gewisse Koordinationsfähigkeit, die Fähigkeit die Regeln des Spiels zu verstehen usw.

Aus dieser Bündelfunktion der Fähigkeiten erschließt sich noch ein weiteres interessantes Faktum: Manchen Fähigkeiten liegen Unfähigkeiten auf anderen Gebieten zugrunde. Dass jemand Fahrrad fahren kann, könnte zum Beispiel seine Ursache (neben allen körperlichen und mechanischen Voraussetzungen) darin haben, dass derjenige nicht Auto fahren kann[278]. Im Hinblick auf die Konzeption Nussbaums' und der von ihr benannten *Liste der zentralen Fähigkeiten* ist das nicht ohne Bedeutung. Es lässt sich zum Beispiel der Fall denken, dass bei der Analyse der Fähigkeiten einer Gesellschaft oder einer bestimmten Gruppe eine der Fähigkeiten nur deshalb ausgebildet ist, weil ihr eine andere Fähigkeit nicht zukommt. Auf Grundlage der Version der Liste in *Central Capabilities*[279] ließe sich zum Beispiel der Fall denken, dass die Fähigkeit sich frei und sicher von einem Platz zum anderen zu bewegen *("Bodily integrity")* in einer Gesellschaft (zumindest gegenwärtig) nur möglich ist, weil die Fähigkeit der politischen Partizipation aller Bürger *("Political control over one's environment")* unterdrückt wird. Ein praktisches Beispiel mag dafür die Diktatur Saddam Husseins im

---

278 Vgl. Ebd., 37
279 Nussbaum 2011, 33f.

Irak sein, die durch die US-amerikanische Invasion im März 2003 gestürzt wurde. Unter der Diktatur waren die Bürger zwar nahezu aller politischen Freiheiten beraubt, jedoch garantierte der Sicherheitsapparat eine gewisse Bewegungsfreiheit (zumindest so lange man nicht in die Fänge der Geheimpolizei geriet), während der Zusammenbruch der politischen Ordnung danach zwar einerseits große Fortschritte bei der politischen Partizipation des Volkes mit sich brachte, was aber andererseits bis zum heutigen Tag mit starken Einschränkungen der Mobilität durch die ständige Bedrohung aufgrund ethischer und religiöser Unruhen einher geht.

Hier wird eine wechselseitige Abhängigkeit zweier, bei Nussbaum zentraler Fähigkeiten an einem bestimmten Zeitpunkt x deutlich. Insofern ist ihr Diktum der Irreduzibilität von besonderer Wichtigkeit, wenn man das Ziel einer gerechten Gesellschaftsordnung verfolgt. Es bedeutet aber in praktischer Hinsicht auch, dass bei der Entwicklung zu dieser gerechten Gesellschaft womöglich in Kauf genommen werden muss, dass bestimmte (auch zentrale) Fähigkeiten vorübergehend eingebüßt werden, um langfristig alle Fähigkeiten der Liste für alle Bürger gewährleisten zu können.

Fähigkeiten haben in unterschiedlichen politischen Räumen unterschiedlichen sozialen und kulturellen Wert

Die Existenz von Fähigkeiten bei einem Individuum kann zwar nominal an verschiedenen Orten gleichermaßen festgestellt werden, erfährt aber durch den sozialen und kulturellen Kontext eine unterschiedliche Wertschätzung. Hier wird einer der zentralen Kritikpunkte am *Capabilities Approach* Martha Nussbaums deutlich: Der Vorwurf mangelnder kultureller Sensibilität. Dieser Vorwurf soll an späterer Stelle gesondert betrachtet werden, hier sei erstmal nur erwähnt, dass Fähigkeiten sich eben auch dadurch auszeichnen, dass ihnen unterschiedliches normatives Gewicht zugestanden wird. Sedmak geht noch einen Schritt weiter und zeigt, dass manche Fähigkeiten in anderen kulturellen Kontexten sogar als Unfähigkeit begriffen werden könnten:

> „Man denke an den Taoismus – die Fähigkeit des Machens, Tuns und Managens kann hier durchaus als Unfähigkeit rekonstruiert werden, loszulassen, sein zu lassen, geschehen zu lassen."[280]

Begreift man die Identität des Menschen von einem metaphysischen Standpunkt aus als Bündel von Fähigkeiten, so scheint klar, dass sich diese Fähigkeiten, die als kombinierte Fähigkeiten während des Lebens Schritt für Schritt erworben wurden, nie ganz vom kulturellen Kontext trennen lassen. Bezogen auf die (essentialistische) Konzeption Nussbaums ergeben sich daraus wiederum verschiedene Folgen. Denn auch wenn man ihr zustimmt, dass die *Liste der zentralen Fähigkeiten* Teil eines universell zustimmungsfähigen Konsens' *(overlapping consensus)* sein kann, gilt es zu berücksichtigen, dass die Ausbildung einzelner Fähigkeiten durch den kulturellen Kontext politisch deutlich schwieriger durchzusetzen sein wird, als die Ausbildung anderer. Als Beispiel muss man hier gar nicht erst auf das in Nussbaums Schriften allgegenwärtige Thema der Geschlechtergerechtigkeit in verschiedenen ethnischen und religiösen Gesellschaften zurückgreifen. Betrachtet man zum Beispiel die Fähigkeit, Emotionen auszudrücken („Emotions: [...] in general, to love, to grieve, to experience longing, gratitude, and justified anger [...]"[281]), so lässt es sich ohne Widerspruch denken, dass eine Gesellschaft zwar dieser Fähigkeit durchaus einen gewissen Wert beimisst und ihn als Teil des Menschseins respektiert, allerdings keinen besonderen Wert darauf legt, dass diese Fähigkeit von seinen Bürgern ausgeübt wird, respektive dass diese bei der Ausübung gefördert werden.

---

280   Sedmak 2011, 39
281   Nussbaum 2011, 33

Fähigkeiten sind dynamisch und auf Tätigkeiten angewiesen

Fähigkeiten liegen in keiner statischen Form vor. Sie können erworben werden, aber auch wieder verloren gehen. Letzteres geschieht insbesondere, wenn sie über längere Zeit nicht angewendet werden. Eine Person, die in der Schule eine Fremdsprache gelernt hat, sie aber in den darauffolgenden Jahren nicht anwendet, wird die Fähigkeit, diese Sprache zu sprechen, zu einem großen Teil wieder verlieren. Sedmak zieht daraus den Schluss, dass man Fähigkeiten nicht einfach ablegen und horten kann. „[…] sie sind – weil auf Tätigsein ausgerichtet – auf Tätigsein angewiesen."[282] Aus diesem Umstand ergibt sich für die Konzeption Nussbaums eine weitere Spannung. Denn das Ziel ihrer Konzeption sind Fähigkeiten, keine Tätigkeiten[283]. Damit will sie das Ziel der Politik benennen und gleichwohl den liberalen Anspruch ihrer Konzeption bewahren, welche ihrerseits nicht vorsieht, dass Fähigkeiten in einer bestimmten Weise von den Bürgern ausgeübt werden sollen. Doch wenn man davon ausgeht, dass Fähigkeiten verloren gehen, wenn sie nicht ausgeübt werden, stößt man hier tatsächlich auf eine nicht so einfach zu ignorierende Problematik, zumindest hinsichtlich einiger der von Nussbaum benannten Fähigkeiten. Dies sollte als ein zentrales Ergebnis der Untersuchung im 2. Kapitel deutlich geworden sein. Nochmal soll dies anhand eines Beispiels aus Nussbaums Liste verdeutlicht werden. Dort heißt es beim achten Punkt:

> "Other species: Being able to live with concern for and in relation to animals, plants, and the world of nature."[284]

Nussbaum benennt also die Fähigkeit, mit einer gewissen Haltung der Sorge und des Respekts gegenüber anderen Lebewe-

---

282 Sedmak 2011, 40
283 Vgl. Nussbaum 1999, 57
284 Nussbaum 2011, 34

sen zu leben. Ist dies aber überhaupt als Un-tätigkeit möglich? Wenn es die Aufgabe der Regierung ist, ihre Bevölkerung für ein Zusammenleben mit Tieren, Pflanzen und der Umwelt im Allgemeinen zu sensibilisieren, sie dementsprechend zu schulen und zu erziehen, dann können diese Bemühungen zwar durchaus von Erfolg gekrönt sein. Wenn dann aber die so befähigten Bürger eine, wie auch immer zu verstehende, Wahl haben, diese Fähigkeit nicht auszuüben, so kann man davon ausgehen, dass diese Fähigkeit wieder verloren geht, der Bürger gegenüber den Belangen der Umwelt und der Natur gewissermaßen „abstumpft". Ist aber nun eine politische Konzeption als kohärent zu bewerten, die zwar Fähigkeiten bei den Bürgern fördern und ausbilden möchte, aber explizit nicht deren Umsetzung fordert, obwohl sie davon ausgehen muss, dass die so geförderte Fähigkeit dann wieder verloren geht? Ähnlich ließe sich sicherlich auch hinsichtlich der Fähigkeit der Verbundenheit mit anderen Menschen argumentieren. Nussbaum definiert diese Fähigkeit wie folgt:

> "[...] (B) Having the social bases of selfrespect and nonhumiliation; being able to be treated as a dignified being whose worth is equal to that of others."[285]

Wie soll man sich überhaupt vorstellen, dass diese Fähigkeit nicht ausgeübt werden kann? Es scheint, als ob hier das Vorhandensein der Fähigkeit, die Befähigung, *(capability)* mit deren Ausübung *(functioning)* nicht nur untrennbar zusammenhängt, sondern dass hier *Fähigkeit* und *Tätigkeit* womöglich gar identisch sind. Zumindest aber, so kann man an dieser Stelle festhalten, sind Fähigkeiten immer auf Tätigkeiten angewiesen.

---

285 Ebd.

Fähigkeiten sind potentiell kompetitiv

Fähigkeiten stehen für Sedmak oftmals in Konkurrenz zueinander.

> "[...] einzelne Fähigkeiten können nicht in derselben Intensität gepflegt werden. Die Verwaltung von Fähigkeiten, der Aufbau einer Fähigkeitskultur [...] verlangt nach Prioritätensetzungen."[286]

Im Hinblick auf die *Liste der zentralen Fähigkeiten* bei Nussbaum lässt sich schnell ein Beispiel finden, wo zwei der benannten Fähigkeiten miteinander in Konkurrenz rücken können. Der 8. Punkt ihrer Liste benennt, wie dargestellt, die Fähigkeit in Sorge und mit Rücksicht auf die Natur, Tiere und Pflanzen zu leben. Im Punkt 10 (B) hingegen heißt es:

> "Control over one's environment. [...] (B) Material. Being able to hold property (both land and movable goods), [...]"[287]

Natürlich muss nicht zwangsläufig ein Konflikt zwischen der Fähigkeit in Rücksicht auf die Natur zu leben und der Fähigkeit Land (bzw. andere materielle Güter) zu besitzen entstehen. Trotzdem kann dies natürlich der Fall sein und intuitiv ist dieser Gedanke durchaus plausibel. Der Mensch neigt dazu, seine Umwelt nach seinen Bedürfnissen und Vorstellungen zu gestalten und damit zwangsläufig auch die Lebenswelt von Tieren und Pflanzen zu verändern (insbesondere wenn sie rechtlich sein Besitz ist). Nicht selten ist dadurch die Existenz einzelner oder auch mehrerer Arten von Lebewesen bedroht. Die Spannung, die sich daraus ergibt, mag für Nussbaums Konzeption nicht bedrohlich sein, ist aber in jedem Fall nicht ohne Bedeutung, wenn man auf politischer Ebene für die gleichzeitige Förderung dieser Fähigkeiten bei den Bürgern argumentiert.

---

286 Sedmak 2011, 40

287 Nussbaum 2011, 34

3 Zur Kritik am „Capabilities Approach"

Inwiefern die genannten Eigenschaften des Fähigkeitenbegriffes für die vorliegende Untersuchung relevant sind, sollte schon durch die Konfrontation mit der Liste Nussbaums ein Stück weit deutlich geworden sein. Worauf aber laufen diese Überlegungen hinaus? Sedmak zielt auf eine „[...] leise Kritik am Fähigkeitenansatz oder auch am Menschenbild von Amartya Sen und Martha Nussbaum [...]"[288] ab. Er gibt zu bedenken:

> „Die angeführten Eigenschaften von Fähigkeiten lassen davor warnen, in einen ‚Kommoditätsfetischismus' mit Fähigkeiten zu verfallen, als ob Fähigkeiten isolierbare Güter wären, die an Menschen, die wiederum isolierbare Individuen sind, hängen wie besagte Kleider an einem Kleiderhaken."[289]

Im Hinblick auf das Thema dieser Untersuchung, den Begriff des guten Lebens bei Nussbaum, gilt es nun, unter Rücksicht auf diese Reflexionen, einen sensiblen Umgang mit dem Fähigkeitenbegriff zu pflegen, der in einem komplexen Verhältnis zur Identität der jeweiligen Person steht. Der Versuch, einzelne Fähigkeiten im Rahmen einer Gütertheorie des guten Lebens isoliert zu betrachten und zu bewerten, ist folglich mit der Gefahr verbunden, sich in Widersprüche und Spannungen zu verstricken.

3.2 Der Paternalismusvorwurf

Schon in der Darstellung der Abgrenzung von liberalen Vertragstheorien wurde mehrfach angedeutet, dass man gegen Nussbaums Konzeption des Guten den Vorwurf des Paternalismus erheben kann. Der Vorwurf zielt auf Nussbaums Vorstellung einer sehr umfangreichen Zuständigkeit des Staates und der politischen Entscheidungsträger ab. Als Beispiel hierzu eine entsprechende Passage aus *Aristotelian Social Democracy*:

---

288 Sedmak 2011, 41
289 Ebd.

"The idea is that the entire structure of the polity will be designed with a view to these functions. Not only programs of allocation, but also the division of land, the arrangement for forms of ownership, the structure of labor relations, institutional support for forms of family and social affiliation, ecological policy and policy toward animals, institutions of political participation, recreational institutions—all these, as well as more concrete programs and policies within these areas, will be chosen with a view to good human functioning."[290]

Die Konzeption ihrer *Liste der zentralen Fähigkeiten* führt Nussbaum mehr oder weniger zu einer Selektion aus einer zunächst unbegrenzten Anzahl von Konzeptionen des guten Lebens. Dies sagt sie auch ganz dezidiert:

"Some conceptions of the good are indeed ruled out by the insistence on our list of functions. But many alternatives are left in."[291]

Wenn es um die *Konzeption eines guten Lebens* geht, muss die Ebene der theoretisch verfügbaren *Fähigkeiten* in Richtung praktischer *Tätigkeiten* (die aufgrund der Fähigkeitenentwicklung möglich sind) überschritten werden, weshalb Nussbaum hier von einer *list of functionings* spricht[292].

Für einen liberalen Skeptiker zeigt sich hier ganz deutlich eine paternalistische Staatsauffassung. Nussbaum ist sich dieses Vorwurfes sehr bewusst und widmet ihm an vielen Stellen ihrer Schriften kritische Aufmerksamkeit. Die am nähesten liegende Entgegnung auf diesen Vorwurf ist der schon mehrfach vorge-

---

290 Nussbaum 1990, 230
291 Ebd., 235
292 Man könnte daraus schließen, dass sie den Paternalismusvorwurf, wenn überhaupt, dann nur auf dieser Handlungsebene diskutabel findet (zumindest an dieser Stelle in *Aristotelian Social Democracy*).

brachte Verweis auf den vagen Charakter der Liste, wodurch lediglich Voraussetzungen benannt werden, innerhalb welcher aber, wenn sie erfüllt sind, vielfältige und sehr individuelle Konzeptionen eines guten Lebens von den Bürgern verfolgt werden können. Diese Argumentation verfolgt das zweifache Ziel, sich einerseits als grundsätzlich liberalen Ansatz zu positionieren und sich andererseits gleichzeitig vom Verdacht des Paternalismus entfernen zu können. Doch der Paternalismusbegriff ist wesentlich diffiziler, als es auf den ersten Blick den Anschein hat. Im Folgenden soll daher eine eingehendere Untersuchung als bisher zu diesem – möglicherweise schwerwiegendsten – Vorwurf an Nussbaums Konzeption durchgeführt werden.

Im Gegensatz zu Amartya Sen arbeitet Nussbaum mit einer substantiellen Konzeption des Guten, welche sich in der *Liste der zentralen Fähigkeiten* ausdrückt. Sie möchte mit dieser Liste einen universalistischen Gerechtigkeitsansatz begründen, wobei im Selbstverständnis die einzelnen Komponenten basale Forderungen an eine gerechte Gesellschaftsordnung darstellen. Ob aus diesem Anspruch zurecht ein paternalistischer Vorwurf abgeleitet werden kann, soll im Folgenden näher untersucht werden. Zunächst werden dazu entsprechende Stellen diskutiert, die sich direkt mit diesem Vorwurf beschäftigen und die sich vorwiegend in *Women and Human Development*[293] finden. Im Zusammenhang damit erfolgt dann eine allgemeine Analyse des Paternalismusbegriffes, um die Gültigkeit des Vorwurfes näher bestimmen zu können.

Als Ausgangspunkt sollen zunächst zwei Zitate von Nussbaum in Bezug auf den Paternalismusvorwurf betrachtet werden.

Das erste Zitat zeigt eine sehr allgemein gehaltene Interpretation des Paternalismusbegriffes bei Nussbaum:

---

293   Vgl. Nussbaum 2000, 51–55

> "The issue of paternalism arises in different ways when we think about a national state's relation to its citizens, and when we think about the relationship between a system of international law to the various national states."[294]

Mit dem folgenden zweiten Zitat legt Nussbaum die Struktur der Abwehr dieses Vorwurfes fest, indem sie staatliches Handeln im Sinne ihrer *Liste der zentralen Fähigkeiten* in einen direkten Zusammenhang mit der Beförderung der Autonomie des Einzelnen bringt:

> "We dislike paternalism, insofar as we do, because there is something else that we like, namely each person's liberty of choice in fundamental matters. It is fully consistent to reject some forms of paternalism while supporting those that underwrite these central values, on an equal basis."[295]

In einem sehr allgemeinen Sinn könnte man jede rechtliche Vorschrift als paternalistisch betrachten, insofern sie die Freiheit des Einzelnen zugunsten einer Überzeugung, was für den Einzelnen oder die Gesellschaft als Ganzes gut ist, beschneidet. Um den Paternalismusvorwurf zu verstehen muss man aber nun zwei Arten von Rechtsvorschriften unterscheiden: Jene, die das Ziel verfolgen durch die Beschneidung einer Freiheit des Einzelnen das Wohl und die Freiheit anderer Menschen zu sichern und jene Rechtsvorschriften, welche die Freiheit des Einzelnen einschränken ohne dass dies unter der Absicht erfolgt damit die Gesellschaft, respektive deren Rechte, zu schützen. Lediglich Vorschriften der zweiten Kategorie würden wohl von den meisten Menschen als paternalistisch betrachtet werden. Eines der meistgenannten Beispiele, welches auch von Nussbaum verwendet wird[296], ist die allgemeine Angurtpflicht für Autofahrer

---

294 Ebd., 52
295 Nussbaum 2000, 53
296 Vgl. Ebd.

oder die Helmpflicht für Motorradfahrer. Ein Beispiel für die erste Kategorie, wäre das Verbot seine Mitbürger körperlich anzugreifen. Streng betrachtet handelt es sich dabei auch um eine paternalistische Vorgabe, jedoch zielt sie auf den Schutz des Rechts aller Gesellschaftsmitglieder auf körperliche Integrität und Unversehrtheit ab.

Doch so einfach kann hier keine Abgrenzung getroffen werden. Man könnte argumentieren, dass auch durch die genannte Angurt- und Helmpflicht die Rechte und Bedürfnisse Dritter geschützt werden sollen, beispielsweise die der Versichertengemeinschaft, die im Falle des Unfalles eines helmlosen Motorradfahrers womöglich wesentlich höhere Kosten für Krankenversorgung und Rehabilitation zu tragen hätte. Oder die Bedürfnisse der Angehörigen potentieller Unfallopfer, die ohne Gurt- und Helmpflicht Gefahr laufen, ihre Familienmitglieder und Freunde zu verlieren, was sowohl schwere emotionale als auch materielle Folgen haben kann (letzteres wenn von einem Unfall z. B. der Hauptverdiener einer Familie betroffen ist). Insofern dürfte es schwierig sein, eine klare Grenze zwischen Rechtsvorschriften und Gesetzen zu ziehen, deren Beachtung negative Auswirkungen für die Gesellschaft (bzw. einzelner Gruppen, z. B. Autofahrer) verhindern sollen und jenen, die aufgrund ihrer zweifelhaften Notwendigkeit umstritten sind und daher oft als (rein) paternalistisch wahrgenommen werden. Es handelt sich um den klassischen Konflikt zwischen Freiheit und Sicherheit, welcher das Spannungsfeld markiert, innerhalb dessen die Paternalismusdiskussion geführt wird. Soweit zum Ausgangspunkt.

Um beurteilen zu können, ob ein so komplexer Ansatz wie der *Capabilities Approach* in der Version Martha Nussbaums nun paternalistisch ist oder nicht, reicht dieser Standort aber nicht aus. Es ist notwendig, den Paternalismusbegriff differenzierter und auf einer abstrakteren, formaleren Ebene zu betrachten. In der *Stanford Encyclopedia of Philosophy* unterscheidet Dworkin[297] verschiedene Varianten des Paternalismus. Vorweg merkt er aber an, dass im Allgemeinen Unklarheit darüber herrscht, ob es sich beim Paternalismus um ein deskriptives oder normatives Konzept handelt[298]. Eine diesbezügliche Spannung scheint dem Begriff bzw. Konzept jedenfalls inhärent zu sein. Dworkin verdeutlicht diese Spannung folgendermaßen:

> "Is application of the concept a matter for empirical determination, so that if two people disagree about the application to a particular case they are disagreeing about some matter of fact or of definition? Or does their disagreement reflect different views about the legitimacy of the application in question?"

Da der Paternalismusbegriff im Allgemeinen ausschließlich negativ verwendet wird, stellt sich die Frage, welche Dworkin hier aufwirft, umso mehr. Mit der Diagnose des Paternalismus ist ein negatives Urteil verbunden. In einem strengen Sinn ist aber jede Gesetzesordnung, jede Verfassung und jedes Verbot paternalistisch. Die Alternative wäre vollständige Anarchie oder, philosophiegeschichtlich gesprochen: Die Rückkehr zum Naturzustand. Die Frage, ob politische Konzeptionen paternalistisch sind, stellt sich daher nicht in einem rein deskriptiven Sinn, sondern auf einer normativen Ebene. Die Frage muss dementsprechend lauten, ob die Vorschrift oder das Gesetz rechtfertigbar bzw. zustimmungsfähig ist. Sollte dies der Fall sein, dann entfällt der Paternalismusvorwurf, insofern dieser ja nur in einem negativen Sinne als Vorwurf, verbunden mit einer substantiellen Ablehnung, erhoben wird. Gleichzeitige Zustimmung und Ablehnung stellen aber eine Antinomie dar.

---

297 Dworkin 2010: *Paternalism*, in: Stanford Encylopedia of Philosophy, http://plato.stanford.edu/entries/paternalism/
(abgerufen am 10. 03. 2012)

298 Vgl. Ebd.

Dworkin[299] formalisiert den Sachverhalt des Paternalismus folgendermaßen: X verhält sich gegenüber Y durch die Anwendung von Z dann paternalistisch, wenn folgende Bedingungen erfüllt sind:

1. Z (bzw. die damit intendierte Unterlassung) beeinträchtigt die Freiheit bzw. Autonomie von Y.
2. X wendet Z ohne die Zustimmung von Y an.
3. X tut dies rein aus dem Grund, weil Z dem Wohl von Y dient.

Es wäre nun also zu fragen, ob die politische Agenda der *Liste der zentralen Fähigkeiten* Nussbaums diese Bedingungen erfüllt, wenn sie von der Regierung eines Landes oder einer anderen politischen Körperschaft als normatives Soll für die Bürger ausgezeichnet wird.

Zur 1. Bedingung: Nussbaum würde es vehement verneinen, dass die *Liste der zentralen Fähigkeiten* (in unserem Formalisierungsschema: Z) die Freiheit oder Autonomie des Einzelnen beeinträchtigt. Ihre Argumentation diesbezüglich wurde schon in den vorangehenden Abschnitten genannt: Die Befähigung der Bürger im Sinne der Liste soll ja im Gegenteil gerade den Freiheitsgrad der Bürger (und damit ihre Fähigkeit zur autonomen Lebensführung) erhöhen. Dies wird noch durch den Grundsatz unterstrichen, dass bei Nussbaum lediglich die Befähigung das Ziel ist, nicht aber die Fähigkeiten dann in einer bestimmten Weise verpflichtend zu gebrauchen. Wenn Nussbaum beispielsweise fordert, dass jeder Mensch fähig sein sollte zu lachen und zu spielen (in welcher Weise auch immer), dann intendiert sie damit die Herausbildung der Fähigkeit sich zu entspannen, sich vom Alltag für eine gewisse Zeit frei- bzw. zurücknehmen zu können usw. Es ist aber damit natürlich nicht das Ziel verbunden, diese Fähigkeit dann in einer festgelegten Weise zu gebrau-

---

299 Vgl. Ebd.

chen. Jemand der befähigt ist, sich eine Stunde täglich für Spiel und Erholung Zeit zu nehmen und diese Auszeit zu genießen, kann dann immer noch die Entscheidung treffen, auf diese Möglichkeit zu verzichten und stattdessen länger zu arbeiten. Wer die Fähigkeit besitzt, sich ausreichend zu ernähren, kann trotzdem die Entscheidung treffen, zu fasten. Der Begriff der freien Handlung setzt hier eine Wahl unter Alternativen voraus. Ohne bestimmte Fähigkeiten besteht aber keine Möglichkeit zur freien Wahl zwischen verschiedenen Handlungsalternativen. Jemand der aus Not hungert hat nicht die freie Wahl satt zu sein bzw. (in der weiteren Folge) gesund zu sein (zweiter Punkt auf Nussbaums Liste).

Hinsichtlich der ersten Bedingung wäre Nussbaums Konzeption also genau dann paternalistisch, wenn die politischen Vorstellungen, die sich aus der *Liste der zentralen Fähigkeiten* ergeben, zu einer ganz bestimmten Handlungsweise führen sollen. Dies ist ganz offensichtlich nicht der Fall. Insofern ist Nussbaums Konzeption nicht paternalistisch im Sinne dieser ersten Bedingung.

Zur zweiten Bedingung („X tut dies ohne Zustimmung von Y"): Eine Regierung, welche sich die Inhalte der *Liste der zentralen Fähigkeiten* Nussbaums zu eigen macht und zum Ziel politischen Handelns erklärt, würde, so der Vorwurf, paternalistisch handeln, wenn sie dies ohne Zustimmung der Bevölkerung tut. Hier gilt es zunächst die Möglichkeiten zu unterscheiden, welche die Liste Nussbaums innerhalb einer politischen Konzeption einzunehmen in der Lage ist. Nach ihrer eigenen Überzeugung eignet sich die Liste vor allem als Bezugsrahmen für Verfassungen[300].

Da Nussbaum die *Liste der zentralen Fähigkeiten* als Liste fundamentaler Ansprüche betrachtet, ist jede (nationale) Regierung

---

300 Vgl. Nussbaum 2011, 166f.

aufgefordert, diese Ansprüche bzw. Fähigkeiten bei den Bürgern zu sichern, um in einem minimalen Sinne als gerecht zu gelten:

> "I envisage the account of Central Capabilities and of the threshold as a source of political principles that can be translated into a set of (minimally) just political institutions. I have particularly connected the capabilities list to the part of a nation's written constitution (or of its unwritten constitutional principles, if it has no written constitution) that elaborates citiziens' fundamental entitlements."[301]

Nussbaum geht davon aus, mit ihrer Liste einen übergreifenden Konsens (*overlapping consensus*) formulieren zu können, unabhängig von verschiedenen kulturellen oder religiösen Strömungen. Sollte dies der Fall sein, dann entfällt der Paternalismusverdacht zumindest hinsichtlich der Verwendung der Liste in der sehr allgemeinen Form einer staatlichen Verfassung oder in Form von stillschweigend akzeptierten und geteilten Prinzipien und Vorstellungen über eine grundsätzlich gerechte Gesellschaft.

Schwieriger wird es aber auf der operativen Ebene der konkreten Gesetzgebung. Verfassungsparagraphen muss auf der Ebene der konkreten Gesetzgebung Rechnung getragen werden. Konkrete Gesetze und Vorschriften im Sinne der Nussbaum'schen Liste könnten dann schon eher im Sinne der zweiten Bedingung den Tatbestand des Paternalismus erfüllen, insofern ihnen möglicherweise Teile der Bevölkerung nicht zustimmen. Hier stellt sich aber sofort in der Erwiderung die Frage nach der Verhältnismäßigkeit des Paternalismusvorwurfes. Es ist kaum davon auszugehen, dass es jemals einen Staat geben wird, dessen Bürger geschlossen allen niedergeschriebenen Gesetzen voll umfänglich zustimmen. Wenn aber auf der Ebene der Verfassung eine substantielle Zustimmung zur Zielsetzung der Nussbaum'schen Liste erreicht wird, müsste eine von einem gesellschaftlichen Konsens

---

301 Ebd., 166

getragene Realisierung auf der Ebene der einfachen Gesetze möglich oder sogar wahrscheinlich sein.

Prinzipiell ist davon auszugehen, dass sich die angeführte zweiten Bedingung des Paternalismus in demokratisch eingerichteten Staaten nicht nachweisen lässt, zumindest nicht in einem Sinne, der die Legitimität der Liste in Frage stellen könnte, so sie denn tatsächlich zu einem Bezugsrahmen des politischen Handelns erhoben wird. In nicht demokratisch regierten Staaten entfällt die zweite Bedingung insofern, als hier prinzipiell jede politische Agenda, unabhängig von ihrer inhaltlichen Ausrichtung, ohne die Zustimmung der Bevölkerung erfolgt, respektive eine solche Zustimmung nicht ausschlaggebend für die Gesetzgebung ist.

Zur dritten Bedingung („X tut dies rein aus dem Grund, weil Z dem Wohl von Y dient"): Diese Bedingung stellt den positiven Aspekt des Paternalismus dar, der darin liegt, dass ein paternalistisch Handelnder (eine Person oder auch eine politische Institution) immer das Wohl der betroffenen Menschen im Auge hat. Natürlich schließt das nicht die Möglichkeit aus, dass die paternalistisch Handelnden von falschen oder moralisch verwerflichen Überzeugungen geleitet werden und damit tatsächlich dem Wohl der Zielgruppe gerade nicht gedient ist. Aber die Intention paternalistisch Handelnder ist grundsätzlich mit der Überzeugung verbunden, mit ihren Handlungen richtige bzw. gute Konsequenzen für die Zielgruppe zu erreichen. Und dies trifft dann natürlich auch auf Nussbaums Konzeption zu. Insofern wäre diese dritte Bedingung des Paternalismus erfüllt. Allerdings stellt sich hier die Frage, ob sich daraus überhaupt ein Problem ergibt. Ist es überhaupt möglich zu regieren, ohne dabei in irgendeiner Weise das Wohl der Bevölkerung im Auge zu haben? Und falls ja: Wäre es denn wünschenswert, von Politikern regiert zu werden, die explizit nicht das Wohl des Volkes im Blickfeld ihrer Handlungen und Entscheidungen haben?

Anhand der durchgeführten Analyse lässt sich der Paternalismusvorwurf gegenüber dem *Capabilities Approach* Martha Nussbaums' nur schwer aufrecht erhalten. Lediglich eine der drei axiologischen Bedingungen, welche Dworkin nennt, wird durch den Ansatz erfüllt – und dabei handelt es sich auch noch um jenen Aspekt, der im Allgemeinen paternalistischen Konzeptionen positiv angerechnet wird. Vertritt man allerdings die Position, dass die Erfüllung jeder der drei Bedingungen für sich hinreichend ist, um eine Konzeption als paternalistisch auszuweisen, dann würde dies natürlich auch auf den *Capabilities Approach* zutreffen.

Eine solche Argumentation wäre aber einigermaßen absurd, da ja das Ziel einer jeden Ethikkonzeption auf ein – wie auch immer zu verstehendes – Gut bzw. gutes Leben abzielt. Normative Ethiken verweisen a priori auf eine bestimmte Konzeption eines guten Lebens, ihre Aussagen werden überhaupt erst unter dieser Hinsicht verständlich.

Die Strategie, wie sich Nussbaum selbst dem Paternalismusvorwurf in *Human and Women Development* zu erwehren versucht, ist darauf angelegt nachzuweisen, dass ihr Ansatz gerade das Gegenteil einer paternalistischen Konzeption darstellt, insofern dieser den Freiheitsgrad der Menschen erhöhen und nicht einschränken will. Menschen als Bürger sollen durch entsprechende Ausbildung ihrer zentralen Fähigkeiten in die Lage versetzt werden, vernünftige Entscheidungen in Freiheit zu treffen. Sie weist auch darauf hin, dass der Vorwurf des Paternalismus meist von Personen oder Gruppen erhoben wird, die ein bestehendes System an Regeln und Beschränkungen verteidigen wollen, welches ihrerseits wesentlich paternalistischer sein dürfte – das Beispiel patriachaler Traditionen und der damit einhergehenden Unterdrückung von Frauen wird diesbezüglich immer wieder von Nussbaum in die Diskussion eingeführt[302]. Bemühungen, die

---

302 Vgl. z. B. Nussbaum 2000, 53

aus solchen Traditionen hervorgehenden Ungerechtigkeiten zwischen den Geschlechtern zu unterbinden, sind dann ihrerseits dem Paternalismusverdacht ausgesetzt:

> "The Indian Constitution is in that sense 'paternalistic,' when it tells people that it is from now on illegal to treat women as unequal in matters of property and civil capacity, or to discriminate against people on grounds of caste or sex. More generally any system of law is "paternalistic," keeping some people from doing some things that they want to do. But that is hardly a good argument against the rule of law, or, more generally, against opposing the attempts of some people to tyrannize over others."[303]

Hier wird laut Nussbaum nun auch der graduelle Unterschied zu den klassisch im Zusammenhang mit dem Paternalismus gehandelten Fällen deutlich (Angurt- und Helmpflicht im Straßenverkehr).

> "[...] because there are issues of justice involved: people are being harmed; the freedom of some to pursue their good is interfering with the legitimate pursuits of others."[304]

Die Förderung der Möglichkeit, freie Entscheidungen zu treffen, soll durch die Ausbildung der zentralen Fähigkeiten gestützt werden. In *Frontiers of Justice* führt Nussbaum ihre Liste in der gewohnten Weise ein[305], ergänzt dann aber bei einigen Punkten, zumeist in Klammern gesetzt, welche Freiheiten durch den jeweiligen Punkt geschützt bzw. gefördert werden müssen, um, so lässt sich folgern, paternalistische Strukturen zu verhindern. Dazu ein Beispiel. Unter dem siebten Punkt heißt es:

---

303 Ebd.
304 Nussbaum 2000, 53
305 Vgl. Nussbaum 2006, 76–78

> "*Affiliation.* A. Being able to live with and toward others, to recognize and show concern for other human beings, to engage in various forms of social interaction; to be able to imagine the situation of another. (Protecting this capability means protecting institutions that constitute and nourish such forms of affiliation, and also protecting the freedom of assembly and political speech.)"[306]

Zunächst wird also eine Fähigkeit beschrieben, die in ihrer Art für Nussbaum zentral für den Menschen ist. Durch die Art der Formulierung wird damit ein normatives Ziel benannt. Dieser Zustand soll erreicht werden. Dazu sind aber auf der operativen Ebene der Politik Maßnahmen und Rahmenbedingungen notwendig. Insbesondere zu letzteren gehören die verschiedenen Freiheitsrechte, die sich so oder ähnlich in den verschiedensten Grundrechtschartern und den Verfassungen freiheitlich-demokratischer Staaten finden. In ähnlicher Weise wird unter dem 3. Punkt der Liste in der gleichen Quelle von Nussbaum gefordert:

> "3. *Bodily integrity.* Being able to move freely from place to place; to be secure against violent assault, including sexual assault and domestic violence; having opportunities for sexual satisfaction and for choice in matters of reproduction."[307]

Das Schema ist wieder ähnlich: Auch hier benötigt die Entwicklung einer Fähigkeit die Freiheit, in einer gewissen Weise tätig zu werden. Dem entspricht auch die Formalisierung des Fähigkeitenbegriffes, demzufolge es sich in der Liste um kombinierte Fähigkeiten handelt, welche aus der Kombination von internen Fähigkeiten und äußeren Umständen bzw. Möglichkeiten entstehen.

---

306   Ebd., 77. Hervorhebung im Original, J.N.
307   Nussbaum 2011, 33. Hervorhebung im Original, J.N:

Da der *Capabilities Approach* auf einer fundamentalen Ebene, wie dargestellt, die Sicherung von Freiheitsrechten einfordert, läuft der Paternalismusvorwurf ins Leere. Denn der Hauptkritikpunkt am Paternalismus ist ja, wie sich auch aus der Kombination von Dworkins ersten und zweiten Axiom ergeben hat, gerade jener der Beschneidung der persönlichen Freiheit.

Um allen Menschen gewisse grundlegende Freiheiten zu ermöglichen (und genau darauf scheint in der Analyse das Anliegen des *Capabilities Approach* hinauszulaufen), müssen aber bestimmte andere Freiheiten beschnitten werden, wenn sich diese nicht verallgemeinern lassen und ihrerseits mit den grundlegenden Freiheitsrechten anderer Menschen in Konflikt geraten. Ein Beispiel dafür wäre die Freiheit eines Großgrundbesitzers, seine Landarbeiter wie Eigentum zu halten und wie Vieh zu behandeln. Da hier die Freiheit eines Einzelnen in Konflikt mit den fundamentalen Freiheitsrechten vieler Menschen gerät und im Sinne einer dem *Capabilities Approach* entsprechenden ethischen Prüfung als nicht schützenswert befunden werden würde, muss diese Freiheit tatsächlich eingeschränkt bzw. abgeschafft werden. Nussbaum weist darauf hin, dass selbst liberale Hardliner unter den Philosophen, wie etwa John Stuart Mill, in so einer Vorgehensweise kein Problem sehen und staatliche Interventionen als notwendig erachten würden[308].

Eine (partielle) Einschränkung: Erziehung und Ausbildung

Es gibt einen Bereich, welchem Nussbaum innerhalb ihrer Konzeption große Bedeutung zuerkennt und in welchem sich der Paternalismusvorwurf nicht zur Gänze widerlegen lässt: Ausbildung und Erziehung (wobei die Zielgruppe hier von der Autorin, wie sich zeigen wird, nicht auf Kinder und Jugendliche eingeschränkt wird). Legt man den strengen Maßstab der drei Axiome Dworkins zugrunde, dann handelt es sich bei der in vielen Län-

---

308 Vgl. Nussbaum 2000, 53

dern weltweit geltenden Schulpflicht um eine Form des Paternalismus. Zumindest die erste und dritte Bedingung wäre vollauf erfüllt. Die zweite Bedingung (welche die fehlende Zustimmung des Betroffenen zu der paternalistischen Maßnahme benennt) wäre wohl zumindest teilweise erfüllt – unabhängig davon, dass es gute Gründe für einen verpflichtenden Schulbesuch gibt und auch unabhängig davon, dass es gute Gründe gibt, Kinder und Jugendliche bis zu einem bestimmten Alter hier nicht alleine entscheiden zu lassen. Im Bereich der Bildung und Erziehung, dem ein gewisser Paternalismus stets inhärent zu sein scheint (beispielsweise machen selbst alternative und explizit antiautoritäre Schulformen zumindest die paternalistische Vorgabe, dass die Kinder regelmäßig am Unterricht teilnehmen müssen, um die Schule langfristig besuchen zu können). Entscheidend ist dann weniger die Frage, ob hier ein Paternalismus vorliegt, sondern ob dieser als legitim angesehen wird. Entscheidend hierfür dürfte sein, inwiefern die paternalistischen Interventionen (z. B. die Schulpflicht) die Selbstbestimmungsfähigkeit des Einzelnen erhöhen. Oder, wie es Steckmann formuliert: „Das vorrangige Kriterium für die Legitimität paternalistischer Interventionen besteht darin, dass diese selbstbestimmungsfunktional sind."[309]

Klar scheint aber, dass die Befähigung im Sinne der Nussbaum'schen Liste eine umfassende Erziehung und Bildung erfordert, welche wohl nach ihr (mit Bezugnahme auf Aristoteles) nicht mit einer gewissen Altersgrenze hinfällig wird. So liest man in *Aristotelian Social Democracy*:

> "The Aristotelian aim should be understood along the lines of what has been called institutional, rather than residual, welfarism. That is, politics does not just wait to see who is left out, who fails to do well without institutional support, and then step in to bail these people out. [...] In a similar way, the Aristotelian conception (and Aristotle himself) promotes

---

[309] Steckmann 2010, 110f.

> a comprehensive scheme of health care and a complete plan of public education for all citizens over a complete life, rather than simply giving aid to all those who cannot afford private health care and private education."[310]

Indem von Nussbaum die Variante gewählt wird, lediglich etwas zur Verfügung zu stellen, entgeht sie auch hier wieder dem Verdacht, paternalistischen Interventionen des Staates Vorschub zu leisten, denn was lediglich zur Verfügung gestellt wird, muss natürlich deswegen noch nicht genutzt werden. Doch zeigt sich hier eine indirekte Rücksicht, unter der ein solch umfassendes Gesundheits- und Erziehungssystem doch Gefahr läuft, paternalistische Tendenzen anzunehmen. Denn ein dermaßen umfangreiches Angebot, welches der Staat nach Nussbaums Sichtweise zur Verfügung stellen muss, erfordert einen hohen finanziellen Aufwand. Geld, welches alle Bürger durch ihre Steuern und Abgaben zuvor aufbringen müssen. Der starke Wohlfahrtsstaat, der von Nussbaum zwangsläufig gefordert werden muss, wird nun nicht automatisch von jedem Volk als Teil des von ihr präferierten *overlapping consensus* betrachtet werden. Insbesondere Länder mit starken liberalen Traditionen, wie beispielsweise Großbritannien und die USA, dürften wohl deutliche Vorbehalte gegen eine solche politische Konzeption haben. Dies ist sicherlich ein grundsätzliches Problem des Nussbaum'schen Ansatzes. Sie selbst sieht hier eine Sensibilität für lokale Traditionen als notwendig an:

> "In such cases, the Aristotelian must aim at some concrete specification of the general good that suits, and develops out of, the local conditions. This sensitivity will help the Aristotelian to answer the charge of paternalism."[311]

---

310   Nussbaum 1990, 228
311   Nussbaum 1990, 236

3 Zur Kritik am „Capabilities Approach"

Was könnte das bezüglich der Frage nach der Finanzierung des von ihr geforderten umfangreichen Gesundheits- und Bildungssystems bedeuten? Zu den im Zitat genannten *lokalen* Bedingungen scheint es nun offensichtlich manchmal zu gehören, der staatlichen Obrigkeit so skeptisch gegenüberzustehen, dass als Folge die Bereitschaft, Steuern und Abgaben zu bezahlen, deutlich limitiert ist – und sich dies naturgemäß massiv auf die Handlungs- und Gestaltungsfähigkeit des jeweiligen Staates auswirkt.

Hier wird ganz offensichtlich eine grundsätzliche Fragestellung aufgeworfen, welche auch und gerade Nussbaum nicht ignorieren kann. Dies soll anhand des Beispiels der von US-Präsident Barack Obama 2010 umgesetzten Reform der Gesundheitsversorgung gezeigt werden. Diese Reform hatte in der Praxis zum Ziel, was Nussbaum auf der theoretischen Ebene fordert: Die gesetzlich sichergestellte Aufnahme in eine Krankenversicherung und dadurch den Zugang zu einem umfangreichen Gesundheitssystem für alle Bürger. Von der Unterzeichnung im März 2010 an sollen so schrittweise 32 Millionen Menschen versichert werden, die es bisher nicht waren. Obama musste lange für diese Reform kämpfen, wobei seine, dem konservativen Lager der Republikaner zuzurechnenden Gegner ihm vorwarfen, durch die Reform einer sozialistischen und kommunistischen Umwandlung des Landes Vorschub zu leisten. Eine vertiefende Analyse dieser Gesundheitsreform und des damit zusammenhängenden politischen und gesellschaftlichen Konfliktes kann hier zwar nicht geleistet werden. Jedoch lässt sich sagen: Große Teile der amerikanischen Öffentlichkeit sehen es offenbar äußerst skeptisch, wenn die herrschende politische Klasse Maßnahmen treffen will, die doch eigentlich dem Wohle der Bevölkerung dienen sollen. Es werden solche Maßnahmen offensichtlich als paternalistisch empfunden, insofern dem Wert der Autonomie des Einzelnen und seiner eigenen Verantwortung für seine Gesundheitsversorgung eine höhere Bedeutung beigemessen wird, als, in letzter Konsequenz, seinem physischen Überleben.

Es besteht also durchaus die Möglichkeit, dass im Spannungsverhältnis zwischen Freiheit und Gerechtigkeit, zwischen Autonomie und öffentlicher Fürsorge, viele Menschen die Entwicklung fundamentaler Fähigkeiten (wie sie von Nussbaum genannt werden[312]) bei *allen* Bürgern, als nachrangig angesehen wird, sobald ein kritischer Punkt überschritten wird, der mit dem eigenen Autonomieverständnis nicht mehr vereinbar ist. Ein Beispiel dafür wären im Fall der US-Gesundheitsreform die Vertreter der konservativen *Tea-Party*, welche den Wert ihrer teils libertären Grundsätze als scheinbar so fundamental betrachten, dass eine Kompatibilität mit der gerechtigkeitstheoretischen Konzeption Nussbaums schlicht nicht mehr möglich erscheint. Der Grund dafür könnte von einem liberalen (insbesondere aber wohl einem libertären Standpunkt) tatsächlich mit paternalistischen Aspekten der Konzeption begründet werden. Hier spielt der Wert, welcher persönlichem Eigentum und Besitz beigemessen wird, eine besonders gewichtige Rolle.

Ergebnis der Untersuchung zum Paternalismusvorwurf gegen den *Capabilities Approach*

Als Fazit kann an dieser Stelle also festgehalten werden, dass der Vorwurf des Paternalismus, wenn er gegenüber dem *Capabilities Approach* in der formalen Version Martha Nussbaums vorgebracht wird, nicht gerechtfertigt ist. Ein Vergleich mit den grundsätzlichen Bedingungen des Paternalismus nach Dworkin hat gezeigt, dass nur eine von drei axiologischen Bedingungen erfüllt wäre („X tut dies rein aus dem Grund, weil Z dem Wohl von Y dient"). Es stellt sich die Frage, ob die Erfüllung dieser dritten Bedingung nun ein hinreichendes (und nicht nur ein

---

312 Hier konkret der 2. Punkt der aktuellen Liste Nussbaums, welcher sich auf die Fähigkeit bezieht, sich bei guter Gesundheit zu befinden.

notwendiges) Merkmal einer paternalistischen Konzeption ist. Zu fragen wäre auch, ob durch die hier zur Diskussion stehende Bedingung nicht lediglich ein trivialer Sachverhalt ausgedrückt wird – nämlich, dass wir Menschen (sowohl als Individuen als auch als organisiertes Gemeinwesen) immer auf das (wie auch immer zu definierende) Gute ausgerichtet sind. Was immer eine Gesellschaft auch an Regelungen und Gesetzen beschließt, immer dienen sie letztlich einer bestimmten Vorstellung des Guten. Einer Gerechtigkeitskonzeption also Paternalismus vorzuwerfen, weil sie, im Sinne der dritten Bedingung Dworkins, eine bestimmte Überzeugung des Guten vertritt, wirkt ziemlich absurd.

Damit ist aber der Paternalismusvorwurf zunächst nur auf der formalen Ebene der Konzeption widerlegt, nicht unbedingt auf der praktisch-politischen Ebene. Viel hängt davon ab, wie im konkreten Fall einzelne der anvisierten Fähigkeiten bei den Bürgern durch staatliche Interventionen gefördert werden sollen und wie diese Förderung durch die jeweilige Bevölkerung empfunden wird.

Der *Capabilities Approach* als Ganzes zielt auf die Operationalisierung eines Verständnisses minimaler sozialer Gerechtigkeit. Einzelne staatliche bzw. politische Maßnahmen, die dabei helfen sollen dieses Ziel zu erreichen, könnten in ihrer konkreten Umsetzung paternalistische Züge annehmen, wenn sie den Raum allgemeiner Zustimmbarkeit innerhalb einer (lokal) gegebenen Bevölkerung verlassen. Dies wiederum, so die nahe liegende Vermutung, kann insbesondere dann schnell passieren, wenn die entsprechenden staatlichen Maßnahmen einen hohen finanziellen Aufwand seitens der Allgemeinheit erfordern und dies mit (lokal) tiefsitzenden liberalen bzw. libertären Grundhaltungen kollidiert.

3.3 Der Vorwurf der mangelnden kulturellen Sensibilität und die Rolle der Religion

In engem Zusammenhang mit dem Paternalismusvorwurf steht ein zweiter zentraler Kritikpunkt am *Capabilities Approach* Martha Nussbaums'. Es handelt sich dabei um den Vorwurf, dass Nussbaums explizit essentialistischer Ansatz mit seinem universalistischen Anspruch mangelnde Sensibilität für die unterschiedlichen Kulturen, Traditionen und Sitten weltweit zeige. Der Ansatz, so der Vorwurf, sei im westlichen Kulturkreis entstanden und begründet worden. Eine Übertragung auf fremde Kulturen und Völker sei deshalb unzulässig und eben auch paternalistisch. Aber selbst im westlichen Kulturraum, ja sogar innerhalb eines Nationalstaates, so könnte das Argument ausgedehnt werden, gibt es so fundamental unterschiedliche Sichtweisen, die einen essentialistischen Ansatz wie jenen Nussbaums infrage zu stellen vermögen. Es sei hier auf das zuletzt besprochene Beispiel der US-amerikanischen Gesundheitsreform verwiesen (also ein Projekt welches durchaus kompatibel mit dem Grundanliegen der Nussbaum'schen Liste zu sein scheint), welches gut zu zeigen vermag, wie selbst innerhalb eines westlichen Nationalstaates eine bestimmte Politik der Fürsorge einen tiefen Riss innerhalb eines Kulturraumes zu Tage treten lässt.

Inwiefern Nussbaums Ansatz paternalistische Aspekte in sich trägt, wurde bereits untersucht. Im Folgenden interessiert daher der spezifische Vorwurf der mangelnden kulturellen Sensibilität, welche sich aus dem essentialistischen Charakter der Konzeption ebenso speist wie aus dem darin liegenden Anspruch der universellen Gültigkeit.

Nussbaum greift den Vorwurf mangelnder Rücksichtnahme auf unterschiedliche kulturelle Traditionen bereits in *Woman and Human Development* auf, konzentriert sich hier aber sehr spezifisch auf die Frage, inwiefern diese Vorwürfe im Umkehrschluss unter einer geschlechtsspezifischen Perspektive patriachale

Strukturen legitimieren[313]. Der Fokus richtet sich hier wiederum sehr stark auf Indien. In *Creating Capabilities*[314] wird der Vorwurf von ihr auf einer allgemeineren Ebene untersucht, weshalb die folgende Rekonstruktion und Diskussion der Argumente maßgeblich auf diesem Werk basieren.

Der Vorwurf lässt sich in zwei Aspekte aufteilen, welche getrennt voneinander zu betrachten sind:

a. Vorwurf des westlichen Imperialismus. These: Der *Capabilities Approach* ist westlichen Ursprungs, die Forderung, ihn weltweit als politische Konzeption anzuwenden daher ein unzulässiger imperialistischer Akt.
b. Vorwurf der mangelnden kulturellen Sensibilität. These: Dem *Capabilities Approach* liegt eine essentialistische Konzeption des Menschen zugrunde, weshalb er sich nicht ausreichend sensibel gegenüber teilweise stark differierenden lokalen Traditionen zeigen kann.

Der Vorwurf des westlichen Imperialismus, welchem durch den *Capabilities Approach* Vorschub geleistet werden soll, ist von der Struktur her eng verwandt mit dem Paternalismusvorwurf, jedoch nicht deckungsgleich. Nussbaum vermag dem Vorwurf durch einige Anmerkungen wirkungsvoll entgegenzutreten. So führt sie zunächst an, dass die Begründer des *Capabilities Approach* (wozu sie neben sich und Amartya Sen offenbar auch enge Mitarbeiter zählt, welche ihre eigene Arbeit, insbesondere während der Zeit für WIDER, unterstützt haben) mitnichten nur westlichen Ursprungs sind. Auch die Gründungsmitglieder der von ihr und Sen ins Leben gerufenen *Human Development and Capability Association* seien aus unterschiedlichen Nationen mit sehr unterschiedlichen kulturellen und religiösen Tradi-

---

313 Vgl. Nussbaum 2000, insbesondere 1–58
314 Vgl. Nussbaum 2011, 101–112

tionen, u. a. aus Pakistan, Japan, Brasilien, den Niederlanden, Bangladesh, Großbritannien und den USA.³¹⁵ Insofern sei die Behauptung, der *Capabilities Approach* sei rein westlicher Natur, zumindest stark in Zweifel zu ziehen.

Nussbaum sieht ihren eigenen Ansatz als engen Verbündeten (wenn nicht gar als eine Variante) von Menschenrechtsansätzen³¹⁶, weshalb sie sich gegen die gleichen Argumente erwehren muss, die auch gegen andere Ansätze dieser Art vorgebracht werden. In ihrer Erwiderung auf den Vorwurf des westlichen Charakters ihrer Konzeption weist Nussbaum darauf hin, dass, selbst wenn dies zutreffen würde, dies kein Argument sei, ihn zurückzuweisen und erweitert ihre Argumentation dann, indem sie darauf aufmerksam macht, dass Kulturen und Nationen in einem ständigen Austausch stehen und sich in vielfacher Hinsicht, mal mehr, mal weniger bewusst, beeinflussen: "People borrow things all the time, and the resourcefulness with which cultures make use of originally external materials is one of the most significant facts of human history."³¹⁷ Nussbaum verweist zudem darauf, dass alle einflussreichen kulturellen Bewegungen (sie nennt hier neben dem Christentum, dem Islam und dem Buddhismus auch den Marxismus) ihren Ausgangspunkt an einem bestimmten Ort hatten, dann aber weltweiten Einfluss gewannen, weil Menschen auch an weit entfernten Orten den jeweiligen Inhalten und Ideen zustimmen konnten, ohne dies als imperialistische Indoktrination zu verstehen. Der Vorwurf, ein Ansatz sei falsch, weil er seinen Ursprung möglicherweise im westlichen Kulturkreis hat, sei zu einfach, meint Nussbaum und verweist pointiert auf das Beispiel des Marxismus, indem sie wie folgt argumentiert:

---

315 Vgl. Fussnote in Nussbaum 2011, 101f.
316 Vgl. Nussbaum 2011, 102
317 Nussbaum 2011, 102

"It has rarely been argued that the Western origins of Marxism give non-Western nations a reason not to adopt Marxism. Adopting Marxism might have been a mistake, but not because it got started in the work of a German Jew in the British Library."[318]

Weiterhin verweist Nussbaum auf die Tatsache, dass die Deklaration der universellen Menschenrechte 1948 von kulturell (wie auch geographisch) sehr weit auseinanderliegenden Nationen verabschiedet wurde, u. a. von Ägypten, China und Frankreich. Damit aber nicht genug: Bei der Begründung dieser Menschenrechtscharta übernahmen die USA (als einer *der* Vertreter des westlichen Kulturkreises schlechthin) nicht nur keine aktive Führungsrolle, sondern verweigerten sogar die Ratifizierung einiger wesentlicher Bestandteile,

"[...] including the Convention on the Elimination of All Forms of Discrimination against Women (CEDAW) and the Convention on the Rights of the Child (CRC), both of which have been ratified by most of the other developing and developed nations of the world."[319]

Um ihre Argumentation zu untermauern, weist Nussbaum schließlich auf das Beispiel der indischen Befreiungsbewegung hin. Im Kampf gegen die britischen Kolonialherren (also einer weiteren Nation im Zentrum der westlichen Welt) wurden zentrale Menschenrechte wie das Recht auf freie Meinungsäußerung und Versammlungsfreiheit eben erst im Kampf *gegen* eine westliche Nation errungen. Der britische Imperialismus zeichnete sich aber u. a. auch dadurch aus, dass er fundamentale Menschenrechte verletzte. So gesehen scheint es absurd, folgt man Nussbaum, Menschenrechtsbewegungen (und dazu zählt sie ihren

---

318 Ebd., 103
319 Ebd., 104

Ansatz ja, wie gesehen, dezidiert) als Versuche in der Tradition des westlichen Imperialismus zu deuten.

Diesem letzten Argument ist aber wohl nur bedingt zuzustimmen. Denn der Imperialismus, welchen man westlichen Nationen heute anlastet, und jener der vergangenen Epochen sind natürlich inhaltlich nicht identisch. Es ist sehr wohl möglich, dass ein- und derselbe Kulturkreis zu verschiedenen historischen Zeitpunkten inhaltlich deutlich unterschiedliche Werte und Normen in den Rest der Welt transportieren will – im übrigen auch mit sehr unterschiedlichen Mitteln. Lag hier der Schwerpunkt zu Zeiten der Kolonialherrschaft auf militärischer Präsenz, so liegt er heute eher auf dem Gebiet der marktwirtschaftlichen Beherrschung sowie der finanzpolitischen Einflussnahme durch internationale Dachorganisationen, die sich teilweise aus dem strikten nationalstaatlichen Rahmen emanzipiert haben (z. B. der internationale Währungsfonds und die Weltbank).

Nussbaum akzeptiert schließlich, dass der Vorwurf des westlichen Imperialismus hinsichtlich der Legitimität ihres Ansatzes so schwer wiegen würde (wenn er denn wahr wäre), dass sie ihm in Bezug auf ihre Version des *Capabilities Approach* ein für alle Mal einen Riegel vorschieben will, indem sie erklärt, dass der Ansatz, wenn überhaupt, dann indischen Ursprungs sei:

> "If, therefore, we want to avoid making these points again and again, we can draw attention to the fact that the Capabilities Approach, though closely linked to the human rights approach, has its primary origin in India, and its articulation has been the work of an international group of researchers."[320]

Für die Behauptung, der Vorwurf sei westlichen Ursprungs und verkörpere daher hauptsächlich westliche Werte und Sichtweisen, sprechen andererseits wiederum zwei Aspekte: Erstens Nussbaums eigene Herkunft und Sozialisation, welche zwei-

---

320 Nussbaum 2011, 106

fellos ihr Denken, so wie bei jedem anderen Menschen auch, maßgeblich geprägt haben. Und zweitens die von ihr genannten philosophischen Wurzeln, welche in diesem Kapitel bereits ausführlich zur Sprache kamen und welche ausschließlich Denker aus westlichen Ländern enthielten. In *Creating Capabilities* bemerkt Nussbaum zwar, dass Amartya Sen sich seinerseits intensiv mit den indischen Wurzeln des *Capabilities Approach* auseinandergesetzt hat und ihr eigenes Denken auch vom indischen Philosophen und Dichter Rabindranath Tagore mitbeeinflusst wurde[321]. Allerdings steht diese Quelle doch relativ isoliert neben der übermächtigen Präsenz der Philosophen in der Traditionslinie der Antike, des Christentums und der Aufklärung innerhalb der westlichen Welt und wirkt (da an der genannten Stelle ohne weitere Erläuterungen bedacht) doch recht einsam, wenn nicht gar alibihaft.

Um die nicht-westlichen Wurzeln des *Capabilities Approach* zu untersuchen, bedarf es wohl gesonderter Anstrengungen, liegt der Auseinandersetzung mit dieser Thematik doch eine Frage zugrunde, die Nussbaums Konzeption stets begleitet: Gibt es so etwas wie universale Werte, über die sich die Gattungsform Mensch definieren lässt, über deren Vorhandensein der einzelne Mensch seine Würde erhält bzw. über deren Abwesenheit er diese Würde verlieren kann? Und schließlich: Kann es einen Konsens über solche Werte geben, welcher von sämtlichen Völkern, Kulturen und religiösen Gemeinschaften weltweit als Basis des je eigenen Gerechtigkeitsverständnisses verstanden werden könnte? Nussbaums Bemühungen, ihren Ansatz als bei vielen Philosophen (und Schriftstellern) verwurzelt nachzuweisen, zielen darauf ab, den Legitimitätsradius ihrer Vorstellungen über soziale Gerechtigkeit zu erhöhen und so den universalen Anspruch zu untermauern.

---

321 Vgl. Nussbaum 2011, 123f.

Die Kompatibilität mit unterschiedlichen Kulturen ergibt sich für Nussbaum durch die einfache theoretische Struktur, welcher die fundamentale Frage zugrunde liegt: Was kann ein einzelner Mensch sein und tun?

> "It is utterly implausible, however, to contend that people in nation N have never asked themselves what they are able to do or to be. In that way the Capabilities Approach, by remaining close to the ground, enables us to bypass the confused and confusing abstract debate over rights and imperialism."[322]

Diese Anmerkung mag auf einer übergeordneten Ebene der menschlichen Konstitutionierung durch Fähigkeiten richtig sein, aber sie entlastet die Autorin natürlich nicht dahingehend, die speziell von ihr vorgelegte Liste der konkret benannten zentralen Fähigkeiten zu begründen. Erst durch eine inhaltliche Begründung zeigt sich der essentialistische Charakter im vollen Umfang.

Nussbaum ist bei ihrer Erwiderung auf den Vorwurf mangelnder Sensibilität für verschiedene Kulturen der Meinung, dass es ein Fehler wäre, die zur Debatte stehenden Kulturen in einer atomistischen Sichtweise, faktisch als isolierte Einheiten, nebeneinander zu stellen. Kulturen durchdringen einander, sind dadurch wesenhaft dynamisch und ihr letztliches Erscheinungsbild nach außen abhängig von der jeweiligen dominanten Strömung, die sich durchsetzt:

> "[...] we should bear in mind that no culture is a monolith. All cultures contain a variety of voices, and frequently what passes for 'the' tradition of a place is simply the view of the most powerful members of the culture, who have had more access to writting and political expression."[323]

---

322 Ebd., 106
323 Nussbaum 2011, 106f.

Diese Sichtweise kommt einem grundsätzlichen Angriff auf das allgemeine Verständnis von Kultur gleich. Auch wenn sie es nicht deutlich ausspricht, so scheint es die Intention Nussbaums zu sein, Kulturen nicht als etwas in sich und schlechthin Gutes, respektive Schützenswertes auszuzeichnen. Kulturelle Traditionen müssen sich daran messen lassen, ob sie die fundamentalen Menschenrechte bzw. die zentralen menschlichen Fähigkeiten schützen und fördern. Die Richtschnur für die Auseinandersetzung und Bewertung einer gegebenen Kultur ist die so operationalisierte Würde des Menschen.[324] Nussbaums Überzeugung ist es, dass Menschen in erster Linie nach einem *guten* und nicht nach einem *traditionellen* Leben streben. Der eigene kulturelle Hintergrund bildet wohl einen unhintergehbaren Ausgangspunkt beim Streben nach dem guten Leben, aber er ist deshalb nicht zwangsläufig unhinterfragbar – zumindest nicht dort, wo zentrale menschliche Fähigkeiten nach Auffassung Nussbaums nicht entfaltet werden können.

Neben der notwendigen objektiven Auseinandersetzung darf man nach Nussbaum aber auch nicht außer Acht lassen, dass der Vorwurf, ihr Ansatz sei westlich, imperialistisch oder schlichtweg nicht kompatibel mit dieser oder jener Kultur, oftmals von Personenkreisen geäußert wird, die ein substantielles Interesse daran haben, dass sich verfestigte gesellschaftliche Zustände nicht ändern, auch wenn andere Personengruppen (in Nussbaums Argumentation hauptsächlich Frauen) massiv darunter leiden: "We should ask whose interests are served by this nostalgic image of a happy harmonious culture, and whose resistance and misery are being effaced."[325] Derart partikulare Motive müssen beachtet und kritisch reflektiert werden, will man den Vorwurf des Kulturimperialismus in seiner Tiefe und Vielschichtigkeit verstehen.

---

324 Vgl. Ebd., 107
325 Nussbaum 2000, 38

Schließlich betont Nussbaum auch hinsichtlich dieses Vorwurfes den Vorrang des Guten. So bemerkt sie im Kontext ihrer Aristoteles-Interpretation in *Non-Relative Virtues: An Aristotelian Approach*, dass Menschen nicht in erster Linie nach der Vergangenheit, sondern nach dem Guten. Gleichwohl betont sie hier auch die Bedeutung der eigenen, lokalen Traditionen:

> "What human beings want and seek is not conformity with the past, it is the good. So our systems of law should make it possible for them to progress beyond the past, when they have agreed that a change is good. (They should not, however, make change too easy, since it is no easy matter to see one's way to the good, and tradition is frequently a sounder guide than current fashion.)"[326]

Nussbaum nimmt für sich in Anspruch, dem kulturellen Pluralismus genug kritische Aufmerksamkeit zu widmen. Sie fasst ihre diesbezüglichen Bemühungen in *Creating Capabilities* in sechs Stichpunkten zusammen[327], die hier in ihrer Essenz dargestellt werden sollen:

1. Die *Liste der zentralen Fähigkeiten* ist das Ergebnis einer normativen Argumentation, in deren Mittelpunkt die Frage der menschlichen Würde steht. Die Liste ist offen für Revisionen und Ergänzungen und kann insofern Punkte integrieren, die sich möglicherweise aus einem fortgesetzten Diskurs mit verschiedenen kulturellen und/oder religiösen Traditionen ergeben könnten.

2. Die einzelnen Punkte der Liste sind sehr allgemein formuliert und lassen Raum für vielfältige Spezifikationen zur Berücksichtigung lokaler Besonderheiten. Hierzu führt Nussbaum zum besseren Verständnis ein sehr anschauliches

---

326 Nussbaum 1993, 249
327 Vgl. Nussbaum 2011, 108–112

Beispiel hinsichtlich der Meinungsfreiheit an[328]: Aufgrund der Besonderheit der deutschen Geschichte mag es gerechtfertigt sein, antisemitische Veröffentlichungen und damit zusammenhängende politische Aktivitäten weitestgehend zu verbieten, während ein solch weitreichendes Verbot im politischen Klima der USA unangemessen wäre.

3. Mit Bezug auf Rawls, der diesen Terminus ebenfalls verwendet, ist die Liste eine *freistehende Konzeption* ohne metaphysische Fundierung: "[...] the Capabilities Approach seeks an agreement for practical political purposes and deliberately avoids comment on the deep divisive issues about God, the soul, the limits of human knowledge, and so on, that divide people along lines of doctrine."[329]

4. Insofern Fähigkeiten und nicht tatsächlich ausgeübte Tätigkeiten das Ziel von Nussbaums Konzeption sind, wird Raum für die Ausübung religiöser bzw. kultureller Überzeugungen gelassen. Wer z. B. aus religiösen Gründen fasten will, kann dies auf freiwilliger Basis tun. Die Aufgabe des Staates ist erfüllt, wenn er dem Einzelnen eine Wahl dazu lässt, indem genügend Nahrungsmittel zur Verfügung stehen. Nussbaum führt hier auch das Beispiel der Zeugen Jehovas an, welche eine Versorgung mit Bluttransfusionen ablehnen. Diese werden durch ihren Ansatz nicht gezwungen, im Falle einer gesundheitlich möglicherweise angezeigten Indikation eine solche Transfusion über sich ergehen zu lassen, aber sie sollen sehr wohl den äußeren Freiraum dazu haben.[330]

---

328 Ebd., 108

329 Nussbaum 2011, 109

330 Allerdings wirft dieses Beispiel natürlich sofort die (ethische) Frage auf, wie damit umzugehen sei, wenn Vertreter dieser Religion es auch ablehnen, dass ihre unmündigen Kinder mit – möglicherweise lebensrettenden – Bluttransfusionen versorgt werden. Nussbaum tendiert an ande-

5. Der Schutz des kulturellen Pluralismus wird durch die von der Konzeption beförderten Freiheiten überhaupt erst möglich, während lokale Traditionen oftmals eben keinen substantiellen Schutz für kulturelle Vielfalt bieten.

6. Zuletzt weist Nussbaum darauf hin, dass man ihren Ansatz und den darin inkludierten Begriff der Menschenwürde so verstehen könnte, dass er eine Aufforderung an westliche Staaten darstellt, auf verschiedene Weisen sich in die inneren Angelegenheiten von Staaten einzumischen, welche ihren Bürgern nicht die Entwicklung der Fähigkeiten gewährt, wie sie der *Capabilities Approach* fordert. Die Autorin weist diese Sichtweise zurück. "The Capabilities Approach, however, utterly repudiates any such way of proceeding. My version insists on a strong separation between issues of justification and issues of implementation."[331] Selbst wenn in einem Staat dramatische Menschenrechtsverletzungen stattfinden, wäre es in vielen Fällen ein Fehler, von außen (insbesondere militärisch) zu intervenieren, insbesondere dann, wenn es sich um einen in seiner Struktur demokratischen Staat handelt. Als Beispiel führt sie den Fall der Tötung zahlreicher Muslime in der indischen Region Gujarat 2002 an, welche sie selbst als Genozid bezeichnet. Solange eine gewisse Chance sichtbar ist, dass eine Demokratie diese Probleme selbst lösen kann, wäre es ein schwerwiegender Fehler, hier von außen einzugreifen. Tatsächlich attestiert sie in diesem Fall Indien auch, einen im großen und ganzen akzeptablen Umgang mit diesem Massenmord gefunden zu haben.

---

ren Stellen ihres Werkes dazu, dass gerade bei Kindern nicht bloß die Fähigkeit, sondern die tatsächliche Tätigkeit das Ziel sein muss. Folglich würde in diesem Falle der Staat berechtigt sein, zu intervenieren und lebenserhaltende Maßnahmen, auch gegen den Widerstand der Eltern durchzuführen.

331 Nussbaum 2011, 111

Die Rolle der Religion

Die Behandlung des Vorwurfes mangelnder Sensibilität für unterschiedliche kulturelle Traditionen im *Capabilities Approach* Martha Nussbaums kommt natürlich nicht um eine Antwort auf die Frage herum, wie im Besonderen mit Religionen umzugehen sei, insbesondere da religiöse Traditionen nicht selten eine Gleichberechtigung zwischen den Geschlechtern auf allen gesellschaftlichen Ebenen (z. B. in der Familie, im öffentlichen Raum oder im Arbeitsleben) ablehnen. Als feministische Philosophin setzt sich Nussbaum mit dieser Thematik ausführlich in *Woman and Human Development* auseinander, wo sie ihr ein eigenes, über 70 Seiten starkes, Kapitel widmet. Aber auch in neueren Schriften der Philosophin geht es zunehmend um Fragen des Umgangs mit Religionen. So erschien 2012 mit *The New Religious Intolerance: Overcoming the Politics of Fear in an Anxious Age*[332] eine engagierte Untersuchung über die Hintergründe einer wachsenden religiösen Intoleranz gegenüber dem Islam in den USA. Sie analysiert die dahinter stehenden Ängste und plädiert für ein konsequentes Eintreten für universelle Werte, um die Ängste (und damit die Intoleranz) zu überwinden. Bereits 2010 veröffentlichte Nussbaum *Liberty of Conscience: In Defense of America's Tradition of Religious Equality*[333] Darin verteidigt sie die liberale Tradition der USA im gleichberechtigten Umgang mit Religionen, welchen sie als Basis für die Demokratie der Vereinigten Staaten ansieht. Dieser historisch gewachsene Grundsatz religiöser Gleichheit werde aber durch bestimmte Entwicklungen, vor allem durch strenggläubige evangelikale Christen, in jüngerer Zeit untergraben. Hier gilt es für Nussbaum wachsam zu sein.

Hinsichtlich der von ihr verwendeten *Liste der zentralen Fähigkeiten* spielt die Fähigkeit zur freien religiösen Ausübung bei

---

[332] Nussbaum 2012
[333] Nussbaum 2010b

zwei Punkten eine besondere Rolle. So heißt es bei der vierten Fähigkeit („Senses, imagination, and thought"):

> "Being able to use imagination and thought in connection with experiencing and producing works and events of one's own choice, religious, literary, musical, and so forth. Being able to use one's mind in ways protected by guarantees of freedom of expression with respect to both political and artistic speech, and freedom of religious exercise."[334]

Neben dieser expliziten Erwähnung der Bedeutung freier Religionsausübung für das Individuum als solches, weist Nussbaum auch auf die Rolle der Religion in ihrer gesellschaftskonstituierenden Funktion hin. Deshalb kommt ihr auch hinsichtlich der unter dem siebten Punkt genannten Fähigkeit („Affiliation") eine Bedeutung zu[335], wobei die Formulierung von Nussbaum dort so gewählt wurde, dass religiöse Bekenntnisse, neben anderen persönlichen Merkmalen, nicht zu einer Ursache von Diskriminierung werden dürfen: "This entails provisions of nondiscrimination on the basis of race, sex, sexual orientation, ethnicity, caste, religion, national origin."[336]

Auch unter anthropologischer Sicht erkennt Nussbaum ein dem Menschen inhärentes Bedürfnis nach Spiritualität und dem Stellen der Frage nach dem Sinn des Lebens an:

> "To be able to search for an understanding of the ultimate meaning of life in one's own way is among the most important aspects of a life that is truly human. One of the ways in which this has most frequently been done historically is

---

[334] Nussbaum 2011, 33

[335] So merkt Nussbaum (2000, 179) an: "Because the religious capabilities have multiple aspects, I have included them among the capabilities of the senses, imagination, and thought, and also in the category of affiliation."

[336] Nussbaum 2011, 34

through religious belief and practice; to burden these practices is thus to inhibit many people's search for the ultimate good."[337]

Wenngleich Nussbaum also unter allen Umständen vermeiden will, dass ihr Ansatz umstrittene metaphyische Annahmen macht, so erkennt sie doch gleichwohl den Menschen mit dieser Aussage als ein spirituelles Wesen an, weil er nach Antworten auf Fragen sucht, die über ihn selbst als zeit- und ortsgebundenes Wesen hinausgehen.

Nussbaum gesteht der Religion folglich bei der Suche des Menschen nach einem guten Leben eine explizite Bedeutung zu. Die Problematik innerhalb ihres Ansatzes ergibt sich nun daraus, dass verschiedene religiöse Traditionen ganz offensichtlich in bestimmten (lokalen) Ausprägungen den Bemühungen des jeweiligen Staates um die Förderung der zentralen Fähigkeiten im Nussbaum'schen Sinne entgegenstehen. Vor allem hinsichtlich der Gleichberechtigung der Geschlechter ergeben sich hier Probleme mit religiösen Standpunkten, die Männern und Frauen unterschiedliche Rollen zuweisen und oft einhergehen mit Diskriminierung und dem Vorenthalten (insbesondere gegenüber von Frauen) grundlegender Rechte der individuellen Selbstbestimmung. Nussbaum fasst dieses Dilemma, welches sich für liberale Demokratien ergibt, wie folgt zusammen:

> "On the one hand, to interfere with the freedom of religious expression is to strike a blow against citizens in an area of intimate self-definition and basic liberty. Not to interfere, however, permits other abridgments of self-definition and liberty."[338]

---

337 Nussbaum 2000, 179
338 Nussbaum 2000, 168

In ihrer Behandlung der Frage, wie aufgrund dieser Problematik mit Religionen umzugehen sei, schält Nussbaum zunächst zwei, weitestgehend im Widerspruch zueinander stehende Standpunkte heraus, die sich aber beide, trotz ihrer Differenzen, als feministisch verstehen.

Den ersten Standpunkt nennt Nussbaum hier jenen des „secular humanist feminism"[339]. Vertreter dieses Standpunktes, der laut Nussbaum heute im Allgemeinen von den feministischen Autorinnen in den USA eingenommen wird, sehen in dem oben skizzierten Dilemma keine Schwierigkeit, da sie der Religion im Allgemeinen jegliche Bedeutung absprechen. Insbesondere verweigern sie jegliche Auseinandersetzung mit religiösen Kräften, wenn diese in irgendeiner Art und Weise in Konflikt mit der Gleichheit und Würde der Frau stehen. Nussbaum bemerkt dazu in einer Fussnote:

> "But today's secular philosophers rarely follow the example of Bertrand Russell, attacking religion explicitly. Instead, they tend to ignore it, and thus secular humanists in philosophy rarely write about religion. Many major works of feminist political philosophy include no discussion of religion at all [...]"[340]

Die meisten Vertreterinnen dieses Ansatzes sind nach Nussbaum dem Marxismus zuzurechnen und messen dem Recht auf freie Religionsausübung keine besondere Bedeutung zu[341].

Der zweite Standpunkt, der in der Debatte um den Stellenwert der Religion innerhalb von Gerechtigkeitskonzeptionen eingenommen wird, ist jener des von Nussbaum so bezeichneten „traditional feminism". Vertreterinnen dieser Position nehmen eine

---

339 Ebd., 174
340 Ebd.
341 Ebd., 175

weitestgehend gegensätzliche Position zu den Vertreterinnen des ersten Standpunktes ein. Für sie stellen Religion und Tradition einer gegebenen Gesellschaft den unumgänglichen Ausgangspunkt jeglichen politischen Handelns dar. Ein schlichtes Ignorieren der religiösen Grundlagen einer Gesellschaft (wie es die Vertreterinnen des ersten Standpunktes intendieren) würde für Vertreterinnen dieses zweiten Standpunktes einer Bedrohung dessen gleichkommen, was für sie das tiefste Wesen des Menschen sowie seine Identität ausmacht. Nussbaum sieht auch hier eine feministische Position gegeben:

> "[...] I think it can be a genuine type of feminism, in the sense that its proponents are committed to defining feminism in terms of what has deep importance to real women, and in sheltering those deep values from the assault of other feminists."[342]

Dieser Standpunkt ist zweifellos kulturrelativistisch und bei vielen Denkerinnen liegt hier die Überzeugung zugrunde, dass es unmöglich sei, kulturübergreifende moralische Normen zu rechtfertigen. Andere wiederum sind der Überzeugung, dass lokale Wertüberzeugungen – auch für die Identität und das Leben der davon betroffenen Frauen – wichtiger seien, als die Anonymität irgendwelcher internationalen Menschenrechtsnormen[343]. Kurz gesagt: Die Debatte über die Rechte und die Gleichstellung von Frauen kann nach den Vertreterinnen dieses zweiten Standpunktes nur auf dem Hintergrund bzw. dem Fundament lokaler Traditionen geschehen, als dessen wichtigste Ausprägung oftmals die jeweilige Religion gelten kann.

Ein Umgang mit der Rolle der Religion muss sich aus feministischer Perspektive also irgendwo zwischen diesen beiden extremen Standpunkten abspielen. Nussbaum lehnt den Standpunkt des

---

342 Nussbaum 2000, 176f.
343 Vgl. Ebd., 177

zuerst skizzierten säkularen Feminismus ab, da dieser schlichtweg die Bedeutung ignoriert, welche die Religion überall auf der Welt für die Identität der Menschen (Männer wie Frauen) einnimmt. Gleichwohl stellt sie sich auch gegen den zweiten Standpunkt, der tendenziell die Möglichkeit der Anerkennung und Durchsetzung internationaler Standards (seien es universale Menschenrechte oder eben ein ebenso kulturübergreifend angelegter Fähigkeitenansatz) als Utopie ablehnt. Beide Standpunkte ignorieren zudem die Vielfältigkeit und Unterschiedlichkeit an Positionen innerhalb einer gegebenen Religion, welche pauschale Be- bzw. Verurteilungen verbieten[344].

Nussbaum versucht eine Lösung zu finden, indem sie sich an zwei Prinzipien orientiert: Erstens, die wiederholte Betonung darauf, dass nach ihrem Ansatz jeder Mensch als Zweck für sich betrachtet wird *(each person as an end)* und nicht zuerst als Mitglied einer Gruppe oder Familie[345].

> "Thus, any solution that appears good for a religious group will have to be tested to see whether it does indeed promote the religious capabilities (and other capabilities) of the group's members, taken one by one."[346]

Als zweites leitendes Prinzip bei der Bestimmung des Stellenwertes der Religion nennt Nussbaum das Prinzip des Gewissenszwanges *(principle of moral constraint)*. Sie hebt damit die Bedeutung hervor, welche Religionen normalerweise für die moralische Lebensführung von Menschen haben:

> "[...] it would not be too bold to add that all the major religions embody an idea of compassion for human suffering,

---

344 Vgl. Ebd., 198
345 Vgl. Nussbaum 2000, 188
346 Ebd., 188

and an idea that it is wrong for innocent people to suffer. All, finally, embody some kind of a notion of justice."³⁴⁷

Offensichtlich kommt es Nussbaum darauf an, herauszuarbeiten, dass alle echten Religionen in ihrem Zentrum eine Gerechtigkeitsvorstellung beherbergen, die sich in vielfacher, fundamentaler Hinsicht mit ihrer eigenen Gerechtigkeitskonzeption deckt, insbesondere wenn es um grundsätzliche Intuitionen über Recht und Unrecht geht. Durch die Anwendung dieses Prinzips wird es für Nussbaum möglich, sich differenzierter mit Religionen auseinander zu setzen und manche, sich als religiös verstehende Bewegungen, vom Diskurs auszugrenzen. Entsprechend verweist Nussbaum hier auf die Entscheidung amerikanischer Gerichte, Satanisten und verwandten Gruppen den Status als Religionsgemeinschaft zu verwehren348. Insofern kann Nussbaums Verständnis von Religion als normativ eingestuft werden.

"What we are saying is that what makes religion worthy of a special place in human life (and of special political and legal treatment) is something having to do with ideals and aspirations, something that remains alive even when formerly core understandings shift in the light of moral debate, and indeed, something that guides that evolution."³⁴⁹

Nach der bis hier erfolgten Analyse des Problems legt Nussbaum eine Lösung vor, welche sich am *United States Religious Freedom Restoration Act of 1993 (RFRA)* orientiert:

"This act prohibits any agency, department, or official of the United States, or of any state, from 'substantially burden[ing] a person's exercise of religion even if the burden results from a rule of general applicability,' unless the government can demonstrate that this burden ' (I) is in furtherance of a com-

---

347   Ebd., 190
348   Ebd., 190
349   Ebd., 198

pelling government interest; and (2) is the least restrictive means of furthering that compelling governmental interest."³⁵⁰

Konkret bedeutet für Nussbaum die Ausrichtung am RFRA, dass die freie Religionsausübung nur dann durch den Staat bzw. seine politischen Institutionen eingeschränkt werden darf, wenn zwingende staatliche Interessen dafür sprechen. Welche können nun solche Interessen sein? Für Nussbaum handelt es sich beim Schutz der zentralen Fähigkeiten der Bürger im Sinne ihres Ansatzes um eine konkrete Ausformulierung des ansonsten eher vagen Ausdruckes *compelling state interest*³⁵¹.

Gegen Ende ihrer Untersuchung über die Rolle der Religion in der Ausgestaltung ihrer Version des *Capabilities Approach* hält Nussbaum noch einmal die Bedeutung der Religion für das menschliche Streben nach Transzendenz fest, merkt aber sogleich an:

"But religious groups and practices are human phenomena. The humanity of religion means that its practices are fallible, and need continual scrutiny in the light of the important human interests that it is the state's business to protect."³⁵²

Zusammenfassend lässt sich also sagen, dass Nussbaum die allgemeine Rolle der Religion für Menschen weltweit anerkennt – im Gegensatz zu extrem säkular ausgerichteten Standpunkten, welche der Religion nicht nur kritisch gegenüberstehen, sondern versuchen, sie weitestgehend zu ignorieren und deren Interessen bei der Gestaltung politischer Institutionen nicht weiter zu berücksichtigen. Andererseits stößt aber die Freiheit der Religionsausübung durch eine Gemeinschaft bzw. deren Mitglieder dort an ihre Grenzen, wo grundlegende Interessen des Staa-

---

350   Nussbaum 2000, 198f.
351   Ebd., 202
352   Ebd., 238f.

tes bedroht sind *(compelling state interests)*. Durch ihre *Liste der zentralen Fähigkeiten* sieht Nussbaum diesen weitgehend unbestimmten und abstrakten Terminus als operationalisierbar an. Bei der Erörterung der Rolle der Religion für ihre Konzeption des guten Lebens zeigt sich mehr als irgendwo anders die liberale Tradition aus der Nussbaum selbst stammt. Gegen die These, dass die Religion dort an ihre Grenzen stößt, wo staatliche Interessen beginnen, lässt sich fragen, warum Staaten als (politische) Ordnungseinheiten hier überhaupt eine übergeordnete Autorität zukommen sollte. Viele Länder, so könnte ein möglicher Einwand lauten, sind nur künstliche Gebilde, die lediglich nominal als Staaten organisiert sind, in welchem die Zentralgewalt der Regierung aber meist kaum über die Grenzen der Hauptstadt hinausreicht. Somalia oder Afghanistan mögen hier aktuell als besonders eindringliche Beispiele gelten, aber auch viele andere Länder Nord- und Zentralafrikas sowie des Nahen und Mittleren Ostens basieren oft auf ziemlich willkürlich wirkenden Grenzziehungen ehemaliger Kolonialherren. Es kann daher mit Recht vermutet werden, dass die Identität der dort lebenden Menschen oftmals mehr durch die Religion geprägt wird als durch ein Zugehörigkeitsgefühl zu einer geographisch eingegrenzten politischen Ordnungseinheit. Die Situation verhält sich dann dort in der Realität genau andersherum als es sich Nussbaum innerhalb ihrer Konzeption vorstellt: Der Staat gerät dort an seine Grenzen, wo die Religion (und / oder die Stammesgesellschaft) beginnt.

Ergebnis zur Untersuchung des Vorwurfes der mangelnden kulturellen Sensibilität

Wie sind nun Nussbaums Bemühungen zur Entkräftung des Vorwurfes zu bewerten? Können Sie überzeugen?

Die folgenden, zusammenfassenden Reflexionen beziehen sich weniger auf die Diskussion, ob der *Capabilities Approach* nun westlichen oder nicht-westlichen Ursprungs ist[353], sondern in erster Linie auf die Argumentation Nussbaums hinsichtlich der strukturellen Defizite des Vorwurfes.

Zunächst ist festzuhalten, dass Nussbaums Verteidigungsstrategie, v. a. in *Women and Human Development*, stark darauf angelegt ist, den Vorwurf als interessensgeleitet nachzuweisen: Diejenigen, die das universalistische Menschenbild ablehnen (und sich dabei auf die Eigenheiten ihrer Kultur berufen), haben demnach oft ein Interesse daran, dass sich die Umstände nicht ändern, da sie ansonsten an Macht und Einfluss verlieren würden. Es gilt also genau zu beobachten, *wer* den Vorwurf der mangelnden Rücksichtnahme auf kulturelle Eigenheiten formuliert und *was* sein Motiv sein könnte.

Der zweite zentrale Aspekt ihrer Widerlegung zielt auf einen statischen, atomistischen Gebrauch des Kulturbegriffs. Durch die Formulierung des Vorwurfes offenbart der Sprecher ein Weltbild, in welchem Kulturen offenbar als mehr oder weniger starr getrennte Einheiten bestehen, ohne die als positiv zu bewertenden Möglichkeiten der gegenseitigen Einflussnahme, Befruchtung und Weiterentwicklung. Mit Blick auf die Praxis zeigt sich aber, dass Kulturen, zumal im Zeitalter eines vielschichtigen Globalisierungsprozesses, ständig miteinander kommunizieren und interagieren. Diese Dynamik befördert das kulturübergreifende Nachdenken über essentialistische Konzeptionen, also auch über ein gemeinsames, in letzter Konsequenz universelles, Bild vom Menschen.

Beide Argumente Nussbaums vermögen durchaus zu überzeugen. Trotzdem können sie den hier zu diskutierenden Vorwurf

---

353 Hier wird, Nussbaum folgend, der Überzeugung Rechnung getragen, dass eine Theorie nicht deswegen richtig oder falsch sein kann, weil sie in einem bestimmten geographischen Raum entstanden ist. Eine solche Sichtweise würde einer sinnvollen inhaltliche Auseinandersetzung mit dem Kern des Vorwurfes entgegenstehen.

nicht gänzlich widerlegen. Nussbaum selbst scheint, insbesondere hinsichtlich der Rolle der Religion, von lediglich akzidentiellen Eigenschaften menschlicher Identität auszugehen. Sie setzt damit voraus, dass sich religiöse Identitäten bzw. Identifikationen einfach ablegen lassen, um dahinter ein ursprünglicheres, fundamentaleres Menschenbild freizulegen, auf das sich alle einigen können. Dies kann aber durchaus bezweifelt werden. Theoretisch könnte ein Kritiker nämlich darauf hinweisen, dass es viele Menschen gibt, deren religiöse Identität offenbar so fundamental ist, dass sie nicht einfach davon abstrahieren können wie von einer beliebigen anderen (kontingenten) Eigenschaft. Wenn also beispielsweise ein strenggläubiger Hinduist daran glaubt, dass sein beschwerliches Dasein (z. B. durch niedrige Kastenzugehörigkeit) mit dem Karma aus einem früheren Leben in Verbindung steht und das Ertragen des nun im aktuellen Leben damit einhergehenden Leides (verursacht z. B. durch die Vorenthaltung politischer Freiheiten und Förderung anderer zentraler Fähigkeiten) die einzige Möglichkeit darstellt, sich aus dem Kreislauf der Wiedergeburten zu befreien, wird er wahrscheinlich Nussbaums sozialethische Konzeption als unzulässige Missachtung seiner eigenen Glaubensgrundsätze auffassen.

Zumindest auf theoretischer Ebene lassen sich solche und ähnliche Szenarien denken, in welchen die religiöse Identität eines Menschen in einem disjunktiven Ausschlussverhältnis zu den Grundsätzen des *Capabilities Approach* steht.

Eine essentialistische Konzeption des Menschseins bzw. ein *overlapping consensus* über das gute menschliche Leben, wie er von Nussbaum intendiert wird, scheint, so betrachtet, in weite Ferne zu rücken. Selbst die scheinbar triviale Annahme, dass alle Menschen in ihrem Leben Schmerzen und Leid vermeiden wollen, könnte damit in gewisser Weise in Frage gestellt werden.

3.4 Zusammenfassung der Ergebnisse

Eine kritische Analyse und Reflexion des Fähigkeitenbegriffes in Anlehnung an Clemens Sedmak hat gezeigt, dass Fähigkeiten nicht einfach als akzidentielle Eigenschaften gesehen werden können, die an einem Menschen *anhängen*, sondern dass es sich bei ihnen um komplexe und die Identität des Einzelnen zutiefst prägende Elemente handelt. Eine Spannung zur Konzeption Nussbaums wurde vor allem dahingehend aufgezeigt, dass Fähigkeiten nicht einfach einmal erworben werden und dann für immer im jeweiligen Menschen vorhanden sind, sondern dass Fähigkeiten im Allgemeinen verloren gehen, wenn sie nicht regelmäßig angewendet werden. Dies wurde exemplarisch auch an einigen Fähigkeiten in Nussbaums *Liste der zentralen Fähigkeiten* argumentativ nachgewiesen. Dieser Umstand steht in Spannung zu Nussbaums politischem Ziel, welches zwar die Förderung von verschiedenen Fähigkeiten vorsieht, dann aber nicht deren Anwendung (Tätigkeit) fordert. Dies wäre aber im Sinne der Erhaltung zumindest einiger der angepeilten Fähigkeiten notwendig.

Schließlich folgte noch eine Auseinandersetzung mit den beiden am häufigsten genannten Vorwürfen, mit welchen sich der *Capabilities Approach* in der Version Nussbaums konfrontiert sieht und welche von Nussbaum auch selbst an verschiedenen Stellen in ihren Schriften immer wieder thematisiert werden. Es handelte sich dabei um den Vorwurf des Paternalismus und jenem der mangelnden Sensibilität gegenüber verschiedenen (lokalen) Kulturen. In engem Zusammenhang mit dem zweiten Vorwurf steht schließlich auch die Frage, wie mit Religionen bzw. deren Rolle in der Gesellschaft umzugehen sei, speziell dann, wenn sich zeigen sollte, dass bestimmte religiöse Traditionen und Bräuche in einer unverkennbaren Spannung zu den Forderungen des *Capabilities Approach* stehen, der ja tendenziell eine als egalitär zu bezeichnende Auffassung vertritt, in welcher alle

Menschen, unabhängig von ihrem Glauben, ihrem Geschlecht oder anderen Merkmalen, gleichermaßen Adressaten aller zentralen Fähigkeiten sind.

Der Vorwurf des Paternalismus kann nach eingehender Untersuchung zwar nicht vollständig, aber doch im Wesentlichen zurückgewiesen werden. Dadurch, dass Nussbaum den empfehlenden, aber nicht verbindlichen Charakter ihrer Konzeption immer wieder betont, vermag sie zwar wirkungsvoll dem Paternalismusvorwurf entgegenzutreten, gleichwohl ist ihre Konzeption des Guten zweifellos normativ stark aufgeladen und versucht ein Bild des Menschen zu zeichnen, dass keinesfalls notwendigerweise zu einem universalen, gesellschaftlichen Konsens führen muss.

Zur genaueren Untersuchung des Paternalismus wurden in Anlehnung an Dworkin drei notwendige Bedingungen vorgestellt, die hier erfüllt sein müssen und untersucht, ob sie beim *Capabilities Approach* vorliegen. Die ersten beiden Bedinungen waren, wie sich gezeigt hat, bei Nussbaums Konzeption nicht erfüllt. Die dritte Bedingung, welche im Wesentlichen besagt, dass paternalistische Konzeptionen immer mit dem Anspruch vertreten werden, gut für eine betreffende Personengruppe zu sein, ist zwar gegeben. Und wenn man diese Bedingung alleine schon als hinreichend (und nicht bloß notwendig) auffassen würde, könnte man tatsächlich Nussbaum des Paternalismus bezichtigen. Andererseits wird wohl jede Konzeption, welche sich an die praktische Politik richtet, den Anspruch für sich erheben, positive Auswirkungen auf das Leben der Menschen zu haben. Insofern wäre mit dieser dritten Bedingung allein nicht viel ausgesagt. Das wesentliche Element, welches Nussbaum und ihren Ansatz vor dem Paternalismusvorwurf schützt, ist hingegen der Verweis auf den folgenden Aspekt: Es wird durch die Konzeption nicht nur niemand gezwungen, auf eine bestimmte Weise zu leben oder zu handeln, sondern es wird noch nicht einmal eine Empfehlung ausgeprochen, wie zu leben gut oder richtig sei. Partielle Ausnahmen stellen lediglich die Bereiche der Erziehung und Ausbildung dar.

Der Vorwurf der mangelnden kulturellen Sensibilität, welcher eng verwandt mit dem Paternalismusvorwurf ist, kann mit Nussbaum auf zweierlei Art spezifiziert werden: 1. Im Sinne des Vorwurfes, der *Capabilities Approach* sei westlichen Ursprungs und leiste damit einem westlich-kulturellem Imperialismus Vorschub. Und 2.: Der Ansatz befindet sich in einer Spannung zu den weltweit stark differierenden religiösen Ansichten und Überzeugungen, insbesondere auch was die oft damit einhergehende geschlechtsspezifische Ungleichbehandlung anbelangt.

Der Vorwurf, ihr Ansatz sei westlichen Ursprungs und damit kulturimperialistisch, wird von Nussbaum u. a. mit dem Argument zurückgewiesen, dass der *Capabilities Approach* tatsächlich seinen Ursprung in Indien hat. Davon abgesehen sei eine Idee oder ein Paradigma, aus dem eine gesellschaftliche, religiöse oder politische Bewegung entsteht nicht schon deswegen gut oder schlecht, weil sie an einem bestimmten geographischen Ort ihren Ausgang genommen hat.

Bei der Auseinandersetzung mit der Frage der Rolle der Religion zeigte sich, dass Nussbaum durchaus so etwas wie ein transzendentes oder auch spirituelles Bedürfnis des Menschen anerkennt, womit sie sich deutlich von bestimmten feministischen Positionen abgrenzt. Menschen fragen nach dem Sinn des Lebens und dem Sinn des Ganzen – und Religionen sind hier wichtige Bezugspunkte, welche in ihrer jeweiligen lokalen Ausprägung das Leben und Selbstverständnis sehr vieler Menschen in grundlegender Weise prägen. Dies festzuhalten erscheint im Sinne der Zielstellung der Untersuchung besonders bedeutsam und zeigt sich auch darin, dass Nussbaum im Rahmen ihrer *Liste der zentralen Fähigkeiten* die Bedeutung freier Religionsausübung explizit erwähnt. Diese findet jedoch dort ihre Grenzen, wo grundlegende Interessen des Staates gefährdet werden. Religionen zeichnen sich für Nussbaum dadurch aus, dass sie in ihrem Zentrum eine Vorstellung von Recht und Unrecht haben, die intuitiv von vielen Menschen geteilt werden kann. Dies wäre, so Nussbaums Beispiel, bei Satanisten nicht der Fall, weshalb dieser Bewegung mit gutem Grund in den USA der Status als offizielle Religion (bislang) vorenthalten wird.

4 Nussbaums *Capabilities Approach* – eine Theorie des guten Lebens?

Nachdem in den ersten drei Kapiteln der *Capabilities Approach* Martha Nussbaums eingehend untersucht worden ist, soll in diesem vierten und letzten Kapitel gefragt werden, inwiefern der bis hierher entwickelte *Begriff* des guten Lebens auch als (philosophische) *Theorie* des guten Lebens zu verstehen ist. Das Ziel des Kapitels ist es zu zeigen, welche Positionen Nussbaum innerhalb der jüngeren Debatte einnimmt.

Nach einer Einleitung zur zeitgenössischen Diskussion rund um die Frage des guten Lebens wird auf einer Metaebene mit der Unterscheidung verschiedener *Schichten* (im Sinne von Bedeutungen) die bei der Frage differenziert werden können, begonnen. Ursula Wolf hat hierzu eine bedeutende Arbeit geliefert. In Anlehnung an ihre Darstellung soll die Frage nach dem guten Leben näher spezifiziert werden, um in der Folge eine Aussage treffen zu können, welche Aspekte der Frage durch das Konzept des *Capabilities Approach* aufgegriffen werden.

Sodann werden verschiedene Aspekte der Frage beleuchtet. Dabei lassen sich zunächst durch die Benennung der Zielgruppe *individual-* und *sozialethische Bezüge* unterscheiden. Die Spannung, welche zwischen Individuum und Gesellschaft hinsichtlich der Fragen des guten Lebens herrscht, ist die seit der Antike bereits thematisierte Spannung zwischen Glück und Moral.

Eine wichtige Frage lautet hier: Sind individuelles Glück und die Einhaltung moralischer Normen miteinander vereinbar? Wie verhält sich das Glück des Einzelnen zum Wohlergehen der Gesellschaft? Welche Position vertritt hier Martha Nussbaum?

Desweiteren müssen zwei grundsätzliche Positionen innerhalb der Theorienlandschaft des guten Lebens genauer betrachtet werden: Subjektivistische und objektivistische Theorien. Die Frage, welche hinsichtlich dieser beiden Positionen dem Theoretiker eine Entscheidung abfordert, lautet in etwa: Ist ein menschlich gutes Leben objektiv erkenn- und damit auch beschreibbar, oder kann eine begründete Antwort hier nur auf dem Letzturteil des Subjekts beruhen? Oder gibt es beschreibbare Positionen, welche sich zwischen diesen beiden Polen verorten lassen? Die Untersuchung wird hier versuchen zu zeigen, dass verschiedene Zwischenstufen, im Sinne von stärkeren und schwächeren Varianten des Subjektivismus und Objektivismus, unterschieden werden können.

Schließlich werden in einer groben Darstellung die drei gängigsten Theoriemodelle des guten Lebens vorgestellt, um sie im Anschluss mit dem *Capabilities Approach* in Relation zu setzen. Es handelt sich dabei um eine Unterteilung in hedonistische Theorien, Wunsch- und Zieltheorien sowie Gütertheorien[354]. Allen drei Theoriefamilien wird dabei als intuitiver Ausgangspunkt eine (mögliche), noch sehr allgemein gehaltene, Definition vorangestellt, anhand derer die jeweilige Theorie dann näher spezifiziert und kritisiert werden soll. Die zentrale Frage im Anschluss an diese Darstellung wird natürlich lauten, inwiefern diese Theorien Schnittpunkte mit Martha Nussbaums *Capabilities Approach* aufweisen.

---

354 Diese Dreiteilung wurde hier von Dagmar Fenner übernommen (Fenner 2007)

4 Nussbaums „Capabilities Approach" – eine Theorie des guten Lebens?

Die folgenden Überlegungen stehen – dass soll an dieser Stelle noch angemerkt sein – unter der Einschränkung, nicht einer strengen Analyse in einem wissenschaftstheoretischen Sinne genügen zu wollen. Auch wenn es vielleicht ein durchaus interessantes Projekt sein könnte, die zur Diskussion stehende Theorie des guten Lebens bei Nussbaum auf Merkmale hin zu untersuchen, wie sie von einer wissenschaftichen Theorie im allgemeinen gefordert werden (z. B. Explizität, empirische Verankerung, Praktikabilität, Falsifizierbarkeit usw.) , so liegt hierin auch die Gefahr, in unerwünschter Weise inhaltlich zu weit von Nussbaums Ansatz zu abstrahieren. Es wurde daher die Entscheidung getroffen, die nun folgende Teiluntersuchung auf die im Kapitel 4.1. formulierten Fragestellungen einzuschränken.

4.1 Einleitung: Das gute Leben – eine erste Annäherung

Die Frage nach dem guten Leben erfährt in der gegenwärtigen Philosophie eine Renaissance[355]. Als Gründe hierfür sieht Steinfath[356] - neben einem offensichtlich wachsenden Orientierungsbedürfnis in Fragen der individuellen Lebensführung – vor allem drei Gründe:

1. Es gibt wachsende Zweifel, ob sich Moralvorstellungen rein „prozedural und neutral gegenüber verschiedensten Vorstellungen von einem guten Leben begründen"[357] lassen. Dabei wird nicht mitreflektiert, dass auch solche prozeduralen Vorstellungen von Moral ihrerseits wiederum auf einer bestimmten Vorstellung vom guten Leben gründen.

---

355 Vgl. hierzu z. B. entsprechende Aussagen von Wolf 1999, 12, Steinfath 1998, 7 und Fenner 2007, 7
356 Vgl. Steinfath 1998, 10–12
357 Ebd., 11

2. Eng damit im Zusammenhang steht der zweite Grund. Hier lautet die Kritik „[...] daß der Zweck auch einer universalistischen und egalitären Moral aus dem Blick gerät, wenn keine materialen Güter benannt werden können, die durch eine solche Moral geschützt werden sollen."[358] Wie sich unschwer feststellen lässt, stützt sich Martha Nussbaums Ansatz in besonderer Weise auf genau diesen kritischen Punkt, weshalb sie auch von Steinfath hier als beispielhaft angeführt wird.
3. Zuletzt stellt sich die Frage, welches Motiv Menschen haben sollten, moralisch zu handeln, wenn dieses Handeln nicht in einem zumindest indirekten Sinn der eigenen Vorstellung von einem guten Leben dient.

Die Frage: „Was ist ein gutes Leben?" stellt den Ausgangspunkt der folgenden Untersuchung dar. Es ist wichtig, dies hier so festzuhalten, da der Begriff des *guten Lebens* auch Eingang in eine Reihe anderer Fragen finden könnte, deren Behandlung dann aber einen anderen Weg der Untersuchung erfordern und folglich auch mitunter (zumindest partiell) zu anderen Ergebnissen führen würde. Beispiele für solch andere Frageformen wären: „Wie führt man ein gutes Leben?" oder „Was erwarten Menschen von einem guten Leben?".

Die Entscheidung nach dem *Wesen* des guten Lebens zu fragen (und nicht etwa nach dem *richtigen Leben* oder der *guten Lebensführung*), birgt eine weitere inhaltliche Vorentscheidung, da es nicht (zumindest aber nicht nur) um eine ethische Fragestellung geht. Würde die Grundfrage lauten „Wie führt man ein gutes Leben?", dann würde dies sehr schnell auf eine Diskussion rund um deontologische Ansätze in der Tradition Immanuel Kants und tugendethische Varianten in der aristotelischen Tradition hinauslaufen. Insbesondere die Tugendethik erfährt seit Elizabeth Anscombes 1958 erschienenen, einflussreichen Aufsatz

---

358 Ebd.

Modern Moral Philosophy[359] eine nachhaltige Wiederentdeckung in der philosophischen Debatte. Und auch wenn Nussbaum im Allgemeinen als Tugendethikerin gelten kann, so scheint mir das gleichwohl nicht der entscheidende Punkt in ihrer Konzeption zu sein. Zumindest nicht, wenn es um den Begriff des guten Lebens geht, wie er in der vorliegenden Arbeit bislang schwerpunktmäßig untersucht wurde.

In ihren Schriften zum *Capabilities Approach*, auch das kann man nun festhalten, lassen sich zwar viele Aussagen zum *guten Leben* bzw. zum *menschlich guten Leben* finden, jedoch nicht im Sinne von normativen Richtlinien zur Lebensführung (wie es im Allgemeinen wohl der Struktur einer tugendethischen Konzeption entsprechen würde), sondern in erster Linie in Form von Voraussetzungen. „Die Normativität des Fähigkeiten-Ansatzes betrifft lediglich die Ebene der Fähigkeiten und nicht die der Tätigkeiten."[360]

Nussbaums *Liste der zentralen Fähigkeiten* ist so gesehen eher als ein Ringen um eine Definition für die allgemeine Struktur menschlichen Lebens zu verstehen. Sie ist mehr Anthropologie als Ethik und (zumindest im Bezug auf das Individuum) mehr deskriptiv als normativ. Die Normativität, welche dem *Capabilities Approach* innewohnt, stellt einen Anspruch an die Politik dar – nicht an den Einzelnen, der sein Leben (entsprechend des liberalen Anspruches der Konzeption) in größtmöglicher Freiheit führen soll.

Durch die Frage: „Was *ist* ein gutes Leben?" wird also nach dem Wesen des guten Lebens gefragt. Dies kann bedeuten, dass nach einem oder mehreren Bestandteilen gefragt wird, seien sie Teil einer essentialistischen oder einer relativistischen Konzeption,

---

359 Anscombe 1981: *The Collected Philosoophical Papers of G. E. M. Anscombe. Volume Three: Ethics, Religion, Politics*, Oxford, 26–42
360 Knoll 2009, 247

seien sie metaphysisch durch eine Bündeltheorie zu beschreiben oder durch eine Substanztheorie. Eine zulässige Alternative wäre deshalb wohl am ehesten: „Was sind die Bestandteile eines guten Lebens?". Allerdings beinhaltet diese Frage wiederum eine gewisse formale Vorentscheidung, insofern a priori von differenzierbaren Bestandteilen ausgegangen wird.

Durch die Art der Frage soll eine weitere inhaltliche Weichenstellung getroffen werden. Insofern nämlich nach dem *Wesen* des guten Lebens gefragt wird und nicht bloß nach dem *Handeln*, welches zu einem guten Leben führt (bzw. zu diesem gehört), wird die Untersuchung aus einem engen ethischen Kontext gelöst (und damit aus der gängigen Bipolarität zwischen deontologischen und tugendethischen Konzeptionen). Die Frage nach dem Wesen des (menschlich) guten Lebens ist stark an die Frage nach dem Wesen des Menschen überhaupt geknüpft, was den Untersuchungsgegenstand für die Einbeziehung anthropologischer Reflexionen öffnet. In Anbetracht von Nussbaums Konzeption dient diese Öffnung in Richtung der philosophischen Anthropologie einer angemessenen Verortung. Obwohl, wie sich in weiterer Folge noch zeigen wird, hier (mit Nussbaum) die Überzeugung vertreten wird, dass Moral und Ethik sich nicht von der Frage nach dem guten Leben trennen lassen, soll also der Fokus auf letzterer Frage liegen: Was bedeutet es für einen Menschen, ein gutes Leben zu haben und wie lassen sich die zu erwartenden Antworten angemessen interpretieren und durch Überbegriffe systematisch kategorisieren?

Das Leben eines einzelnen Menschen auf sein Gutsein zu befragen ist eine komplexe Angelegenheit. Sofort stellen sich mehrere grundsätzliche Fragen, die eine solche Bewertung erschweren, wenn nicht gar unmöglich machen – und zwar noch bevor überhaupt eine Diskussion über mögliche inhaltliche Bestandteile geführt wird. Konkret geht es zunächst um die Frage, wer beurteilen kann, ob ein menschliches Leben ein gutes Leben ist bzw. war. Als sterbliches Wesen kann der Mensch keinen Gottesstandpunkt einnehmen. Nur von einem solchen Standpunkt aus wäre aber eine unabhängige Beurteilung denkbar. Weiterhin ließe sich argumentieren, dass sich wohl auch nur von einem Gottesstandpunkt eine von jeglichem individuellen Interesse unabhängige Normativität hinsichtlich der Frage nach dem guten Leben begründen ließe und dass im Gegensatz dazu die Meinungen und Urteile einzelner Menschen (auch wenn sie sich auf größere Gruppen stützen, die ihre Ansichten teilen) immer evaluativ, vorläufig und veränderbar sind.

Ein weiterer Aspekt betrifft die Frage nach dem Begriff des *Lebens*. Was ist hiermit gemeint? Das Leben eines Menschen, welches dieser zur Zeit lebt ist unabgeschlossen, woraus sich hier bei der Beurteilung eine weitere Vorläufigkeit ergibt. Aber auch bei der Beurteilung eines bereits abgeschlossenen Lebens ergeben sich spezifische Probleme. Von besonderer Bedeutung scheint hier die Frage zu sein, wie sich das episodische Glück im Leben eines Einzelnen zum übergreifenden Ganzen des Lebens verhält[361]. Es ist durchaus vorstellbar, dass es Menschen gibt, die zahlreiche glückliche Momente erlebt haben, ihr Leben insgesamt selbst rückblickend am Lebensende allerdings nicht als *gut* bezeichnen würden, weil sie entscheidende Ziele nicht verwirklichen konnten, die sie für ihr Leben als konstitutiv ansahen, oder weil ein großes persönliches Unglück das Glück der guten Momente in ihren Augen vollkommen zerstört hat. Auch der umgekehrte Fall ist problemlos denkbar: Zweifellos gibt es auch Menschen, deren Leben durch vielschichtiges Leid, durch Krankheit und persönliches Unglück geprägt war, die sich aber in einer Art und Weise zu diesem Leid verhalten haben, dass sie an ihrem Lebensende nicht nur stolz, sondern auch zufrieden von einem guten Leben sprechen, welches sie geführt haben. Hier deutet sich an,

---

[361] Die Begriffe „episodisches Glück" und „übergreifendes Glück" wurden hier von Martin Seel entlehnt. Vgl. Seel 1999, 66

dass ein gutes Leben nicht immer auch ein glückliches Leben gewesen sein muss. Und im Hintergrund schwingt beständig die Frage mit, wer letztlich das Urteil fällen kann, ob ein Leben ein gutes war oder nicht. Der betroffene Mensch oder die Gesellschaft? Oder letztendlich doch nur eine übersinnliche Instanz, also ein göttliches Wesen?

Trotz dieser und einiger anderer Schwierigkeiten, die sich bei der Frage nach dem guten Leben ergeben, liegt der vorliegenden Arbeit die Überzeugung zugrunde, dass sich sinnvoll über diesen schwierigen philosophischen Terminus nachdenken lässt. Mit Ursula Wolf[362] wird hier die These vertreten, dass die Frage nach dem guten Leben nicht einfach eine unter vielen Fragen darstellt, sondern vielmehr als das zentrale Motiv jeglichen Philosophierens verstanden werden kann.

Eine weitere wichtige Frage, die in bestimmter Weise Thema jeder sozialethischen Diskussion ist, betrifft den Status der Menschen, für welche eine Definition für das gute Leben gesucht wird. Kurzum: Wer ist der Adressat innerhalb einer Theorie des guten Lebens? Sobald eine Definition nämlich gefunden ist, ergeben sich – je nach Sichtweise – sozialethische Implikationen, insofern das Recht oder zumindest ein Anspruch auf ein solches gutes Leben formuliert werden kann. Je nach inhaltlicher Bestimmung kann der hier zur Diskussion stehende Kreis der Adressaten weiter oder enger gefasst werden. Wenn man zum Beispiel eine Theorie des guten Lebens formuliert, welche sich darauf beschränkt dieses durch die Abwesenheit von körperlichen Schmerz zu definieren, so lassen sich in den Kreis der Subjekte der Moral alle Menschen aufnehmen – auch geistig schwer Behinderte und möglicherweise sogar Komapatienten. Alle Menschen könnten dann ein gutes Leben führen, wenn sie von (mehr oder weniger starken und/oder dauerhaften) körperlichen Schmerzen verschont bleiben. Auch die meisten Tiere

---

362 Vgl. Wolf 1998, 35

haben die Fähigkeit, Schmerzen zu empfinden und darunter zu leiden, wenngleich hier, streng genommen, nur ein Analogieschluss möglich ist. Eine Theorie des guten Lebens, welche lediglich die Abwesenheit von Schmerzzuständen als Kriterium ansetzt, könnte also problemlos auf große Teile der Tierwelt ausgedehnt werden. Für das Nachdenken über das *menschlich* gute Leben wäre durch eine solche negativ gehaltene Definition freilich nicht viel gewonnen.

Eine solche Theorie des guten Lebens kennt also unter ethischer Perspektive faktisch ausschließlich Subjekte der Moral bzw. der Gerechtigkeit. Jedes schmerzempfindende Wesen ist selbstzweckhaft und hat einen moralischen Anspruch darauf, entsprechend behandelt zu werden (zumindest könnte man plausibel dafür argumentieren). Völlig anders gestaltet sich die Situation, wenn man eine Theorie entwickelt, welche z. B. die Existenz einer bestimmten Vernunftfähigkeit (definiert z. B. als Fähigkeit, reflexiv zu den eigenen Handlungen Stellung zu beziehen oder – wie bei Nussbaum – sich eine Konzeption des guten Lebens zu bilden) voraussetzt. Damit wären nicht nur alle Tiere wohl als Subjekte auszuschließen, sondern auch viele Menschen mit schwerer Krankheit und / oder geistiger Behinderung. Sie alle könnten zwar weiterhin Objekte der Gerechtigkeit im Sinne einer moralisch gebotenen Rücksichtnahme durch die anderen Menschen sein (je nach der damit einhergehenden ethisch-moralischen Theorie), aber sie könnten konsequenterweise kein der Definition entsprechendes, gutes menschliches Leben führen. Es ist also von zentraler Bedeutung, sich bei der Entwicklung einer Theorie des guten Lebens darüber klar zu werden, wer zum Kreis der Adressaten gehört, respektive wer durch eine bestimmte Ausgestaltung der Theorie möglicherweise als Adressat ausgeschlossen wird (vgl. auch 1.5.).

Die Intention dieses vierten Kapitels ist eine begriffliche und theoretische Verortung des *Capabilities Approach* von Martha Nussbaum innerhalb der philosophischen Diskussion um die Frage nach dem guten Leben. Das Ziel ist erreicht, wenn am Ende mehr Klarheit hinsichtlich folgender Fragen herrscht:

1. Da der *Capabilities Approach* einerseits eine *stark vage Theorie des Guten* für das Individuum postuliert, andererseits dann aber auch daraus eine Theorie minimaler sozialer Gerechtigkeit ableitet, kommt der Frage, wie sich das Verhältnis zwischen Individuum und Gesellschaft, sowie zwischen Glück und Moral in Nussbaums Ansatz am besten beschreiben lässt, eine besondere Bedeutung zu. Wie lässt sich dieses Verhältnis zutreffend rekonstruieren?
2. Welche Voraussetzungen und Vorannahmen werden in Nussbaums *Capabilities Approach* getätigt, wenn die Autorin von einem guten Leben, respektive der Frage nach diesem, spricht? Die Antwort auf diese Frage führt über Begriffe, die es zu bestimmen und voneinander abzugrenzen gilt. In direkter Folge steht daher die Frage, mit welchen Begrifflichkeiten aus den gängigen Theorien des guten Lebens sich Nussbaums Konzeption am besten in ihrem Wesen erfassen lässt und wo sich möglicherweise sogar konzeptionelle Überschneidungen feststellen lassen.
3. Schließlich: Sollte man im Zusammenhang mit Nussbaums Capabilities Approach tatsächlich von einer *Theorie des guten Lebens* sprechen?

Die Untersuchung wird sich entlang dieser drei Fragestellungen bzw. Fragekomplexe bewegen und versuchen, hier Antworten zu finden.

4.2 Die Metaebene: Schichten der Frage nach dem guten Leben aus philosophischer Perspektive (in Anlehnung an Ursula Wolf)

Wie schon im ersten Kapitel erläutert wurde, steht Martha Nussbaum dem Konzept des *internen Realismus* nahe, welcher für sich einerseits in Anspruch nimmt, Aussagen machen zu können, die wahr sind, andererseits aber bewusst die begrenzte Erkenntnisfähigkeit des Menschen mitreflektiert und deshalb den metaphysischen Realismus in seiner Reinform verwirft. Nussbaums Überzeugung ist es, dass das Gute für den Menschen nur im Zusammenhang mit seiner Lebensform zu verstehen ist, weshalb sich bei ihr (wie schon bei ihrem historischen Vorbild Aristoteles) Werte bzw. normative Setzungen einerseits und Fakten andererseits nicht getrennt voneinander verstehen lassen.

Der *interne Realismus* basiert auf der Überzeugung, dass sich über das Wesen des Menschen (im Sinne einer philosophischen Anthropologie) und über das menschlich gute Leben im Medium eines internen Verständigungs- und Interpretationsprozesses konstruktiv nachdenken lässt und dass sich in Folge eines solchen Prozesses auch normative Aussagen ableiten lassen. Fraglich bleibt, ob sich aus der Auswertung weltweit zur Verfügung stehender Narrationen tatsächlich ein einheitliches Bild des Menschen konstruieren lässt.

Die Mannheimer Philosophieprofessorin Ursula Wolf (*1951) beschäftigt sich in *Die Philosophie und die Frage nach dem guten Leben*[363] mit der Struktur der Frage nach dem guten Leben und ihrer Bedeutung für die Philosophie. Als ausgewiesene Kennerin der antiken Philosophie interessiert sie dabei vor allem auch die Frage, welchen Stellenwert die Frage nach dem guten Leben innerhalb der Philosophiegeschichte, ausgehend von Platon und Aristoteles, einnimmt.

---

363 Wolf 1999

Wolfs Ausgangsthese lautet, dass die Philosophie immer aus der Frage nach dem guten Leben hervorgeht und dass die Frage, wie zu leben gut sei, nicht nur für die Ethik eine zentrale Rolle spielt, sondern fundamental für Gegenstand und Methode der Philosophie überhaupt ist. In einem Aufsatz zum gleichen Thema stellt sie die Vermutung auf,

> „[...] daß die Frage so beschaffen ist, daß die Philosophie allenfalls für die Explikation des Sinns, nicht aber für ihre Beantwortung zuständig ist, daß aber der Frage als Frage eine besondere Rolle in der Philosophie zukommt, der man nicht gerecht wird, wenn man sie nur als das Thema der Teildisziplin der Ethik versteht."[364]

Im Rahmen der vorliegenden Untersuchung interessieren vor allem Wolf's Ausführungen und Reflexionen über die *Struktur* der Frage nach dem guten Leben, um so in weiterer Folge den Standort von Nussbaums Theorie besser bestimmen zu können.

Wolf hält zunächst fest, dass der Begriff der Ethik in der Antike in einem wesentlich weiteren Sinne gebraucht wurde als der Begriff der Moral. Letztere betrachtet das Handeln lediglich unter dem Aspekt, ob es gesellschaftlichen Normen entspricht, während mit der Ethik die Lehre vom richtigen und guten menschlichen Verfasstsein gemeint war[365]. Unter Hinweis auf die strengen Begründungsansprüche der Aufklärung, insbesondere bei Immanuel Kant, weist Wolf darauf hin, dass die Frage nach dem guten Leben aus der Weite des antiken Ethik-Begriffes ausgeschlossen wurde, da sich über das gute Leben objektiv nichts sagen lasse, man sich durch Antwortversuche (wie bei Aristoteles) vielmehr in einen Zirkel begebe[366]. Dies gelte jedoch nicht für den engeren Bereich der Moral innerhalb dieses Ver-

---

364 Wolf 1998, 33
365 Ebd., 12
366 Vgl. Wolf 1999, 13

ständnisses von Ethik: „Denn für die Moral gibt es, so Kants Überzeugung, die Möglichkeit der Begründung aus der reinen Vernunft, die unabhängig von den variierenden empirischen Lebensumständen ist."[367]

Im Sinne der hier durchzuführenden Untersuchung zeigt sich eine erste wichtige Erkenntnis: Nussbaum, die sich ja in ihren Arbeiten zur Ethik und Moralphilosophie (zwei Begriffe die heute oft synonym gebraucht werden, was, wie gerade gesehen, nicht unproblematisch ist) maßgeblich auf Aristoteles stützt, klammert die Frage nach dem guten Leben nun gerade nicht aus, sondern weist dieser eine Stellung an der Spitze ihrer Konzeption zu[368]. Strukturell ist dies für jede moderne Tugendethik wesentlich, will sie sich signifikant von deontologischen Ethiken abgrenzen, in deren Mittelpunkt die theoretischen Begriffe der Pflicht und des Sollens stehen.

Wenn die Frage nach dem guten Leben nun im Mittelpunkt der Philosophie Nussbaums steht, so ist es für eine Untersuchung wie die vorliegende umso wichtiger, die Struktur dieser Frage in den Blick zu bekommen. Wolf hat hierzu Aufschlussreiches beigetragen.

Der Begriff des guten Lebens in der Philosophie ist für Wolf ein künstlicher Terminus, mangels einer passenden Übersetzung für den Begriff der *eudaimonia*.[369] Keinesfalls, darin sind sich viele zeitgenössischen Autoren einig[370], lässt sich hier *gut* einfach mit

---

367 Ebd.
368 Vgl. Pauer-Studer 2000, 16
369 Vgl. Wolf 1999, 15
370 neben Wolf 1999, Vgl. auch Bordt, 2011, 46–49 und Fenner 2007, 144–147. Interessant ist bei der Analyse der beiden letztgenannten Autoren, dass es zwar bei beiden eine Übereinstimmung hinsichtlich einer grundsätzlichen Unterscheidbarkeit des „guten" und des „glücklichen" Lebens gibt, jedoch argumentiert Bordt, dass das glückliche Leben neben dem guten Leben ein Bestandteil eines gelungenen Lebens ist, während

glücklich gleichsetzen. Welche Schichten innerhalb der Frage nach dem guten Leben unterscheidet nun Wolf?

Die Autorin geht von der alltäglichen Verwendung der Frage aus, wie man leben sollte[371], um ein gutes Leben zu führen, wobei es sich dann um eine Frage handelt, „die eine bestimmte Person in ihrer konkreten Lebenssituation stellt, jedoch so stellt, daß sie dabei ihr Leben im ganzen im Auge hat."[372] Auf dieser Ebene der Fragestellung ist für die Beantwortung ein gewisses theoretisches Wissen vom Fragesteller vorauszusetzen.

> „Zum theoretischen Wissen kann man logische und rechnerische Erkenntnisse zählen, so die Frage nach Konsistenz der Entscheidungen oder die Berechnung eines optimalen Nutzens unter Voraussetzung bestimmter Ziele und Situationsbedingungen."[373]

Auf dieser obersten Schicht der Frage nach dem guten Leben sind Antworten zu erwarten, die eine Kombination gegebener Wünsche zu befriedigen versprechen. Doch Wolf verweist hier sofort auf den Einwand, dass wir uns auf einer zweiten Ebene zu den in uns vorfindbaren Wünschen und Zielen (die unser Konzept des guten Lebens auf der obersten Ebene konstituieren) verhalten und gegebenenfalls distanzieren können. Damit wird dem Bedürfnis Rechnung getragen, unsere Ziele, Interessen und

---

Fenner im guten Leben eine Vorstufe bzw. Voraussetzung zum glücklichen Leben sieht. Hier werden unterschiedliche Begrifflichkeiten für den Leitbegriff der *eudaimonia* erkennbar.

371 Der Terminus „sollte" wird hier von Wolf nicht unreflektiert angewendet, steht er doch eigentlich eher im Zentrum deontologischer Ethiken. Dass sich eine strikte Trennung zwischen deontologischer und tugendethischer Terminologie hier nicht kohärent durchhalten lässt, expliziert Wolf (1998, 37). Hier verwendet die Autorin „sollen" nicht im Hinblick auf eine Verpflichtung sondern im Sinne eines ratsamen Verhaltens.

372 Wolf 1998, 39
373 Ebd.

Wünsche Kraft der Vernunftfähigkeit zu begründen und damit auch vor anderen zu rechtfertigen.

Folgt man der Explikation der Frage nach dem guten Leben auf dieser zweiten Ebene, so wechselt sie allerdings durch die moralische Konnotation ihren Charakter. „Das spezifisch Praktische unserer Frage wäre also darin zu sehen, daß alle Menschen das Bedürfnis haben, gut oder wertvoll als Personen zu sein"[374]. Aus der ursprünglichen Frage nach dem guten Leben wird so unter der Hand die Frage, wie man leben sollte, um ein guter Mensch zu sein bzw. zu werden. Beide Fragen sind durchaus nicht zwangsläufig aufeinander verwiesen (wie dies v. a. in der Antike bei Platon sicherlich noch unumgänglich gewesen wäre). Es wäre sogar ohne Widerspruch die Auffassung denkbar, dass einem das eigene Gut-sein als Person beim Führen eines guten Lebens im Weg steht.

Wolf verwirft für die Ziele ihrer eigenen Untersuchung diese Art der Fragestellung auf der zweiten Ebene und möchte sie lieber „in der konkret-praktischen Frage sehen, wie eine bestimmte Person unter diesen konkreten Bedingungen am besten leben sollte"[375]. Diese Formulierung wirkt schon deutlich praktischer und sie führt Wolf direkt zur dritten und tiefsten Schicht der Frage nach dem guten Leben, welche sie auch als *existenzielle Schicht*[376] bezeichnet. Sie stellt den eigentlichen Kern der Frage nach dem guten Leben dar.

In dieser existenziellen Schicht erfährt der Mensch die Spannung zwischen „großen Zielen und begrenzten Fähigkeiten, vielfältigen Wünschen und begrenzter Zeit"[377]. Dadurch wird unsere Lebensplanung und das, was wir bisher erreicht haben, immer

---

374 Wolf 1998, 40
375 Ebd., 41
376 Wolf 1999, 19
377 Wolf 1998, 41

wieder erschüttert und in seiner Werthaftigkeit für unsere, bewusste oder unbewusste, Konzeption des guten Lebens hinterfragt und gegebenenfalls relativiert.

Die Frageform, die sich aus dieser Schicht der Frage ergibt, lautet für Wolf daher: „Wie können wir als Wesen mit dieser existentiellen Struktur in einer Welt mit dieser Struktur möglichst gut leben?"[378] In Abgrenzung dazu lautet die Frage der Moral „wie Individuen, die sich zu ihren Existenzbedingungen auf verschiedene Weise verhalten, ihr Zusammenleben am besten regeln können."[379]

Auf welcher Ebene der Konzeption ist Nussbaums Version des *Capabilities Approach* anzusiedeln? Folgt man Wolf, dann stellt Nussbaum die Frage nach dem guten Leben nur auf einer Ebene allgemeiner Voraussetzungen: „Die hier zu erwartenden Antworten sind empirisch allgemeine Sätze über menschliche Grundbedürfnisse [...]"[380]. Wolf beurteilt diese Bemühungen hinsichtlich ihres philosophischen Gehalts eher zurückhaltend: „Die Frage so zu stellen ist wichtig und sinnvoll, jedoch philosophisch wenig interessant."[381]

Nach den Erläuterungen im ersten Kapitel der Arbeit kann man hingegen begründeterweise festhalten, dass es Nussbaum mitnichten darum geht, einfach nur empirische Grundbedürfnisse aufzuzählen, sondern dass es vielmehr ihr Ziel darstellt, die menschliche Lebensform in ihrer Grundstruktur zu erfassen und dabei normative Setzungen vornimmt hinsichtlich der Fähigkeiten, die für diese Lebensform von zentraler Bedeutung zu sein scheinen. Zur Erinnerung:

---

378   Ebd.
379   Ebd.
380   Wolf 1998, 32
381   Ebd.

"The basic idea of the thick vague theory is that we tell ourselves stories of the general outline or structure of the life of a human being. We ask and answer the question, What is it to live as a being situated, so to speak, between the beasts and the gods, with certain abilities that set us off from the rest of the world of nature, and yet with certain limits that come from our membership in the world of nature?"[382]

Legt man nun die Differenzierung jener drei Schichten zugrunde, welche von Wolf angeführt werden, dann bewegt sich Nussbaums Behandlung des Begriffes zweifellos auf der tiefsten, der *existenziellen Schicht* der Frage.

Denn weder spielt die Frage nach der Befriedigung bestimmter Wünsche auf der ersten Schicht bei Nussbaum eine besondere Rolle (wie sie es vielleicht bei hedonistischen Theorien eher der Fall ist), noch kommt der Frage nach dem guten Personsein auf der zweiten Ebene eine besondere Bedeutung zu (wie es beim traditionellen Widerstreit zwischen tugendethischen und deontologischen Konzeptionen der Fall ist). Was dies in einem noch konkreteren Sinn für Nussbaums Begriff des guten Lebens bedeutet, wird sich noch im später folgenden Vergleich der verschiedenen Theorien des guten Lebens zeigen.

4.3 Individualethische und sozialethische Aspekte

Das Ergebnis des letzten Unterkapitels, nämlich dass das Anliegen Nussbaums sich bei Wolf in Form der Frage „Wie können wir als Wesen mit dieser existentiellen Struktur in einer Welt mit dieser Struktur möglichst gut leben?" wiederfindet, wirft postwendend eine neue Frage auf: Ist der *Capabilities Approach* mit seiner Konzeption des guten Lebens überhaupt ein Thema der Ethik? Als philosophische Disziplin betrieben, versucht Ethik

---

382 Nussbaum 1990, 218

„[…] die philosophische Reflexion über das, was aus moralischen Gründen richtig oder falsch ist."[383] Die oben genannte Frage scheint aber mehr auf das Wesen des menschlichen Lebens zu reflektieren – und damit Thema einer philosophischen Anthropologie zu sein. Doch beide Disziplinen lassen sich nur schwer voneinander trennen (dies trifft insbesondere auf Tugendethiken zu). Man kann jedenfalls festhalten, dass Nussbaum die Anthropologie der Ethik methodisch vorordnet.

Das Spannungsfeld, in dem sich Konzeptionen des guten Lebens hier bewegen, ist einerseits durch individualethische Fragen markiert, die vordergründig den einzelnen Menschen und sein Streben nach einem guten Leben (entsprechend seinem Wesen) betreffen und andererseits durch Fragen sozialethischen Ursprungs, welche die Beziehungen zwischen den Individuen einer Gemeinschaft in den Fokus nehmen. Erstere Fragen bewegen sich auf dem Gebiet der philosophischen Anthropologie, während letztere Grundfragen der philosophischen Ethik darstellen. Freilich ohne dass sich beides strikt voneinander trennen ließe. Vielmehr verweisen beide Disziplinen aufeinander. So kommt eine philosophische Anthropologie schwer umhin, sich mit der Sozialität des Menschen zu beschäftigen, seinem Bezug und seiner Abhängigkeit von einer, wie auch immer strukturierten, menschlichen Gemeinschaft[384]. Das Individuum verweist auf die Gesellschaft. Das Wesen des Menschen ohne seinen Bezug zur Gesellschaft fassen zu wollen, scheint nicht möglich. Ebenso ist es umgekehrt nur schwer verständlich, wie eine (normative) Ethik begründet werden soll, ohne, zumindest indirekt, auf anthropologische Aussagen und Vorannahmen Bezug zu nehmen. Die Gesellschaft verweist auf das Individuum.

---

383   Pauer-Studer 2010, 12

384   Um dies zu belegen, genügt ein Blick in das Inhaltsverzeichnis einführender Werke, z. B. Haeffner 2005., Arlt 2001, Bordt 2010 oder Thies 2009

4 Nussbaums „Capabilities Approach" – eine Theorie des guten Lebens?

In diesem Abschnitt sollen einige Aspekte näher betrachtet werden, die das hier angesprochene Spannungsverhältnis zwischen Individuum und Gesellschaft betreffen. Anschließend wird gefragt, wie sich diese Aspekte zu Nussbaums Konzeption des guten Lebens verhalten.

Dagmar Fenner (*1971) definiert in ihrer systematischen Abhandlung zum Begriff des guten Lebens den Unterschied zwischen Individualethik und Sozialethik wie folgt:

> „Während die ‚Individualethik' von den Bedürfnissen und Interessen des Einzelnen ausgeht und seine Selbstverwirklichung und seine persönliche Glückserfüllung zu optimieren sucht, will die ‚Sozialethik' eine angemessene, gerechte Grundordnung der Gesellschaft bestimmen."[385]

Innerhalb dieser Definition, die für Fenner an gleicher Stelle „[...] am besten für einen wünschenswerten Konsens unter Ethikern geeignet scheint [...]" fallen das höchste Gut des Individuums und jenes der Gesellschaft begrifflich auseinander. Während der Maßstab der Individualethik das (individuelle) Glück zu sein scheint, ist es bei der Sozialethik die Gerechtigkeit, die ihrerseits wiederum eine gewisse Moralität bei den betroffenen Bürgern anmahnt[386].

Es ist wohl schwer daran zu zweifeln, dass das zentrale Gut durch eine spezifisch ausgezeichnete Individual- und eine Sozialethik in gewissem Umfang begrifflich unterscheidbar wird (und *Glück*

---

385 Fenner 2007, 7

386 Es wurde bewusst „anmahnt" gewählt, jedoch nicht etwa „einfordert". Denn zur Einhaltung von (gesetzlichen) Vorschriften ist keine ethische Überzeugung, keine moralische Grundhaltung beim Individuum notwendig. Gleichwohl ist es aus Sicht des Gesetzgebers wahrscheinlich wünschenswert, wenn die ihm unterstellten Bürger Gesetze und Regeln aus innerer Überzeugung einhalten und nicht etwa bloß aus Furcht vor Sanktionen, denn eine innere Zustimmung der Betroffenen verspricht mehr innere Stabilität.

einerseits und *Gerechtigkeit* bzw. *Moral* andererseits scheinen hier durchaus passende Begrifflichkeiten zu sein), jedoch ist Vorsicht geboten, insofern die Gefahr besteht, dass unter der Hand eine Heterogenität der Güter suggeriert wird, die in der Konsequenz sogar zu einem Ausschlussverhältnis führen könnte. Dies wird jedoch dem Anliegen einer allgemeinen Disziplin der Ethik (die ja, will man eine vollkommene Aufsplittung in Individual- bzw. Sozialethik vermeiden, nur integrativ aufgefasst werden kann) nicht gerecht. Wie immer man auch das Verhältnis zwischen Individuum und Gesellschaft deuten mag, immer bleiben doch beide aufeinander verwiesen. Eine strikte Entgegensetzung von Glück (als Telos der Individualethik) und einer gerechten Gesellschaft (als Telos der Sozialethik) lässt sich argumentativ nur noch schwer durchhalten, sobald man einen einigermaßen reflektierten Begriff individuellen Glücks ansetzt, der sich (beispielsweise) nicht in einem rücksichtslosen Hedonismus auf Kosten Dritter erschöpft.

Gleichwohl können die Ziele *individuelles Glück* und *gerechte Gesellschaft* oftmals in Konflikt zueinander treten. Beispiele lassen sich hier leicht finden, z. B. wenn auf der einen Seite der Lohn bzw. das Gehalt von Arbeitern und Angestellten besteuert (und das individuelle Glück aus Sicht der Betroffenen damit geschmälert) wird, um auf der anderen Seite sozialstaatliche Maßnahmen zu finanzieren, die der Einrichtung einer gerechten Gesellschaft dienen sollen. Trotzdem ist Fenner Recht zu geben, wenn sie festhält: „Dass die individual- und sozialethischen Bewertungen *in praxi* konkurrieren *können*, bedeutet noch lange nicht, dass sie jederzeit konkurrieren *müssen*."[387] Schon das besagte Beispiel der Steuern auf Lohn und Gehalt zur Finanzierung sozialstaatlicher Maßnahmen (und damit zur Förderung bzw. Herstellung sozialer Gerechtigkeit) bestätigt diese Einschätzung. Denn es ist davon auszugehen, dass ein so

---

387 Fenner 2007, 12. Hervorhebungen im Original, J. N.

beförderter sozialer Frieden auch wieder das Glück aller Individuen in einer gegebenen politischen Gemeinschaft befördert (zumindest stellt dies ja unbestreitbarerweise ein Grundmotiv des sozialen Ausgleichs durch Steuern dar).

Auch Nussbaums *Capabilities Approach* bewegt sich genau in dem hier beschriebenen Spannungsfeld. Einerseits werden in ihrer Theorie Fähigkeiten genannt, von denen sie behauptet, dass ohne ihr Vorhandensein ein gutes Leben für den Einzelnen nicht möglich sei. Weil sich dies aber so verhält, stellt für sie die Forderung nach entsprechender Förderung dieser zentralen Fähigkeiten bei allen Bürgern einen minimalen Anspruch der sozialen Gerechtigkeit dar. Mit anderen Worten: Eine im minimalen Sinne gerechte Gesellschaft kann es für Nussbaum nur geben, wenn jedem Bürger die übergeordnete Fähigkeit, ein gutes Leben zu führen, offen steht, was nur dann der Fall ist, wenn jeder Bürger über alle von ihr deklarierten zentralen Fähigkeiten in einem ausreichenden Maße verfügt. Gerechtigkeit einerseits und gutes Leben andererseits sind für Nussbaum, wie schon im Zuge des ersten Kapitels herausgestellt wurde, im hohen Maße aufeinander verwiesen.

Ein weiterer, für unsere Untersuchung interessanter Aspekt ergibt sich bei der Analyse der Unterscheidung zwischen Individualmoral und Sozialmoral, wie sie sich bei Herlinde Pauer-Studer findet[388]. „Im Mittelpunkt der *Individualmoral* oder der persönlichen Moral steht die Frage nach den Bedingungen eines moralisch integren Personseins"[389], so Pauer-Studer. Die Individualmoral könne dabei aber nur ein internalistischer Standard sein: „Eine haltbare Begründung ethischer Grundsätze muss über autonome und an gute Gründe gebundene Reflexion

---

388 Pauer-Studer 2010, 14–16
389 Ebd., 15. Hervorhebung im Original, J. N.

erfolgen."[390] Nur dadurch könne eine innere Zustimmung erfolgen. Trotzdem ist die Individualmoral für Pauer-Studer keine Privatmoral, sondern intersubjektiv von Bedeutung, „da wir unser Handeln und Verhalten ja auch anderen gegenüber rechtfertigen müssen."[391] Demgegenüber stellt sich für die Autorin auch die Gestaltung von (öffentlichen) Institutionen als ethisches Problem dar:

> „Die Sphäre der *öffentlichen Moral* oder *Sozialmoral* umfasst jene Prinzipien und Grundsätze, die für das ethische Bewusstsein von Gesellschaften, aber auch für die Gestaltung der grundlegenden gesellschaftlichen Institutionen maßgeblich sind. Die öffentliche Moral richtet sich vorrangig auf Fragen der Gerechtigkeit und Gleichheit."[392]

Diese Definition von öffentlicher Moral bzw. Sozialmoral ist nun für die Bewertung von Nussbaums Ansatz durchaus von Bedeutung. Das betrifft insbesondere das zuerst genannte Charakteristikum (bezüglich des ethischen Bewusstseins von Gesellschaften). Nussbaums Arbeiten wollen, wie natürlich auch jene von Amartya Sen, zunächst darauf aufmerksam machen, dass ein adäquater Maßstab für die Beurteilung sozialer Gerechtigkeit in der Frage nach den Fähigkeiten ihrer Bürger zu finden ist – mehr als beispielsweise im eindimensionalen Vergleich von Einkommen und Besitz. Durch einen so operationalisierten Gerechtigkeitsbegriff intendieren die Autoren folglich eine Veränderung des ethischen Bewusstseins. Dadurch erhält der Fähigkeitenansatz eine ganz beträchtliche sozialmoralische Ausrichtung. Diese soll sich dann in der Konsequenz auf der praktischen Ebene auf die Gestaltung der öffentlichen Institutionen auswirken, die sich ihrerseits der Förderung der Fähigkeiten der Bürger verpflichtet fühlen sollen.

---

390 Ebd.
391 Ebd.
392 Ebd., Hervorhebung im Original, J. N.

Fenner zählt in ihrer Untersuchung noch weitere Begriffspaare auf, welche von zeitgenössischen Philosophen synonym für Individual- und Sozialethik verwendet werden. Demnach gibt es für Jürgen Habermas den Kontrast zwischen einer vertikalen und einer horizontalen Perspektive, wobei die Fragen der Individualethik auf der vertikalen Perspektive angesiedelt werden, da es bei ihnen um ein Selbstverhältnis „also das Sichverhalten des Einzelnen zu sich selbst geht."[393] Bei Martin Seel findet Fenner die Ausdrücke *Ethik der Existenz* bzw. *Ethik der Anerkennung*[394]. Vielleicht beschreibt dieses Begriffspaar am besten die Spannweite des Anliegens einer Konzeption des guten Lebens über das Vorhandensein bestimmter Fähigkeiten, so wie sie von Nussbaum vertreten wird. Denn in der Auseinandersetzung mit der Frage, was ich zu tun und zu sein in der Lage bin (was Nussbaums Definition von Fähigkeiten entspricht[395]), finde ich mich als Individuum zunächst in einem zutiefst existentiellen Sinn auf mich selbst zurückgeworfen. In der Begegnung mit meinen Mitmenschen – und in der Anerkennung von ihnen als Personen „meinesgleichen" finde ich dann faktische Grenzen meines Strebens nach einem guten Leben vor. Bei Seel liest sich das folgendermaßen:

> „Ich verstehe Moral anerkennungstheoretisch als wechselseitig etablierte, aber nicht auf wechselseitige Rücksicht beschränkte Respektierung des Interesses an einem guten Leben, aus der sich mit Rechten der Wahrnehmung zugleich Pflichten der Wahrung des Spielraums einer gelingenden Existenz ergeben."[396]

Bei allen bisher genannten Denkern stellt die Frage, wie sich individuelles Glück und Moral zueinander verhalten, eine zen-

---

393 Fenner 2007, 9
394 Vgl. Ebd., 10
395 Vgl. z. B. Nussbaum 2011, 18
396 Seel 1999, 10

trale Herausforderung dar. In seiner Untersuchung über die Form des Glücks zieht Seel das überraschende Fazit, dass der Mainstream der großen Philosophen, beginnend mit Platon und Aristoteles über Kant bis hin sogar zu Nietzsche[397] in letzter Konsequenz hier eine Einheits- bzw. Identitätsthese vertreten haben, obwohl der Ausgangspunkt, vor allem bei Nietzsche, eine solche Zustimmung zur Einheit von Glück und Moral eigentlich verbietet.

Kant vertritt in den Augen Seels eine „Einheit ohne Identität"[398] zwischen Glück und Moral. Seel versucht zu zeigen, dass „[…] der Widerstreit zwischen Pflicht und Neigung auch bei Kant nicht das letzte Wort behält."[399] Glück sei auch für Kant letztlich das letzte Ziel jeder moralischen Ordnung. „Das moralische Gesetz verweist uns auf einen Zustand der Harmonie zwischen Glück und Moral, der uns den letzten Sinn der moralischen Orientierung verständlich macht […]."[400]

Es gibt, so lässt sich die bisherige Argumentation weiterführen, mehrere Möglichkeiten, das Verhältnis von Glück und Moral zu bestimmen. Die erste, radikale, Position wäre ein disjunktives Verhältnis, also ein Ausschlussverhältnis von Glück und Moral. Die zweite Position beschreibt zwischen beiden ein Konvergenzverhältnis, nach welchem beide Güter aufeinander bezogen sind, zueinander neigen, jedoch nicht identisch sind und damit Konfliktfälle zwischen beiden erklär- bzw. begründbar werden. Die dritte Position schließlich wäre dann die bereits angesprochene Identitätsthese, welche in ihrem Kern besagt, dass die Unterscheidung zwischen individuellem Glück und Moralität eine künstliche (begriffliche) Differenzierung ist.

---

397 Vgl. Ebd., 13–32
398 Ebd., 20
399 Ebd., 24
400 Seel 1999, 25

4 Nussbaums „Capabilities Approach" – eine Theorie des guten Lebens?

Für die Frage nach dem guten Leben, ist die Identitätsthese besonders herausfordernd, insofern der Begriff *gutes Leben* dann nur eine andere Bezeichnung für die Identität der Güter Glück und Moral wäre. Vereinfacht gesagt würde dann gelten: Glück = Moral = gutes Leben. *Glück* und *Moral* wären als Begriffe wechselseitig austauschbar.

Es soll nun hier für die Konvergenzthese argumentiert werden (und gezeigt werden, dass Nussbaum sie vertritt), welche Glück und Moral als heterogene, jedoch aufeinander bezogene Güter versteht. In einem guten Leben neigen beide zu einer Deckung, bleiben aber trotzdem unterscheidbar (und können in Einzelfällen durchaus in Konflikt zueinander treten). Ein gutes Leben wäre dann eines, in welchem die individuelle Glücksvorstellung sich mit einer allgemeinverbindlichen Moral deckt, zumindest aber zu ihr nicht in einen fundamentalen Konfliktverhältnis steht. Die Unterscheidung ist deshalb so wichtig, da sie leichter zu begründen scheint. Die meisten Wünsche, so reflektiert und gut informiert sie auch sein mögen, beziehen sich im Alltag doch auf das eigene Wohlergehen und das der nahen Angehörigen – sei es hinsichtlich der beruflichen Karriere, der Gesundheit und Sicherheit oder aber auch einfach nur hinsichtlich der Hoffnung, dass die favorisierte Fussballmannschaft ihr nächstes Spiel gewinnt (und eben nicht der Gegner). Diese Sichtweise ist natürlich in Relation zu einer Kultur zu sehen, welcher der Freiheit des Individuums einen hohen Wert beimisst. Bei kollektivistischer organisierten Gesellschaften (z. B. in Ostasien, insbesondere China) mag diese Priorisierung des privaten Wohlergehens möglicherweise nicht überzeugen können.

Seel sieht Nussbaum in einer Reihe neuerer Autoren stehen, die dies ähnlich sehen. Er bezieht sich auf Nussbaums, bereits mehrfach genannte, umfangreiche Schrift *The fragility of goodness* aus dem Jahr 1986 und erwähnt, wie Nussbaum dort die Spannung zwischen Eigeninteresse und Rücksichtnahme auf andere interpretiert. Seel erkennt richtigerweise, dass Nussbaum das aristotelische Ideal der Mitte zwischen zwei Extremen nicht im Sinne einer Vermeidung dieser Extreme versteht, sondern vielmehr

> „[...] als Fähigkeit der sensiblen Wahrnehmung der Konflikte, die sich im Leben mit den anderen unvermeidlicherweise einstellen. Moral ist demnach kein Mechanismus der Beseitigung vielmehr eine Fähigkeit der stets von neuem geforderten Bewältigung der Spannung zwischen Leidenschaft und Rücksicht."[401]

Die Spannung zwischen individual- und sozialethischen Bezügen bewältigen, nicht beseitigen – das scheint also hier, folgt man der Analyse Seels, Nussbaums Position zu sein. Die Spannung muss als beständige Realität anerkannt werden:

> „Das Telos dieser Bewältigung ist für Nussbaum alles andere als eine Aufhebung oder Ausräumung dieser Spannung, vielmehr: nur die stets von neuem zu leistende Anerkennung dieser Spannung macht nach ihrer Auffassung so etwas wie eine – notgedrungen heikle – Bewältigung sozial und individuell problematischer Lebenssituationen möglich."[402]

Hier sieht Seel den signifikanten Unterschied zur klassischen Moraltheorie, für die eine so geforderte Anerkennung der Spannung „ein sicheres Zeichen der Unmoral war"[403]. Mit Verweis auf den in der Einleitung in Anlehnung an Scherer diagnostizierten „radikalen Bruch" in Nussbaums ethischem Denken nach *The fragility of goodness* lässt sich natürlich nun anzweifeln, ob Nussbaum die hier von Seel wiedergegebene Sichtweise tatsächlich heute (vor dem Hintergrund der Arbeiten zum *Capabilities Approach*) noch so vertritt. Der Autor der vorliegenden Arbeit

---

401 Seel 1999, 37f.
402 Ebd., 38
403 Ebd., 41

4 Nussbaums „Capabilities Approach" – eine Theorie des guten Lebens?

denkt aber, dass dem so ist und Nussbaum weiterhin als Vertreterin der Konvergenzthese zu sehen ist. Zumal sie als Tugendethikerin einzustufen ist und der jeweils einmaligen Situation, in welche sich der Mensch oft gestellt sieht, ein hohe Beachtung beimisst. Eine scharfe Trennung zwischen Glück und Moral, wie sie beispielsweise tendenziell von deontologischen Ethikern vertreten wird, ist bei ihr auch nach der Wende in ihrem ethischen Denken Ende der 1980er Jahre nicht zu erkennen.

Der *Capabilitites Approach* in der Version Nussbaums legt jedenfalls einen hohen Wert auch und gerade auf die Fähigkeiten, die den einzelnen Menschen dazu in die Lage versetzen, die vielfältigen Spannungen zwischen Individual- und Gemeinschaftsinteressen auszugleichen.

Fassen wir das bisher Gesagte nun zusammen: Die Spannung zwischen individual- und sozialethischen Fragen durchzieht, so lässt sich begründeterweise festhalten, die gesamte Philosophiegeschichte, beginnend wohl schon bei den vorsokratischen Sophisten. Die meisten Philosophen (so versucht zumindest Seel nachzuweisen) haben letzten Endes eine Identitätsthese zwischen Glück und Moral vertreten.

Diese These wird von Nussbaum nicht vertreten, sie erkennt vielmehr die natürliche Spannung zwischen den Interessen von Individuum und Gesellschaft an und sieht in dieser (stets wiederkehrenden) Anerkennung den Schlüssel zu einer Bewältigung von Konflikten in diesem Spannungsfeld. Konflikte zwischen dem Glück des Einzelnen und der (Sozial-)Moral lassen sich nie vermeiden, ihre immer wieder zu leistende Bewältigung ist aber Bestandteil eines guten Lebens.

4.4 Der *Capabilities Approach* im Spannungsfeld zwischen subjektivistischen und objektivistischen Entwürfen

Die Kernidee einer subjektivistischen Theorie vom guten Leben kann mit Steinfath[404] beispielhaft in Kants Definition von Glückseligkeit gesehen werden, welche dieser in der Befriedigung aller Neigungen sieht. *Neigungen* sind eine höchst individuelle Kategorie und dementsprechend wird mit der Annahme, dass *Glückseligkeit* ein Synonym (im Sinne eines Telos) für den Begriff des „guten Lebens" ist, eine Konzeption vertreten, die sich zunächst einmal nicht verallgemeinern lässt. Im Zuge der Aufklärung wurde der Philosophie die Kompetenz zur Beantwortung der Frage, was ein gutes Leben sei, strittig gemacht. So herrschte spätestens seit Kant eine mehr oder weniger tiefe Skepsis vor, ob man überhaupt eine allgemeingültige Aussage darüber machen kann, was ein gutes Leben ausmache oder wie sich ein solches erreichen ließe[405].

Wie sich im vorangegangenen Kapitel angedeutet hat, folgte aus dieser faktischen Erklärung der Nicht-Zuständigkeit der Philosophie für Fragen des Glücks und des guten Lebens in der Ethik eine Verengung auf moralphilosophische Fragen, welche das Zusammenleben der Menschen in der Gemeinschaft regeln sollen. Doch hier kann es leicht passieren, dass man bei der Begründung moralischer bzw. sozialethischer Normen vergisst, dass diese selbst auf eine, wie auch immer geartete, Konzeption des guten Lebens verweisen, wenn nicht sogar eine solche voraussetzen[406]. Steinfath merkt hierzu an, dass der

---

404 Steinfath 1998, 8
405 Vgl. Ebd., insbesondere 7–22
406 Vgl. Ebd., 11

4 Nussbaums „Capabilities Approach" – eine Theorie des guten Lebens?

„[...] Zweck auch einer universalistischen und egalitären Moral aus dem Blick gerät, wenn keine materialen Güter benannt werden können, die durch eine solche Moral geschützt werden sollen."[407]

Nur wenn klar ist, welche Güter jeweils durch eine bestimmte Moraltheorie geschützt werden sollen, kann eine solche Theorie überhaupt überzeugend begründet werden. Werden als Antwort auf diese offene Frage bestimmte Güter genannt, welche durch die Moraltheorie geschützt werden sollen, lassen sich daraus wiederum Rückschlüsse hinsichtlich einer Konzeption des guten Lebens ziehen.

Diese wechselseitige Verwiesenheit von *Moral* und *Glück*, von Gerechtigkeit und gutem Leben macht es nun nicht gerade einfach, eines dieser Begriffspaare (hier: *Glück* und *gutes Leben*) herauszulösen und einer in sich geschlossenen Analyse zuzuführen. Gerechtigkeit und Moral lassen sich, so die hier vertretene Überzeugung, nicht aus einer Konzeption des guten Lebens wegdenken, sind vielmehr für die hier zu untersuchende Konzeption des guten Lebens konstitutiver, integraler Bestandteil.

Subjektive Theorien des guten Lebens zeichnet, wie bereits erwähnt, eine tiefe Skepsis aus, ob sich für die Operationalisierung des guten Lebens eine bestimmte, verbindliche Form und/oder bestimmte Inhalte finden lassen, welche von allen Individuen anerkannt werden können. Letztlich sprechen Subjektivisten dem Individuum selbst das letzte Urteil darüber zu, ob das von ihm gelebte Leben ein gutes Leben war bzw. ist. Selbst ein von außen betrachtet äußerst mangelhaftes Leben (z. B. geprägt von Armut, Krankheiten, Beziehungsabbrüchen etc.) kann so von einer Person als *gutes Leben* bezeichnet werden. Wenn dies in der Haltung einer tiefen Überzeugung vorgetragen wird, würden Subjektivisten in vielen Fällen wohl diese

---

[407] Ebd., 11

Antwort so hinnehmen. Das Urteil der betreffenden Person ist dann einfach nicht mehr weiter hinterfragbar. Als Folge entsteht die paradoxe Situation, dass eine solche radikal-subjektivistische Theorie des guten Lebens eigentlich gar keine Theorie ist. Die Antwort auf die Frage, was ein gutes Leben sei, verbleibt auf einer metaethischen Ebene.

Die Definition für diese Position würde in etwa lauten:

> „Ein gutes Leben wird von einer Person genau dann geführt, wenn diese Person es für ein gutes Leben hält."

Natürlich handelt es sich hier um eine besonders radikale Position des Subjektivismus. Auch andere, gemäßigtere Varianten werden vertreten. So ist in der Diskussion immer wieder von einem *reflektierten* oder *informierten* Subjektivismus die Rede[408], welcher sich z. B. in Form einer Wunsch- bzw. Zieltheorie des guten Lebens zeigt. Ein gutes Leben wäre dann gegeben, wenn sich in der Rückschau auf das bisherige Leben viele oder die meisten[409] Wünsche erfüllt haben bzw. Ziele erreicht wurden. Die Wunschtheorie wie auch die Zieltheorie des guten Lebens wird an späterer Stelle noch eingehender diskutiert, jedoch, so kann schon hier festgehalten werden, handelt es sich zweifellos um eine tendenziell subjektivistische Konzeption, da ein Wunsch (wie konkret oder abstrakt er im Einzelfall auch sein möge) in letzter Konsequenz nur dann ein Wunsch ist, wenn er auf das subjektive Begehren einer Person rekurriert. *Wünsche* können immer nur einzelne Personen haben (diese Tatsache wird auch nicht dadurch in Frage gestellt, dass die Genese von Wünschen im Individuum meistens nicht unabhängig von gesellschaftlichen Einflüssen und Werthaltungen verstanden werden kann). Hier darf man sich auch nicht durch die Tatsa-

---

408 Vgl. z. B. Steinfath 1998, 18
409 Bei Seel (1999, 78f.) wird mit „nicht wenige Wünsche" eine deutlich vorsichtigere Formulierung gewählt.

che täuschen lassen, dass viele Personen den gleichen Wunsch, vielleicht sogar zur gleichen Zeit, verspüren. Auch wenn sich alle Mitglieder einer Nation wünschen, dass ihr Fussballteam Weltmeister wird, so äußert sich darin jedes Mal ein persönlicher Wunsch, auch wenn dieser in der Außenwelt kollektive Formen annehmen kann (z. B. beim gemeinsam vorgetragenen Schlachtruf oder der gemeinsamen Siegesfeier).

Im Kern hält auch die Konzeption des reflektivierten Subjektivismus daran fest, dass die Frage, ob ein Leben ein gutes ist oder nicht, nur im Rückgriff auf unsere nonkognitiven Einstellungen beantwortbar ist[410]:

> „Im Unterschied zu einem ‚einfachen' Subjektivismus, der das gute Leben als Erfüllung der *faktischen* Wünsche einer Person bestimmt, lässt ein ‚reflektierter' Subjektivismus die Wünsche (oder auch andere nonkognitive Einstellungen) einer Person jedoch nur dann als Maßstab für die Qualität ihres Lebens gelten, wenn sie bestimmten Formen einer (dem Anspruch nach) wertneutralen Kritik standhalten. Gegenstand der Kritik soll dabei nicht das sein, *was* sich eine Person für ihr Leben wünscht, sondern die Art und Weise, *wie* sie es sich wünscht."[411]

Informiert oder reflektiert werden subjektivistische Theorien des guten Lebens also dann genannt, wenn sie sich nicht gleichgültig zur Wahl der Wünsche verhalten, die eine Person hat oder äußert. Die Wünsche müssen *reflektiert* sein, insofern sie einigermaßen realistisch durch die in der betroffenen Person liegenden Fähigkeiten sowie die gegebenen oder zu erwartenden äußeren Umstände erfüllbar sind. *Informiert* sind Wünsche dagegen, wenn klar ist, dass es sich wirklich um Wünsche handelt, deren Befriedigung das Leben eines Menschen zu verbessern hilft. Ein

---

410 Vgl. Steinfath 1998, 18
411 Ebd., 18f.. Hervorhebungen im Original, J. N.

Beispiel zur Verdeutlichung dieses Anspruches liefert Schaber[412], wenn er anmerkt, dass sich eine durstige Person vielleicht wünschen könnte, das vor ihr stehende Glas mit einer durchsichtigen Flüssigkeit zu trinken, nicht wissend, dass es sich dabei um Benzin (und nicht um Wasser) handelt. Wäre die Person darüber informiert, würde sie sich nicht mehr wünschen, das Glas auszutrinken. Die Erfüllung von Wünschen dient also nur dann dem guten Leben einer Person, wenn sie reflektiert und informiert sind.

In Anlehnung an Martin Seel könnte die Definition für diese gemäßigtere Position des Subjektivismus also in etwa lauten:

> „Ein Leben ist dann gut, wenn sich für eine Person die meisten, zumindest aber nicht wenige ihrer reflektierten und informierten Wünsche erfüllen."[413]

Der wichtigste Unterschied zwischen der radikalen und der gemäßigteren Position des Subjektivismus liegt darin, dass Wünsche, strenggenommen, nur in letzterer Variante überhaupt eine Rolle spielen. Wünsche sind zwar subjektiv, können aber in vielen Fällen objektiviert werden. Die meisten objektivistischen Theorien gehen schließlich davon aus, dass die von ihnen genannten Bestandteile eines guten Lebens (wie z. B. auch die Fähigkeitsliste von Martha Nussbaum) zustimmungsfähig sind. Beim radikalen Subjektivismus ist eine Erfüllung von Wünschen hingegen gar nicht notwendig, es reicht das nach außen hin vertretene Urteil einer Person, dass das eigene Leben gut sei (bzw. gut war). So befremdlich diese Position auch erscheinen mag, ist sie gleichwohl ideengeschichtlich von nicht zu unterschätzender Bedeutung. Wenn der Utilitarismus beispielsweise alle Handlungen daraufhin befragt und beurteilt, ob sie der Steigerung des durchschnittlichen Nutzens oder der durchschnittlichen Zufrie-

---

412   Schaber 1998, 154
413   Seel 1999, 78f.

denheit dienen, dann zeigt sich hier im Prinzip genau jener radikale Subjektivismus. Nussbaum kritisiert diese Position daher vehement, beispielsweise in *Aristotelian Social Democracy*[414], wo sie sich mit dem Fall von indischen Frauen beschäftigt, die als Analphabeten in schwierigen Umständen in ihrer abgelegenen Dorfgemeinschaft wohnen und nun, nach dem Willen der regionalen Politik, alphabetisiert werden sollen.

> "They [die Frauen, Anm. J.N.] were less well nourished than males, less educated, less respected.[...] A desire-based approach [...] argues that if these women do not demand more education and a higher rate of literacy, there is no reason at all why government should concern itself with this issue."[415]

Das Beispiel zeigt, welche Gefahr der radikale Subjektivismus mit sich bringt: Wenn man sich allein auf die subjektiven Urteile eines Menschen beruft, wenn es um die Frage geht, ob er ein gutes Leben führt, lässt das nicht nur die Möglichkeit offen, dass ein gutes Leben auch ohne Bildung und ausreichende Ernährung plötzlich denkbar wird, sondern sogar eines ohne Freiheit und Selbstbestimmung. Denn selbst ein Sklave könnte sein Leben theoretisch als ein gutes einschätzen. Hier liegt die Gefahr, die im ersten Kapitel unter dem Schlagwort der *adaptiven Präferenzen* behandelt wurde, die Gefahr der angepassten, subjektiven Bedürfnisvorstellungen. Gemeint sind hier individuelle Fehleinschätzungen der eigenen Bedürfnisnatur, die sich als Konsequenz einer traditionellern Ungleichbehandlung (z.B. zwischen Mann und Frau, oder auch zwischen verschiedenen Ständen, Ethnien oder Kasten) ergeben.

---

414 Vgl. Nussbaum 1999, 43f. Die Autorin bezieht sich hierbei auf eine Studie von Martha Chen.

415 Nussbaum 1990, 215

Es gibt Menschen, so lässt sich Nussbaums Überzeugung darstellen, die sterben, ohne je all ihre tatsächlichen (menschlichen) Bedürfnisse gekannt zu haben[416]. Deshalb scheint es schlüssig und notwendig, eine rein subjektive Konzeption um objektive Bestandteile zu erweitern, um so eine konsensfähige Theorie des guten Lebens zu erhalten. Es geht um eine Erweiterung, nicht unbedingt um eine Ersetzung subjektiver Konzeptionen und eine ersatzlose Streichung dessen, was diese fordern und postulieren. In Anlehung an Bordt[417] geht es darum, durchaus anzuerkennen, dass subjektive Glücksgefühle, respektive die Erfüllung von Wünschen, notwendige, wenngleich nicht hinreichende Bestandteile eines *guten Lebens* sind (Bordt bevorzugt in seiner eigenen Argumentation den Begriff des *gelungenen Lebens*[418]).

Das entscheidende Bindeglied zwischen subjektiven und objektiven Konzeptionen des guten Lebens stellen intersubjektiv geteilte Werte und Normen dar. Diese sind bis zu einem gewissen Grad kulturell durch die jeweilige Gesellschaft geprägt. Die Frage, die sich nun stellt – und hier scheiden sich die Geister – lautet, ob es denn auch universelle Werte und Normen gibt, denen jeder Mensch weltweit vernünftigerweise zustimmen kann. Denn für den Objektivisten geht es um die Begründung der Idee, dass es so etwas wie objektive Werte gibt.

> „Da heute nur noch wenige Objektivisten mit Moore die Existenz intrinsischer Werteigenschaften, die nicht deskriptive Eigenschaften sind, annehmen möchten, neigen viele von ihnen dazu, Wertaussagen als eine Form deskriptiver Aussagen zu verstehen."[419]

---

416 Vgl. Nussbaum 1999, 97
417 Vgl. Bordt 2010, 46–49
418 Vgl. Ebd., 58
419 Steinfath 1998, 22

4 Nussbaums „Capabilities Approach" – eine Theorie des guten Lebens?

Entscheidend ist hier also die Fähigkeit des Menschen, einer objektivistischen Konzeption (wie auch immer sie sich im einzelnen begründen mag) aus vernünftigen Gründen zustimmen zu können. Hier ergibt sich allerdings eine weitere begriffliche Schwierigkeit – ausgedrückt durch die Frage, was wir unter der Vernunftfähigkeit des Menschen verstehen. Hier soll der Begriff verstanden werden als Fähigkeit, aus einer reflexiven Distanz zum eigenen Leben Stellung zu nehmen und damit praktisch eine Metaperspektive auf das eigene Leben einzunehmen. Diese Bestimmung ist noch nicht ganz so stark wie jene, die Nussbaum trifft, wenn sie in ihrer Fähigkeitenliste die (praktische) Vernunft u. a. auch als die Fähigkeit sieht, eine eigene Konzeption des guten Lebens zu entwickeln[420]. Soweit muss man meiner Ansicht nach gar nicht gehen, um universalistischen Werten (so es sie denn gibt) zustimmen zu können. Es reicht die Fähigkeit aus, sich aus dem Geflecht der eigenen Triebe und Wünsche in eine gewisse Distanz zu setzen, sodass es dem Einzelnen möglich wird, sein eigenes Leben in Relation zum Leben Anderer zu setzen.

Nussbaums starker Vernunftbegriff postuliert im eigentlichen Sinne nicht nur eine formale Fähigkeit (z. B. der Selbstreflexion), sondern intendiert darüber hinaus ein bestimmtes Ergebnis (eine Konzeption des guten Lebens entwickeln zu können) und wird dadurch inhaltlich. Dadurch ergeben sich nun in der Folge aber Schwierigkeiten, welche die Debatte zwischen Liberalismus und Kommunitarismus geprägt haben, vor allem die Frage, inwiefern eine universalistische Konzeption des guten Lebens plausibel begründet werden kann, wo doch jeder Mensch, zumindest bis zu einem gewissen Grad, unweigerlich an seine Herkunft, seine Sprache, Gebräuche, Riten – und dadurch auch an bestimmte Normen und Werte – gebunden bleibt. Um diese Schwierigkei-

---

420 Vgl. dazu die entsprechende Stelle ihrer Liste (z. B. Nussbaum 2011, 34): "*Practical reason.* Being able to form a conception of the good and to engage in critical reflection about the planning of one's life"

ten ein Stück weit aus der Diskussion um subjektive und objektive Konzeptionen des guten Lebens ausklammern zu können, scheint es daher sinnvoll, für einen etwas schwächeren (wenn auch gleichwohl nicht schwachen) Vernunftbegriff zu plädieren.

Kurzum: Die Vernunftfähigkeit des Menschen erfordert also die Fähigkeit eines Menschen, in eine gewisse Distanz zu sich selbst treten zu können. Ist dies gegeben, so ist die Einbeziehung intersubjektiv geteilter Werte und Normen möglich. Eine Konzeption, die dies berücksichtigt, ist nicht mehr rein subjektiv, wenngleich sie auch noch nicht eine im eigentlichen Sinne objektive Variante darstellt.

Die „Mischform" die sich hier aus dem weiteren Nachdenken ergibt, enthält subjektive Bestandteile, insofern sie das letzte Urteil des Einzelnen, basierend auf seinen nonkognitiven Einstellungen (Gefühle, Wünsche) ernst nimmt. Sie ist aber auch objektiv, weil sie anerkennt, dass sich diese subjektiven Bestandteile immer auf allgemeine Werte und Normen beziehen, zu denen sie gegebenenfalls auch in einer Spannung stehen können (und dies zweifellos in der Praxis auch oft tun). Objektiv aber nur in einem abgeschwächten Sinn, da sich hier eine starke Intersubjektivität zeigt.

Wie könnte eine Definition für eine sich so abzeichnende Mischkonzeption nun lauten? Die Antwort könnte in etwa wie folgt aussehen:

> „Ein Leben ist dann ein gutes Leben, wenn sich nicht wenige der informierten und reflektierten Wünsche des betroffenen Menschen erfüllen und sich dabei in Einklang mit intersubjektiv geteilten, wahrnehmbaren Werten und Normen befinden, welche das Leben der betreffenden Person innerhalb einer je gegebenen Gemeinschaft prägen."

4 Nussbaums „Capabilities Approach" – eine Theorie des guten Lebens?

In dieser groben Darstellung der subjektiven und objektiven Konzeptionen des guten Lebens fehlt jetzt noch eine grundlegende Position, nämlich jene einer radikal-objektivistischen Konzeption.

Diese Position bestimmt das gute Leben formal und inhaltlich. Eine formale Bestimmung kann hier beispielsweise durch die Benennung von grundsätzlichen Voraussetzungen und Fähigkeiten geschehen, welche als notwendig für ein gutes Leben erachtet werden. Inhaltlich wird eine solche Konzeption dann dadurch, dass eben diese Fähigkeiten auch in einer (oder einigen wenigen) bestimmten Weise ausgeübt bzw. umgesetzt werden müssen. Eine solche Konzeption, so sie denn vertreten wird, ist tendenziell stark paternalistisch. Sie weist viele oder sogar alle Vorstellungen die abseits ihrer eigenen liegen, zurück. Auf indirekte Weise besteht diese Gefahr bei subjektivistischen Konzeptionen freilich auch (so könnte ein Subjektivist argumentieren, dass ein Mitmensch kein gutes Leben führt, da er sehr unglücklich wirke – hier werden folglich unter der Hand die subjektiven Glücksgefühle auf der Ebene einer Konzeption verobjektiviert, insofern sie eine Art messbares Kriterium darstellen[421]), jedoch scheint sie besonders bedeutend bei objektivistischen Konzeptionen.

Das eigentliche Charakteristikum einer radikal-objektivistischen Konzeption ist aber ein anderes, nämlich die vollständige Unabhängigkeit von subjektiv empfundenen Gefühlen bzw. Emotionen.

> „Nicht soll gelten, daß etwas gut ist, weil wir es (wie immer aufgeklärt oder unaufgeklärt) wollen, sondern es soll sich

---

[421] Im Sinne dieser Argumentation argumentiert Schaber z. B. dafür, im Hedonismus eine objektivistische Konzeption des guten Lebens zu sehen. Vgl. Schaber 1998, 150

genau umgekehrt so verhalten, daß wir etwas (vernünftigerweise) wollen, weil es gut für uns ist."[422]

Radikal objektivistische Konzeptionen müssen andere Kriterien finden, um ein Leben als gutes oder auch schlechtes Leben beurteilen zu können. Dazu greifen sie nun oftmals auf eine Gütertheorie zurück und knüpfen die Beantwortung der Frage, ob ein Leben gut ist, an den Zugang einer Person zu diesen Gütern. Ein einfaches Beispiel wäre die Theorie, dass ein gutes Leben dann gegeben wäre, wenn eine Person über ein bestimmtes Einkommen verfügt, Zugang zu Bildung und medizinischer Versorgung und darüber hinaus die Möglichkeit zu einem im Allgemeinen selbstbestimmten Leben hat. Eine Person, der diese Güter zur Verfügung stehen, führt nach der radikal-objektivistischen Sichtweise dann ein gutes Leben – unabhängig, wie sie sich dabei fühlt und auch unabhängig davon, welche individuellen Wünsche und Sehnsüchte sie hegt, respektive was sie sich von einem guten Leben selbst erwartet.

Die Vorstellung, dass ein gutes Leben in einer solchen Weise bestimmt werden könnte, wirkt schon rein intuitiv einigermaßen befremdlich und wird gänzlich unplausibel, wenn die betroffene Person möglicherweise chronisch unzufrieden ist oder sogar an behandlungsbedürftigen Depressionen leidet u. ä. Eine solcherart objektivistische Konzeption hätte dann einen sehr mechanistischen Verordnungscharakter, ähnlich einer von einem Arzt vorgegebene Therapieempfehlung. Eine Person, welche nach eigenem Bekunden mit ihrem derzeitigen Leben unzufrieden ist, würde danach befragt werden, ob sie denn über bestimmte Güter verfüge. Sollte dies bei einzelnen Gütern nicht der Fall sein, würde man eine entsprechenden Mangel feststellen. Sollte sie über alle relevanten Güter der Theorie verfügen, käme dem subjektiven Unglücksgefühl keine besondere Bedeutung mehr zu. Eine Person, die ihr Leben, trotz dem Vorhandensein aller

---

422 Steinfath 1998, 21

relevanten Güter, als ein schlechtes empfindet, würde sich in dieser Auffassung schlichtweg irren.

Eine strikte Abkoppelung von subjektiven Gefühlen von einer Theorie des guten Lebens wird daher kaum ernsthaft vertreten. Gleichwohl spielen Gütertheorien sicherlich eine bedeutende Rolle innerhalb der Theorienlandschaft. Allerdings fungieren die Güter dann in der Regel nicht als *hinreichende*, sondern nur als *notwendige* Bestandteile einer Konzeption des guten Lebens. Sie erhalten den Charakter von *Voraussetzungen* oder Bedingungen. Sie stellen das Material dar, welches die Person benötigt, um mit ihnen ein gutes Leben führen zu können, oder, etwas plastischer ausgedrückt, um aus ihnen die Gestalt eines guten Lebens formen zu können. Auch Nussbaum vertritt, wie sich unschwer erkennen lässt, eine solche Theorie.

Die entscheidende Frage, das hat die bisherige Untersuchung versucht zu zeigen, liegt darin, welche Bedeutung eine Konzeption des guten Lebens dem letzten Urteil der betroffenen Person zubilligt. Mit der Antwort auf diese Frage wird unwiederbringlich eine Vorentscheidung über die weitere Ausgestaltung der Konzeption getroffen.

Die Frage, welche Bedeutung man in Konzeptionen des guten Lebens dem subjektiven Urteil zubilligt, ist nun ihrerseits eng an die Frage geknüpft, welcher Status der Person eingeräumt wird, d. h. ob wir Menschen einen anderen Status zusprechen als anderen empfindungsfähigen Lebewesen. Denn die radikalobjektivistische Theorie lässt sich, so problematisch sie für die Anwendung auf Personen sein mag, auf die Tierwelt relativ problemlos und plausibel übertragen. Unter dem Schlagwort der „artgerechten Haltung" lassen sich so beispielsweise für Haus- und Nutztiere Güter benennen, die, so sie gegeben sind, beim betroffenen Tier unmittelbar dazu führen, dass man in objektiver Weise urteilen kann, ob sie ein, ihrer Art entsprechendes, gutes Leben führen. Bei Personen geht nun diese Unmittelbarkeit offensichtlich (zumindest teilweise) verloren. Zwar teilen wir mit den Tieren eine Bedürfnisnatur, jedoch, so scheint es jedenfalls, beschränkt sich diese nicht auf die Erfüllung einer fest zu umreißenden Gütermenge.

Was zeichnet nun Personen in besonderer Weise gegenüber Tieren aus? Welche Eigenschaften müssen hier gegeben sein und welchen Kreis von Lebewesen umfasst ein solcher Personenbegriff? Jegliche Antwort muss hier sehr behutsam gewählt werden, da damit unweigerlich weitreichende ethische Implikationen verbunden sind. Peter Singer hat z. B. eindringlich dafür argumentiert, dass bei einem abgeschwächten Personenbegriff (der zum Ziel hat, z. B. auch geistig Schwerbehinderte oder Komapatienten einzubinden) konsequenterweise auch höher entwickelten Tieren der Personenstatus zugesprochen werden muss[423]. Diese komplizierte Thematik soll hier nur erwähnt werden, ohne eine weitere Vertiefung vorzunehmen. Der in der vorliegenden Arbeit vertretene, starke Personenbegriff definiert sich über die Fähigkeit der Reflexion, also der Fähigkeit aus einer gewissen Selbstdistanz zum eigenen Leben Stellung zu nehmen.

Diese Sichtweise wird heute von den meisten Philosophen vertreten, auch von Autoren wie Robert Spaeman, der seinerseits den Personenbegriff auf alle Menschen angewandt wissen will, was durch das Charakteristikum der Reflexionsfähigkeit nicht leicht zu begründen ist[424]. Spaemann entfaltet in 18 Kapiteln

---

423 Vgl. Singer 1994, 147–177
424 Vgl. Spaeman, R. 2006: *Personen. Versuche über den Unterschied zwischen „etwas" und „jemand"*, 3. Aufl., Stuttgart, insbesondere 252–264. Spaemans Argumentation sieht im Faktum der Personalität nicht etwas, das sich aus akzidentiellen Eigenschaften ergibt (und so den Ausschluss bestimmter Menschen aus der Personengemeinschaft legitimieren würde), sondern eine Folge der Anerkennung, die wir a priori jedem Menschen entgegenbringen, indem wir in ihm – auch im Falle schwerer Behinderung – prinzipiell ein „jemand" und nicht ein „etwas" sehen. „Die Aner-

4 Nussbaums „Capabilities Approach" – eine Theorie des guten Lebens?

seine Thesen über Status und Aspekte des Personseins, wobei er aber erst im letzten Kapitel seine Argumentation entfaltet, warum alle Menschen als Personen zu gelten haben, während in allen Kapiteln davor die Fähigkeit zur reflexiven Selbstdistanzierung die zentrale Rolle bei der Charakterisierung des Personenstatus spielt. Hier zeigt sich eine nicht zu unterschätzende Spannung.

Vertritt man solch einen verhältnismäßig starken Personenbegriff, gilt es allerdings sofort klarzustellen, dass die Würde einer Person und ihr Dasein als Träger moralischer Rechte genau nicht an die Frage geknüpft ist, ob der einzelne Mensch als Person im engeren Sinne anerkannt wird oder nicht. Die Würde des Menschen, so die hier vertretene Auffassung, ist a priori an das Dasein als Mitglied der Gattung Mensch gebunden. Der Personenstatus ergibt sich hingegen als eine Folge der Vernunft- bzw. Reflexionsfähigkeit.

Die so getroffene Unterscheidung zwischen allen Menschen als Träger einer mit der Artzugehörigkeit einhergehenden Würde (im Sinne eines moralischen Anspruches gegenüber allen anderen Menschen) und die Kennzeichnung eines bestimmten Kreises von Menschen als Personen, die darüber hinaus noch über bestimmte Eigenschaften verfügen, hat in unserem Kontext sehr pragmatische Gründe: Es geht schlichtweg um ein möglichst passendes begriffliches Instrumentarium, um sich der Ausgangsfrage dieser Teiluntersuchung zu nähern, der Frage, was ein gutes menschliches Leben ist. Sowohl auf formaler als auch in der Folge auf inhaltlicher Ebene ergeben sich hier fundamentale Unterschiede für bestimmte Gruppen von Menschen, die eine solche begriffliche Trennung notwendig machen. Denn wäh-

---

kennung als Person kann nicht erst die Reaktion auf das Vorliegen spezifisch personaler Eigenschaften sein, weil diese Eigenschaften überhaupt erst auftreten, wo ein Kind diejenige Zuwendung erfährt, die wir Personen entgegenbringen." (256)

rend sich die Frage, was ein gutes Leben für Männer und Frauen, für Europäer und Asiaten, für hetero- oder homosexuelle Menschen usw. sei, in ihrer Beantwortung nur auf einer konkret an die individuelle Existenz gebundenen Ebene (und auch da nur partiell) zu unterscheiden scheint, , so stellt sich die Frage nach einem guten Leben im Falle eines Komapatienten oder einem Neugeborenen mit Anenzephalie gänzlich anders dar.

Die vorliegende Untersuchung kann sich der speziellen Frage, wie ein gutes Leben sich für solche Menschen formal beschreiben bzw. inhaltlich fassen lässt, nicht annehmen. Gleichwohl ist es wichtig, diese Fälle nicht einfach unter den Tisch fallen zu lassen. Denn spätestens hinsichtlich der Frage, wie mit solchen Menschen umzugehen sei (eine Frage der moralischen Konzeption) wird die Frage nach dem eigenem guten Leben zumindest wieder tangiert. Diesem Gedanken liegt die Überzeugung zugrunde, dass jede Theorie des guten Lebens sich an irgendeiner Stelle der theoretischen Abstraktion nicht nur die Frage stellen muss, welche Rolle andere Menschen für die eigene Konzeption des Guten haben, sondern auch ganz dezidiert, wie Menschen mit solch schweren (geistigen) Behinderungen wie oben beschrieben formal integriert werden können.

Wenn also im philosophischen Diskurs die Frage nach dem guten (menschlichen) Leben gestellt wird, sollte zunächst immer klar die Gruppe von Menschen benannt werden, auf welche sich die Untersuchung bezieht. Dies geschieht oftmals zu selten.

4.5 Schnittpunkte des *Capabilities Approach* mit gängigen philosophischen Theorien (Hedonismus, Wunsch- und Zieltheorie, Gütertheorie)

Im folgenden sollen nun drei grundsätzliche Konzeptionen des guten Lebens in ihrer formalen Struktur beschrieben und

4 Nussbaums „Capabilities Approach" – eine Theorie des guten Lebens?

kritisch untersucht werden, wobei bereits im letzten Abschnitt einige Aspekte angesprochen wurden. Dabei handelt es sich zunächst um die hedonistische Theorie. Die Definition dieser Theorie könnte wie folgt lauten:

> Ein gutes Leben ist genau dann gegeben, wenn es ein höchstmögliches Maß an Lust und Genuss enthält.

Eine alternative Definition, die ebenfalls berechtigterweise dem hedonistischen Standpunkt zugeordnet werden kann, könnte lauten:

> Ein gutes Leben ist ein Leben ohne (oder mit möglichst wenig) Schmerzen und Leid.

Wie sich zeigen wird, sind beide Definitionen aber zu unspezifisch und es ist auch keinesfalls klar, ob es sich dabei um eine subjektivistische oder objektivistische Konzeption des guten Lebens handelt.

Sodann soll sich der Blick auf die Wunsch- und Zieltheorien des guten Lebens richten, deren Thematik bereits im Spannungsfeld zwischen subjektivistischen und objektivistischen Aspekten angeschnitten wurde und welche mit einem stark teleologischen Moment in ihrer Argumentation aufwarten, indem sie das Gelingen des Lebens mit der Frage verknüpfen, inwiefern einige oder auch die meisten der wichtigsten Wünsche bzw. Ziele verwirklicht werden können bzw. konnten. Eine wiederum allgemeine Definition könnte hier lauten:

> Ein gutes Leben ist ein Leben, in welchem ein Mensch seine Ziele oder Wünsche erreicht.

Auch hier ergeben sich einige begriffliche Schwierigkeiten. So stellt sich zum Beispiel umgehend die Frage, ob eine solche Theorie nicht unbrauchbar ist, da man, konsequent zu Ende gedacht, ja erst am Lebensende, retrospektiv, eine Bilanz über das Erreichen der Ziele bzw. Wünsche ziehen kann. Es stellt sich dann postwendend die Frage, welchen praktischen Wert eine solche Theorie für den gegenwärtigen Lebensvollzug hätte. Auch lässt die Definition offen, ob es notwendig ist, *alle* Ziele zu erreichen (respektive sich alle Wünsche erfüllen), um von einem guten Leben sprechen zu können, was ziemlich utopisch anmuten würde und für die Praxis daher wohl ein wenig taugliches Konzept darstellt. Wenn aber nicht *alle*, wie hoch sollte dann das Maß angesetzt werden? Alternative Formulierungen könnten sein: „die meisten", „die Mehrzahl" oder aber zumindest „nicht wenige". Diese und andere Fragen, die sich im Zusammenhang mit der Wunsch- und Zieltheorie stellen, sollen genauer untersucht werden.

Zuletzt soll der Blick auf die Gütertheorien des guten Lebens gerichtet werden. Auch hier lassen sich vorab grundsätzlich zwei Varianten unterscheiden. Die erste Variante geht davon aus, dass verschiedene Güter gegeben sein müssen, welche die Voraussetzung für ein gutes Leben darstellen (hier zeigt sich unmittelbar ein zentraler Verortungspunkt zu Nussbaums Konzeption). Eine mögliche Definition wäre:

> Ein gutes Leben ist dann gegeben, wenn es zumindest eine ausreichende Menge der Güter x (y, z, usw.) enthält.

In der zweiten Variante bilden die Güter nicht nur eine Voraussetzung für das gute Leben, sondern stellen ihr eigentliches Ziel dar. Wird eine Gütertheorie im letzteren Sinne begriffen, dann nimmt sie die Form einer objektivistischen Zieltheorie an. Eine Definition könnte in etwa lauten:

> Ein gutes Leben ist dann gegeben, wenn es möglichst viel an den Gütern x (y, z, usw.) enthält.

Das Ziel dieses Kapitels ist neben der Darstellung der Positionen als solche in zweifacher Hinsicht zu fassen: Einerseits soll der theoretische Raum erhellt werden, in welchem sich das philosophische Nachdenken über das gute Leben vollzieht. Andererseits sollen aber auch Parallelen und Schnittstellen zu Martha Nussbaums Theorie des guten Lebens aufgezeigt werden.

4.5.1 Die hedonistische Theorie des guten Lebens

Die Ausrichtung an einen ganz allgemein gehaltenen Lust- bzw. Unlustbegriff bei hedonistischen Theorien ist höchst problematisch und wirft vielerlei Fragen auf. Welche Arten von Lust sind hier gemeint? Geht es nur um sinnlich unmittelbar erzeugbare Lust (z. B. durch kulinarische Genüsse oder sexuelle Stimulation) oder ist der Lustbegriff auf andere Kategorien, beispielsweise auf geistige und kulturelle Genüsse, auszudehnen (z. B. Literatur, Pflege von Freundschaften und kulturellen Traditionen)? Letztere wirken potentiell ja auch lusterzeugend, rekurrieren jedoch auf andere Voraussetzungen, die teilweise weit über den unmittelbar sinnlichen Erfahrungshorizont hinausgehen. Wäre aber für eine solche Ausdehnung der Konzeption dann *Lust* überhaupt noch der richtige Begriff?

Abgesehen von der Frage, was man unter *Lust* versteht, stellt sich die Frage, wie diese, auf ein ganzes Leben bezogen, zu messen ist, um daraus eine Folgerung zu ziehen, ob jemand von einem unabhängigen Standpunkt aus betrachtet ein gutes Leben führt (respektive geführt hat). Ein solcher unabhängiger Standpunkt scheint jedenfalls notwendig zu sein, um im hedonistischen Sinn eine Bewertung zu treffen, denn ansonsten wäre es ja durchaus denkbar, dass jemand sein Leben als ein *lustvolles* begreift, wenn er jeden Abend beispielsweise ein Glas Wein trinken kann, auch wenn er ansonsten ein Leben voller Krankheit und Mühen führen muss. Eine solch subjektivistische Bewertung hinsichtlich der erlebten Lust wäre als Theorie wohl höchst unbefriedigend, wie sich bereits im vorangegangenen Abschnitt angedeutet hat.

Da die Frage, wie erlebte *Lust* und *Unlust* qualitativ zu messen und quantitativ zu vergleichen und zu bewerten sind, auf vielerlei Probleme stößt, scheint die hedonistische Theorie eher auf ein Paradigma zu verweisen als auf eine klar abgrenz- und definierbare Qualität.

Eine weitere Frage wäre, ob die hedonistische Theorie des guten Lebens in ihrem Kern eine subjektivistische oder objektivistische Konzeption des guten Lebens darstellt. Dass sich der Hedonismus stark an den nonkognitiven Einstellungen des Menschen, seinen Wünschen und Bedürfnissen, orientiert, spricht für eine subjektivistische Variante. Andererseits argumentiert z. B. Schaber überzeugend dafür, dass es sich beim Hedonismus um eine objektive Theorie des guten Lebens handelt:

> „Für einen Hedonisten geht es einer Person gut, wenn sie sich in einem Zustand befindet, der in ihr den Wunsch hervorruft, dieser Zustand möge andauern. Das Wort ‚gut' bezeichnet so aber nicht die Tatsache, daß etwas von einer Person gewünscht wird, sondern vielmehr einen psychischen Zustand, in dem sich die Person befindet. Damit wird deutlich, daß es sich bei der hedonistischen Theorie guten Lebens um eine objektive Theorie des Guten handelt. Ob es einer Person gut geht, bemißt sich für einen Hedonisten nämlich nicht an den Wünschen dieser Person, sondern an bestimmten psychischen Zuständen, in denen sich die betroffene Person befindet; Zustände, die wir aufgrund ihrer eigenen Natur anstreben."[425]

Diese Position Schabers wird noch plausibler, wenn man argumentiert, dass *Glück* oder *Lust* als psychische Zustände in jüngerer Zeit durch bildgebende Verfahren, z. B. in der Neurobiologie und Neurochirurgie, objektiviert werden können.

---

425 Schaber 1998, 151f.

4 Nussbaums „Capabilities Approach" – eine Theorie des guten Lebens?

Der *Capabilities Approach* und die hedonistische Theorie des guten Lebens

Es stellt sich für den Gang der Untersuchung nun die Frage, inwiefern Elemente hedonistischer Theorien auch für Nussbaums Nachdenken über ein menschlich gutes Leben konstitutiv sind. In Rückschau auf die Untersuchung der *Liste der zentralen Fähigkeiten* im 2. Kapitel lässt sich konstatieren, dass die Genussfähigkeit des Menschen auch zu jenen Gütern zählt, welche Nussbaum im Rahmen ihres Ansatzes berücksichtigt. So heißt es beispielsweise unter Punkt 4 *(Senses, imagination, and thought)*: "Being able to have pleasurable experiences and to avoid nonbeneficial pain."[426] Wie sich gezeigt hat, entwickelt Nussbaum eine sehr differenzierte Sichtweise auf die Besonderheiten der menschlichen Bedürfnisnatur, aus welcher sie schließlich ihr Konzept eines menschlich guten Lebens und die damit einhergehenden Forderungen an eine Konzeption sozialer Gerechtigkeit ableitet. So weist sie wiederholt darauf hin, dass die Befriedigung von Bedürfnissen wie z. B. wiederkehrender Hunger und sexuelles Verlangen von den Menschen nicht primär als eine Art lästiges Übel empfunden wird:

> "It is characteristic of human life to prefer recurrent hunger plus eating to a life with neither hunger nor eating: to prefer sexual desire and its satisfaction to a life with neither desire nor satisfaction."[427]

Klar ist aber auch, dass Nussbaums Konzeption von ihrem Wesen her natürlich keine hedonistische Theorie darstellt. Es finden sich in ihren Schriften keine Ansatzpunkte dafür, dass ihre Konzeption des guten Lebens (soweit man bereit ist, von einer solchen überhaupt zu sprechen) eine Lustmaximierung bzw. eine Unlustminimierung intendiert. Gleichwohl lassen sich durch

---

426 Nussbaum 2011, 33
427 Nussbaum 1990, 224

den liberalen Anspruch der Konzeption – Nussbaum möchte ja dezidiert kein bestimmtes Lebensmodell favorisieren – ihre Konzeption und eine hedonistische Lebensauffassung durchaus als kompatibel beschreiben. Ein Mensch, der über alle zentralen Fähigkeiten im Nussbaum'schen Sinne verfügt und dann den eigenen Lebenssinn darin sieht, in einem hedonistischen Sinne sein Leben der Maximierung der eigenen Lustzustände zu widmen, ist kein Widerspruch.

Zur Verdeutlichung dieses Sachverhaltes soll hier kurz auf einen zeitgenössischen Hedonisten hingewiesen werden. Pfaller (*1962), Professor für Philosophie in Wien, entfaltet in seinem viel beachteten Werk *Wofür es sich zu leben lohnt. Elemente materialistischer Philosophie*[428] zwar keine systematische hedonistische Theorie, dafür aber eine breit angelegte Kulturkritik, die ihrerseits als Plädoyer für eine hedonistische Lebenshaltung gelesen werden kann.

Ausgangspunkt ist für Pfaller die Feststellung, dass sich Mitte der 1990er Jahre unsere (westliche) Wahrnehmung von Quellen der Lust (Pfaller nennt hier beispielhaft den Alkoholgenuss, das Rauchen, Fleischverzehr, Sexualität aber auch schwarzen Humor[429]) schlagartig geändert habe. Er fragt sich, warum das so ist und argumentiert, dass wir die oben genannten Lustquellen aufgrund ihrer Erhabenheit genießen. Eine Erhabenheit, die sie erst dadurch erhalten, dass sie potentiell als gefährlich bzw. gesundheitsbedrohlich gelten. „Das faszinierende Erhabene ist immer eine solche, in einem anderen Licht wahrgenommene negative Eigenschaft."[430]

Pfallers hedonistische These besagt nun, dass wir die Gesamtheit dieser Lustquellen,

---

428 Pfaller 2011
429 Ebd., 15
430 Pfaller 2011, 17

4 Nussbaums „Capabilities Approach" – eine Theorie des guten Lebens?

„[…] in denen etwas Ungutes zur Quelle triumphaler Lust wird, nicht nur längst kennen, sondern *dass sie für uns sogar die Gesamtheit dessen bilden, wofür es sich überhaupt zu leben lohnt* Ohne die Verrücktheiten der Liebe, die uns gerade die sperrigen Eigenschaften geliebter Personen anbeten lässt; ohne die Unappetitlichkeiten und Schamlosigkeiten der Sexualität; ohne die Unvernunft unserer Ausgelassenheiten, Großzügigkeiten, Verschwendungen, unserer Geschenke, Feierlichkeiten, Heiterkeiten und Rauschzustände wäre unser Leben eine abgeschmackte Abfolge von Bedürfnissen und – bestenfalls – ihrer stumpfen Befriedigung; eine vorhersehbare, geistlose Angelegenheit ohne jegliche Höhepunkte, die insofern mehr Ähnlichkeit mit dem Tod hätte als mit allem, was den Namen des Lebens verdient."[431]

Pfallers Kritik richtet sich in der weiteren Untersuchung gegen die völlig unhinterfragt übernommene Verabsolutierung von Prinzipien wie Gesundheit, Sicherheit, Nachhaltigkeit und Kosteneffizienz, die dann als oberste Leitprinzipien fungieren und den öffentlichen Raum ordnen (als Beispiel hierfür werden vom Autor nicht nur das nahe liegende Thema der zunehmenden Rauchverbote im öffentlichen Raum diskutiert, sondern auch u. a. der Bologna-Prozess im Hochschulbereich, der ja gewissermaßen als Verschulung des universitären Raums gesehen werden kann, eine Entwicklung, die für Pfaller die Prinzipien der geistigen Freiheit und des intellektuellen Austausches unterminiert).

Interessant für die Untersuchung ist die Entgegensetzung vom profanen Alltag[432] und den Momenten der Lust, die für Pfaller nicht nur eine Unterbrechung dieses Alltagsbetriebs bedeuten, sondern dem Menschen im eigentlichen Sinne erst seine Würde geben, indem sie ihn, wenn auch nur für Augenblicke, aus der

---

431 Ebd.. Hervorhebungen im Original
432 Vgl. Ebd., 20

Monotonie des (Arbeits-)Alltages herausreißen. Pfaller thematisiert in seinem Werk gar nicht erst mögliche Lebenskonzepte und damit verbundene Ziele, denen unser Streben gilt. Hier hält er sich mit Interpretationen, die darauf abzielen, universalisierbare Grundsätze aufzustellen, zurück. Was universalisierbar für ihn zu sein scheint, ist die Lustbefriedigung, für die sich in allen Kulturen und zu allen Zeiten Praktiken und Mittel vorfinden bzw. nachweisen lassen. Die Praktiken und Mittel gilt es in ihrer Bedeutung wahrzunehmen und nicht zu vergessen oder gar zu leugnen, dass sie es sind, die unser Leben eigentlich erst lohnenswert machen. Unbeantwortet bleibt hier allerdings die Frage der Lebensführung als Ganzes.

Pfallers Verständnis eines reflektierten Gebrauchs von Lustquellen setzt einen hohen Grad an Mündigkeit (oder, wenn man mit Nussbaum sprechen will: *Befähigung*) der einzelnen Personen voraus, macht aber keine Aussagen darüber, was abseits des Lustgenusses die Konzeption eines guten Lebens für diese Personen inhaltlich ausmachen könnte. Er beleuchtet mit seiner Kulturkritik also nur einen Teil der Diskussion rund um das philosophische Nachdenken des guten Lebens, während Nussbaum mit ihrer umfassenden Liste weit über eine lustorientierte Bedürfnisbefriedigung hinausgeht. Die sich hier abzeichnende *Partikularität* scheint symptomatisch für hedonistische Theorien des guten Lebens zu sein. So sehr man Pfaller auch darin zustimmen mag, dass es in allen menschlichen Kulturen immer schon Mittel und Wege zur Steigerung (sinnlicher) Lusterfahrung gab, muss man gleichermaßen festhalten, dass damit immer nur ein Aspekt dessen beschrieben worden ist, was das Wesen menschlichen Lebens auszumachen scheint[433], während Theoretiker wie Nussbaum einen viel breiteren Begriff ansetzen.

---

433 Eine ausführlichere Kritik des Hedonismus als Theorie des guten Lebens findet sich z. B. bei Fenner 2007, 51–58

4.5.2 Die Wunsch- und Zieltheorie des guten Lebens

Der Grundgedanke der Wunsch- und Zieltheorien des guten Lebens wurde bereits bei der Darstellung des Spannungsbogens zwischen individual- und sozialethischen sowie zwischen subjektivistischen und objektivistischen Aspekten verdeutlicht: Ein gutes Leben könnte hier wie folgt definiert werden:

> Ein gutes Leben ist dann gegeben, wenn sich alle, die meisten, zumindest aber nicht wenige, der (reflektierten und realistischen) Wünsche einer Person erfüllen, bzw. die damit einhergehenden Ziele im Laufe eines Lebens verwirklicht werden.

Fenner legt großen Wert auf die Unterscheidung zwischen der eher unspezifischen Kategorie der *Wünsche* und konkreten *Zielen*. Beide Begrifflichkeiten haben zwar eine teleologische Struktur, sind aber gleichwohl deutlich voneinander zu unterscheiden. So entstehen Wünsche ständig in einer Vielzahl ohne deswegen aber unbedingt handlungsleitend zu werden:

> „Die meisten dieser Wünsche können niemals in die Realität umgesetzt werden, weil sie als reine Phantasieprodukte der Wirklichkeit oft wenig angepasst sind. Sie orientieren sich nicht an der objektiven Realität, sondern an der subjektiven Idealität."[434]

Unter diese Konzeption von *Wünschen* fallen also all die Tagträume, welche Menschen haben: Der Wunsch eines Nachwuchssportlers einmal als Olympiasieger von der ganzen Welt bewundert zu werden, der Wunsch eines jungen Mädchens, einen Popstar zu heiraten oder einfach der Wunsch eines Spielers bei der nächsten Lottoziehung groß abzuräumen.

Demgegenüber sind *Ziele* viel spezifischer. Sie sind die Folge eines Reflexionsprozesses und orientieren sich an der Realität.

---

[434] Fenner 2007, 60

Ziele erfordern eine Entscheidung des Menschen, aus unspezifischen Wünschen eine Wirklichkeit entstehen zu lassen, verbunden mit den dafür notwendigen Anstrengungen und Mühen:

> „Was beim Wunsch nur als höchst erstrebenswert in grellen Farben ausgemalt wird, mutiert beim Ziel zum Gegenstand einer festen Absicht und eines aktiven Wollens."[435]

Wünsche sind unmittelbarer, sie entstehen und wir fühlen uns von ihnen in gewisser Weise *angetrieben* (bei Fenner: *angestoßen*), während uns Ziele in gewisser Weise *anziehen*. Während die Vielzahl von Wünschen, die wir tagtäglich entwickeln, oftmals auch auf unsere sinnliche Bedürfnisnatur verweisen (z. B. der Wunsch, einen bestimmten Sexualpartner zu haben oder der Wunsch, ein gutes Steak zu essen), sind Ziele auf Werturteilen basierende, aktive Setzungen, die sich auf das ganze Leben strukturierend auswirken können (z. B. das Ziel, eine Familie zu gründen oder einen bestimmten Beruf zu erlernen).

Der Begriff des Wunsches ist aber lange nicht so eindeutig zu bestimmen, wie es auf den ersten Blick vielleicht erscheint. Deswegen ist es auch nicht verwunderlich, dass Wünsche oftmals miteinander konkurrieren, wenn sie sich nicht sogar widersprechen. Fenner[436] bringt hier das Beispiel eines Menschen, der einerseits den Wusch verspürt, eine Zigarette zu rauchen, andererseits aber auch den Wunsch äußert, mit dem Rauchen aufzuhören. Unterscheidbar werden an diesem Beispiel Wünsche erster und zweiter Kategorie (eine Unterscheidung die auf Harry Frankfurt zurückgeht[437]). Während die Wünsche erster Kategorie uns unmittelbar *ereilen*, *zielen* Wünsche der zweiten Kategorie darauf ab, sich zu den Wünschen der ersten Kategorie auf eine bestimmte Weise zu verhalten. Während der Wunsch

---

435 Ebd., 61
436 Vgl. Ebd., 67f.
437 Vgl. Fenner 2007, 67, sowie Spaemann 2006, 232–234 und Seel 1999, 64

4 Nussbaums „Capabilities Approach" – eine Theorie des guten Lebens?

erster Kategorie in oben stehendem Beispiel jener nach einer Zigarette ist, wäre der Wunsch zweiter Kategorie jener, mit dem Rauchen aufzuhören. Wie schon aus der Formulierung deutlich wird, nehmen die Wünsche zweiter Kategorie die Form eines Ziels an. Sie entspringen einer Reflexion auf die Wünsche erster Kategorie und wirken auf jene in der Folge steuernd bzw. handlungsleitend ein. Wünsche zweiter Kategorie zielen darauf ab, eine bestimmte Art Mensch zu werden, ja eigentlich sogar darauf, überhaupt voll und ganz Mensch zu werden:

> „Nach Frankfurt können Tiere zwar Wünsche erster Ordnung bilden, nicht aber Wünsche höherer Ordnung. Er sieht das eigentliche Spezifikum des Mensch- oder Personseins geradezu darin, dass der Mensch sich für bestimmte Klassen von Wünschen entschließen kann. Wir bezeichnen solche höherstufigen Einstellungen meist als ,Ideale'. Das können Ideale sein wie Leistung, Tapferkeit, Hilfsbereitschaft oder Coolness, die uns dazu auffordern, auf eine bestimmte Art zu wünschen. Sie prägen nicht nur die Art unseres Wünschens und das faktische Wollen, sondern letztlich auch unseren Charakter."[438]

Eine so verstandene Theorie des guten Lebens, die zwischen Wünschen erster und zweiter Kategorie entscheidet und letzteren einen höheren Stellenwert für das Gelingen des eigenen Lebens zubilligt, ist verwandt mit tugendethischen Konzeptionen. Im Unterschied dazu lässt sich wohl mit einiger Berechtigung sagen, dass viele Wünsche der ersten Kategorie auf eine kurzfristige Lustbefriedigung abzielen und damit eine klare Verwandtschaft zu klassischen hedonistischen Theorien aufweisen.

Es wäre aber nun zu kurz gegriffen, Frankfurts Theorie der gestuften Willensakte so zu verstehen, dass die Wünsche zweiter Ordnung einfach die bedeutenderen, die höherwertigen sind

---

438 Ebd., 67f.

und unser Streben sich deshalb auf die Erfüllung dieser Wünsche richten sollte. Ein solches Vorgehen wäre zwar durch die Anwendung von konzentrierter Willenskraft denkbar, allerdings könnte dies mit einer nach wie vor bestehenden Spannung zwischen den Wünschen der beiden Stufen einhergehen. Das übergeordnete Ziel der Theorie Frankfurts, so merkt beispielsweise Brüntrup an, ist daher nicht eine bloß willentliche Entscheidung für die Wünsche zweiter Kategorie:

> „Frankfurt sieht das Ziel eines sinnerfüllten Lebens erreicht, wenn diese Stufen des Willens sich in Harmonie befinden. Die Aussicht auf diese innere Harmonie selbst ist ein attraktives Ziel und motiviert dazu, das Leben auf dieses Telos hin auszurichten, ein Leben zu führen, bei dem man mit sich selbst im Einklang ist."[439]

Frankfurts Theorie kann also, ohne dass sie hier tiefergehend analysiert werden kann, an dieser Stelle durchaus als Wunsch- und Zieltheorie des guten Lebens verstanden werden. Es handelt sich dabei um das übergeordnete Ziel der Harmonie der Wünsche erster und zweiter Ordnung. Das Ziel dieser Theorie wäre also dann erreicht, wenn ein Mensch das, was er in jedem Moment tut, in Harmonie zu jenen Idealen stehen sieht, die er als Mensch leben und repräsentieren will.

Als ein weiterer Vertreter der Wunsch- und Zieltheorie des guten Lebens kann Martin Seel betrachtet werden. Er unterscheidet dabei zwischen *episodischem* und *übergreifendem* Glück[440]:

> „Im ersten Fall ist von einer glückhaften Situation oder einem glücklichen Abschnitt meines Lebens die Rede, im zweiten

---

439 Brüntrup 2012, 179
440 Vgl. Seel 1999, 62. Seel setzt interessanterweise dann den Begriff des übergreifenden Glücks in der Folge mit dem Begriff des guten bzw. gelingenden Lebens gleich. Vgl. dazu Ebd., 65f.

Fall bezeichne ich dieses Leben selbst als ein (soweit) glückliches. Im ersten Fall ist Glück eine Episode oder Periode, im zweiten Fall eine Gestalt meines Lebens."[441]

Um sein Leben mit Seel als *Gestalt* verstehen zu können, ist ein Lebewesen als Träger notwendig, der sich der Zeitlichkeit und der Endlichkeit des Lebens bewusst ist. Diese Fähigkeit besitzen nach unserem allgemeinen Erkenntnisstand jedoch nur Menschen, und auch die erst ab einem gewissen Lebensalter. Seel unterscheidet deshalb zwischen einem guten Leben im stärkeren Sinn und einem guten Leben im schwächeren Sinn. Nur letzteres steht allen Lebewesen, unabhängig von ihrem Bewusstseinszustand, entsprechend ihrer jeweiligen Art, offen[442].

Interessant hinsichtlich der Untersuchung der Wunsch- und Zieltheorien ist nun insbesondere, wie Seel seine Position u. a. gegen die Argumentation der Hedonisten verteidigt und abgrenzt. Insbesondere das Ideal der Leidensfreiheit, wie es vom Hedonismus in der negativ formulierten Variante vertreten wird, ist für Seel kein tauglicher Begriff des Guten für den Menschen:

„Würde man sich auf Leidensfreiheit als Bestimmung des Guten festlegen, wäre schon entschieden, dass es ein gutes menschliches Leben nicht gibt. Leiden ist ein unumgänglicher Bestandteil jedes menschlichen Lebens, folglich auch jedes guten; wie gut oder schlecht ein Leben ist, zeigt sich nicht zuletzt daran, wie die Subjekte dieses Lebens mit den Erfahrungen des Leidens zu Rande kommen."[443]

Ob ein Leben gut ist oder nicht, hängt also nicht von der Antwort auf die Frage ab, wie viel Leid es enthält, sondern wie sich der Einzelne zu diesem Leid verhält und ob man in der Lage ist

---

441 Ebd.
442 Vgl. Ebd., 64
443 Seel 1999, 67

sowie die notwendigen Fähigkeiten besitzt, aus einer leidvollen Erfahrung oder Situation heraus etwas Positives zu formen.

Der *Capabilities Approach* und die Wunsch- und Zieltheorie des guten Lebens

Wie verhält sich nun Nussbaums Begriff bzw. Theorie des guten Lebens zur Wunsch- und Zieltheorie? Die Konzeption des guten Lebens, wie sie sich aus der Analyse der *Liste der zentralen Fähigkeiten* ergibt, weist zwar dezidiert den Charakter einer Liste von Voraussetzungen auf, wodurch es fraglich erscheint, ob man hier von einer Ziel- oder gar Wunschtheorie des guten Lebens sprechen kann. Jedoch zeigen sich bei näherer Betrachtung durchaus einige Überschneidungen mit der hier diskutierten Position.

Die Liste der Fähigkeiten enthält *kombinierte* Fähigkeiten *(combined capabilities)*, die sich erst im Laufe des Heranwachsens des Menschen ausbilden können, so die dafür notwendigen inneren *(internal capabilities)* auf entsprechende äußere Voraussetzungen treffen.

Nun würden viele Menschen, befragt nach ihren Zielen und Wünschen für ihr Leben, wohl eher tatsächliche *Tätigkeiten (functionings)* und nicht unbedingt die dafür notwendigen *Fähigkeiten* benennen. Eine Antwort könnte beispielsweise lauten:

> „Ein gutes Leben bedeutet für mich, eine Familie mit zwei gesunden Kindern zu haben, meinem Beruf als Arzt erfolgreich nachgehen zu können und genug Geld zu haben, um zweimal pro Jahr Urlaub im Ausland zu machen."

All die hier zum Vorschein kommenden Wünsche bzw. Ziele spielen in dieser Konkretheit in Nussbaums Theorie des Guten nur indirekt eine Rolle. Nussbaum selbst argumentiert hier ähn-

4 Nussbaums „Capabilities Approach" – eine Theorie des guten Lebens?

lich wie weiter oben Fenner: "Desire [...] is an easily corrupted, unstable, and unreliable guide to genuine human flourishing."[444]

Gleichwohl lassen sich indirekt Rückschlüsse aus den von Nussbaum benannten Punkten und ihrer Querverbindung zu Wunsch- bzw. Zieltheorien des guten Lebens ziehen. So lässt sich problemlos zeigen, wie fast alle Punkte in Nussbaums Liste notwendigerweise hier als Voraussetzung gegeben sein müssen, um ein Leben mit den genannten Tätigkeiten führen zu können, insbesondere die Fähigkeit zur *praktischen Vernunft* und die Fähigkeit, soziale Beziehungen zu führen, als *architektonische Funktionen*. Bis zur erfolgreichen Tätigkeit als Arzt oder zu einem zufriedenem Familienleben ist es ein weiter Weg, dessen erfolgreiche Beschreitung eine ganze Reihe von ausgebildeten Fähigkeiten im Sinne notwendiger Voraussetzungen erfordert.

Ist es aber plausibel, in der Ausbildung von teilweise basalen Fähigkeiten selbst ein explizites (Lebens-)Ziel zu sehen? Ist es beispielsweise plausibel, die Fähigkeit, ein gesundes Leben und die Wahrung der körperlichen Integrität (Punkte 2 und 3 auf der Liste Nussbaums) als handlungsleitende Ziele zu benennen? Für Menschen, die über diese Voraussetzungen aufgrund der politischen und sozialen Verhältnisse in ihrer Heimat bereits verfügen, stellt sich diese Frage wohl erst gar nicht – zumindest nicht mit der Dringlichkeit, mit der sie sich Menschen stellt, die über diese (äußeren) Umstände nicht verfügen. Für politische wie auch Wirtschaftsflüchtlinge, die sich durch die Migration in ein Industrieland ein besseres Leben erhoffen, machen aber womöglich genau diese zentralen Bedürfnisse oft den Kern ihrer eigenen Konzeption eines guten Lebens aus. Die Deckung von fundamentalen Grundbedürfnissen (wie sie eben teilweise auch in Nussbaums Liste aufscheinen) können in der Lebenskonzeption vieler Menschen tatsächlich den Charakter expliziter Ziele annehmen, aufgrund derer das ganze Leben dann erst

---
444 Nussbaum 1987, 14

seine Struktur gewinnt und denen sich alle anderen Tätigkeiten unterzuordnen haben. Der Wunsch, den man von Flüchtlingen als ein (wenn nicht das zentrale) Lebensziel als Antwort auf die Frage nach der eigenen Konzeption des guten Lebens erhält, würde sinngemäß wohl nicht selten lauten: „Ich möchte, dass es meine Kinder einmal besser haben" – soll heißen: Auf bessere Voraussetzungen treffen.

Das Beispiel der Flüchtlinge vermag also meiner Ansicht nach überzeugend zu zeigen, dass mitnichten nur tatsächliche *Tätigkeiten* den Charakter eines explizit formulierten (Lebens-)Ziels annehmen können, sondern durchaus auch *Voraussetzungen*, wie sie in Nussbaums Liste formuliert werden.

Bei einer Analyse von Nussbaums Fähigkeitenliste darf man natürlich nicht die Tatsache aus den Augen verlieren, dass die Autorin für sich gar nicht in Anspruch nimmt, eine handlungsleitende Konzeption für den einzelnen Menschen zur Verfügung zu stellen, sondern vielmehr eine politische Agenda mit dem Ziel einer gerechten Gesellschaftsordnung. Nichtsdestotrotz können einige, wenn nicht gar die Mehrzahl der von Nussbaum genannten *Fähigkeiten* explizite *Ziele* für das Individuum darstellen – auch abseits der fundamentalen Grundbedürfnisse, wie sie insbesondere bei den bereits genannten Punkten der körperlichen Integrität *(bodily integrity)* und Gesundheit *(bodily health)* thematisiert werden. So heißt es beispielsweise in der *Liste der zentralen Fähigkeiten* bei Nussbaum an 8. Stelle: "Other species. Being able to live with concern for and in relation to animals, plants, and the world of nature."[445] Hier kommt eine Variante des oftmals geäußerten Wunsches von Menschen in der modernen westlichen Welt (natürlich nicht nur dort) zur Sprache, nämlich jener *im Einklang mit der Natur zu leben*. Auch hier zeigt sich also, wie eine *Voraussetzung* zum guten Leben im Sinne Nussbaums plötzlich zu einem expliziten *Ziel* werden kann.

---

445 Nussbaum 2011, 34

Als Fazit lässt sich also an dieser Stelle festhalten, dass die Konzeption des guten Lebens, wie sie bei Nussbaum im Rahmen ihrer Liste zum Ausdruck kommt, durchaus mit Wunsch- und Zieltheorien in Einklang zu bringen ist, zumindest aber nicht im Widerspruch zu ihnen steht, wenngleich natürlich nicht alle der genannten Punkte für jeden Menschen als handlungsleitende Ziele fungieren müssen.

4.5.3 Die Gütertheorie des guten Lebens

Als dritte Theorienfamilie sollen hier nun die Gütertheorien des guten Lebens beschrieben und kritisch reflektiert werden. Da sich vorwegnehmen lässt, dass diese Position formal den größten Deckungsgrad mit Nussbaums eigenem Ansatz aufweist, wird ihr im Rahmen der vorliegenden Arbeit etwas mehr Platz eingeräumt als den beiden bisher diskutierten Positionen.

Wie schon erwähnt, lässt sich die Gütertheorie des guten Lebens formal auf zweierlei Art fassen. In der ersten Variante lautet die Definition etwa:

> Ein gutes Leben ist dann gegeben, wenn es zumindest eine ausreichende Menge der Güter x (y, z, usw.) enthält.

Damit werden die Güter als Voraussetzung für ein gutes Leben beschrieben. In der zweiten Variante werden bestimmte Güter als selbstzweckhaft bewertet und ihre (quantitative) Maximierung zum eigentlichen Ziel des (guten) Lebens erhoben. Die Definition würde hier in etwa lauten:

> Ein gutes Leben ist dann gegeben, wenn es möglichst viel an den Gütern x (y, z, usw.) enthält.

Ganz allgemein wird bei einer Gütertheorie des guten Lebens der Überzeugung Rechnung getragen, dass der Mensch, zumindest zur Befriedigung seiner Grundbedürfnisse (möglicherweise aber auch darüber hinaus), auf die Verfügbarkeit verschiedener (Grund-)Güter angewiesen ist. Die Güter (welche auch immer darunter dann im einzelnen gefasst werden) dienen als Voraussetzungen eines guten Lebens. Sie soll hier als die *schwache Gütertheorie des guten Lebens* bezeichnet werden. Davon zu unterscheiden wäre eine *starke Gütertheorie*. Ihr wesentliches Merkmal besteht darin, dass die Güter hier den Charakter einer reinen Voraussetzung verlieren, indem sie als selbstzweckhaft angesehen werden und eine möglichst große Anhäufung der fraglichen Güter in quantitativer Hinsicht zum Ziel erhoben wird.

Während die schwache Gütertheorie also einfach dem Umstand Rechnung trägt, dass der Mensch zur Befriedigung vitaler Bedürfnisse ein Minimum an verschiedenen Dingen (Gütern) benötigt, wie z. B. Nahrung, Kleidung, Obdach, Geld aber auch Gesundheit, Anerkennung oder Freundschaft, liegt es in der Sichtweise der starken Gütertheorie, dass ein quantitatives Mehr hier stets zu bevorzugen ist und sich das menschliche Streben letztlich an der Anhäufung solcher Güter orientieren sollte um solcherart ein gutes Leben führen zu können.

Arten von Gütern

Es lassen sich, wie bereits angedeutet, verschiedene Arten von Gütern unterscheiden. Fenner[446] schlägt zunächst folgende einfache Unterscheidung vor, die hier für den Kontext der Untersuchung als hilfreich erachtet wird:

a. Materielle Güter, z. B. Geld und Eigentum
b. Anthropologische Güter: Gemeint sind Güter, die auf „[...] wesensmäßige menschliche Bedürfnisse, Fähigkeiten oder Eigenschaften[447]" verweisen. Es geht also um Güter,

---

446 Vgl. Fenner 2007, 104
447 Ebd.

deren der Mensch im Sinne anthropologischer Konstanten zu allen Zeiten bedarf und die über die Kategorie der rein materiellen Güter hinausgehen. Im Prinzip werden damit jene Art von Gütern erfasst, die Nussbaum in ihrer Liste anführt. Zu den Konstanten menschlichen Lebens könnten demnach z. B. soziale Eingebundenheit, Gesundheit, Sicherheit vor gewalttätigen oder sexuellen Übergriffen oder auch die Ausübung religiöser Praxis gesehen werden.[448]

Eine Position, die in der Anhäufung materieller Güter die grundsätzliche Struktur und das Ziel eines guten Lebens sieht, wird in der Philosophie kaum vertreten. Trotzdem scheint ein solches Verständnis mit Blick auf die Realität, zumindest in weiten Teilen der westlichen Welt, bei vielen Menschen durchaus vorherrschend zu sein. Es wäre zwar zu erwarten, dass die meisten Menschen der Aussage „Geld allein macht nicht glücklich" zustimmen könnten, in der Praxis des kapitalistischen Zeitalters scheint jedoch der Anhäufung von möglichst vielen materiellen Gütern trotzdem eine unverkennbare Bedeutung zuzukommen. Und mit Blick auf Rawls *schwache Theorie des Guten* kann man durchaus konstatieren, dass auch in der wohl wichtigsten politisch-philosophischen Arbeit des 20. Jahrhunderts *(Theory of Justice)* der Gedanke geteilt wird, dass Einkommen und Vermögen zu den Gütern gehören, die im Zentrum einer Theorie des Guten stehen (vgl. hierzu die Ausführungen im 1. Kapitel) und von denen sich der Mensch im Allgemeinen wünscht, eher mehr als weniger zu besitzen.

---

[448] Fenner weitet ihre Untersuchung schließlich noch auf „physiologische, psychische und charakterliche Aspekte *psychischer Gesundheit* [Hervorhebung im Original, J. N.]" aus, (vgl. Fenner 2007, 104), welche sie getrennt von den anderen Bedürfnissen behandelt.

Kritik an Gütertheorien des guten Lebens

Vertreter einer rein materiellen Gütertheorie müssen sich mit jenem Phänomen auseinandersetzen, welches Fenner das *Unzufriedenheitsdilemma* nennt[449]:

> „Als Unzufriedenheitsdilemma ist die empirische Tatsache angesprochen, dass die privilegierten Menschen der westlichen Welt mit ihrem sehr hohen Lebensstandard trotzdem mit ihrem Leben vielfach nicht zufriedener sind als Menschen in Drittweltländern."[450]

Bucher[451] führt in seiner systematischen Untersuchung über die *Psychologie des Glücks* zahlreiche empirische Untersuchungen an, die diesen Umstand belegen. Während die Kaufkraft in den entwickelten Ländern der ersten Welt in den letzten Jahren immer weiter gestiegen ist, blieb die Quote der sehr glücklichen Menschen konstant[452]. Einkommen und Glück korrelieren zwar nach Bucher ingesamt signifikant positiv, jedoch nur auf niedrigem Niveau: „Erklärt werden damit an die zwei Prozent Varianz, d. h. wie glücklich sich Menschen fühlen, hängt zu 98 Prozent von anderen Faktoren als vom Geld ab."[453]

Trotzdem ist die These der starken materiellen Gütertheorie nicht grundsätzlich zu widerlegen. Denn auch wenn mehr Reichtum nicht unbedingt glücklicher macht, so macht doch absolute Armut, gezeichnet durch einen signifikanten Mangel an materiellen Gütern, unglücklich. Bucher verweist hier auf eine empirische Studie[454], die belegt, dass die Wahrscheinlichkeit sich

---

449 Vgl. Fenner 2007, 108
450 Ebd.
451 Vgl. Bucher 2009, 86–89
452 Vgl. Ebd., 86
453 Ebd.
454 Vgl. Bucher 2009, 86f.

unglücklich zu fühlen, bei absoluter Armut siebenmal höher ist. Dementsprechend steigt in ärmeren Bevölkerungsschichten die Kurve des empfundenen Glücks mit steigendem Einkommen stark an, beginnt aber abzuflachen sobald die Grundbedürfnisse abgedeckt sind. Dass paradoxer Weise aber trotzdem statistisch gezeigt werden kann, dass auch nach der Deckung der materiellen Grundbedürfnisse die meisten Menschen (zumindest wenn man westliche Gesellschaften als Referenzgruppe untersucht) nach immer mehr Reichtum streben, obwohl daraus erwiesenermaßen kein höheres Glücksgefühl resultiert[455], hat laut Fenner seine Ursache wohl im bewertenden Vergleich mit anderen:

„Es scheint geradezu zum ‚Programm der egalitären Demokratien' unserer westlichen Kultur zu gehören, dass man sich dazu aufgefordert fühlt, sich mit jedem und in jeder Hinsicht zu vergleichen."[456]

Je weniger Gefälle sich aus dem Vergleich materiellen Wohlstands innerhalb eines gegebenen politischen Raums ergibt, desto zufriedener fühlen sich die Menschen im Allgemeinen[457]. Mit zunehmenden Unterschieden steige hingegen der „economic stress", so Fenner. Sie stellt daraufhin die Frage, ob das Paradigma der starken Gütertheorie deshalb nicht nur kein geeignetes Konzept für ein gutes Leben sei, sondern vielmehr sogar einem guten Leben in indirekter Weise abträglich sei[458]. Denn wenn aus dem Vergleich mit anderen Menschen als Folge negative Gefühle (selbst bei objektiv vorliegendem Wohlstand unter Abdeckung aller primären bzw. vitalen Bedürfnisse) entspringen, kann schwerlich von einer plausiblen Theorie des guten Lebens gesprochen werden.

---

455 Vgl. Ebd., 87f.
456 Fenner 2007, 111
457 Vgl. Ebd.
458 Vgl. Ebd.

Es lässt sich also bis hierher festhalten, dass eine starke materielle Gütertheorie, welche die stetige Anhäufung von materiellen Gütern (primär v. a. natürlich in Form von Geld) paradigmatisch an die Spitze einer Konzeption des guten Lebens setzt, wenig zu überzeugen vermag. Wie sieht es aber nun mit der *schwachen Gütertheorie* aus?

Die Ergebnisse der von Bucher aufgeführten Studien weisen, wie schon erwähnt, darauf hin, dass absolute Armut tatsächlich unglücklich macht. In ihrem negativen Verständnis scheint also in der schwachen Gütertheorie eine Wahrheit zu liegen. Im Sinne einer reinen Voraussetzung macht aber diese Variante keine Aussagen über das gute Leben. Wer seine materiellen Grundbedürfnisse decken kann (und sie auch zumindest für die nähere Zukunft gesichert weiß) ist deswegen nicht automatisch glücklich. Insofern wir davon ausgehen können, dass zu einer plausiblen Konzeption bzw. Theorie des guten Lebens ein subjektives Glücksgefühl, respektive eine positive emotionale Grundgestimmtheit, eine wichtige, wenn auch nicht unbedingt die wichtigste Komponente darstellt, dann erscheint sie vor allem als Motivationstheorie zu schwach. Sie liefert keine Erklärung dafür, warum Menschen noch handeln, bzw. warum sie gar nach höheren Zielen streben (was sie aber offensichtlich tun), sobald die Grundbedürfnisse abgedeckt sind.

Auch Nussbaums *Liste der zentralen Fähigkeiten* entspricht formal einer solchen schwachen Gütertheorie des guten Lebens. Jedoch handelt es sich dabei um eine sehr ausdifferenzierte Variante, mit anthropologischen, nicht mit materiellen Gütern.

Entscheidend ist hier die Frage der Selbstzweckhaftigkeit der Güter, die eine Liste mit objektivem Anspruch enthält. Geld allein, darauf hat ja schon Aristoteles hingewiesen, hat keinen Wert an sich, sondern nur als Mittel für andere Zwecke, beispielsweise (um bei Nussbaum zu bleiben) zur Entwicklung zentraler menschlicher Fähigkeiten wie Gesundheit oder Bildung. Für Nussbaum sind die Güter ihrer Liste allesamt selbstzweckhaft und irreduzibel. Es ist ein Gut über sie zu verfügen, unabhängig unter welchen Umständen Menschen ihr Leben sonst zubringen. Und tatsächlich können die Güter der Liste nicht nur als Voraussetzungen für ein gutes Leben fungieren, sondern (wie das Beispiel des Flüchtlings bei der Untersuchung der Wunsch- und Zieltheorie des guten Lebens gezeigt hat) auch selbst originäre Ziele menschlichen Strebens darstellen. Schwieriger ist die Frage zu beantworten, in welchem Maß Güter einer, wie auch immer gearteten, objektiven Gütertheorie vorhanden sein müssen, um von einem guten Leben sprechen zu können.

Im Unterschied zur hedonistischen Theorie und zur Wunsch- und Zieltheorie machen objektive Gütertheorien im Allgemeinen und die *Liste der zentralen Fähigkeiten* bei Nussbaum im Besonderen, starke normative Setzungen. Auch wenn die einzelnen Punkte auf Nussbaums Liste bewusst allgemein formuliert sind und die Autorin selbst stets betont, dass die Liste als solche offen und bereit ist für begründete Veränderungen, so treten die einzelnen Fähigkeiten doch mit dem Anspruch auf anthropologischer Konstanten zu sein, ohne deren Vorhandensein ein Leben eben kein *menschliches*, respektive kein *gutes menschliches* Leben sein kann.

Die Liste beinhaltet einerseits als Fähigkeiten benannte, wenig umstrittene Grundbedürfnisse (z. B. nicht frühzeitig zu sterben; gesund zu sein; sicher vor körperlichen Übergriffen anderer zu sein, etc.) und andererseits sehr spezielle Fähigkeiten, die weit über das allgemeine Verständnis eines vitalen Grundbedürfnisses hinausgehen (z. B. Verbundenheit zur Natur, die Fähigkeit zu Spielen, oder die Möglichkeit, aktiv am politischen Leben teilzunehmen). Gütertheorien bewegen sich, anders als die bislang vorgestellten Theorien, wesentlich näher am tatsächlichen Leben des Menschen. Denker wie Nussbaum und Sen unterscheiden sich von anderen Theoretikern des guten Lebens dadurch, dass ihre Arbeiten durchaus auch als Ergebnis bzw. Konklusion ihrer praktischen Tätigkeit zu werten sind. So ist Sen ja in erster Linie Ökonom und nicht Philosoph, während Nussbaums Variante des *Capabilities Approach* als eine Folge ihrer Feldforschung für eine Einrichtung der Vereinten Nationen in Indien und andernorts gesehen werden kann. Die *Liste der zentralen Fähigkeiten* ist eben auch eine Folge empirischer Beobachtungen (wenngleich für Nussbaum bei der Begründung ihrer Liste die zur Methode erhobene Interpretation narrativer Überlieferungen, der Verweis auf Mythen und Geschichten usw. die zentrale Rolle spielt).

4.6 Zusammenfassung: Der *Capabilities Approach* als Theorie des guten Lebens

Zunächst wurde in diesem Kapitel die Thematik des guten Lebens als philosophisches Fundamentalproblem beschrieben. Einleitend wurden dazu einige Schwierigkeiten aufgezählt, welche mit der Frage nach dem guten Leben verbunden sind. Außerdem wurde konstatiert, welche verschiedene Bedeutungen die Frage im Allgemeinen haben kann. Für die vorliegende Untersuchung ist dabei entscheidend, dass die Frage „Was ist ein gutes Leben?" nach dem Wesen dessen fragt, was es für den Menschen bedeutet, als ein in einer bestimmten Weise beschaffenes Lebewesen ein gutes Leben zu leben. Dies bedeutet allerdings mehr, als nur nach der guten oder richtigen *Lebensführung* zu fragen. Diese Art der Fragestellung wäre rein ethischer Natur. Nussbaum beschäftigt sich zwar durchaus auch mit ethischen Fragestellungen, kann im Allgemeinen auch als Tugendethikerin gelten, jedoch wäre es eine unzureichende Auffassung, den *Capabilities Approach* bzw. die von Nussbaum formulierte *Liste der zentralen Fähigkeiten* als rein ethischen Ansatz aufzufassen. Der *Capabilities Approach* ist vielmehr ein auf einer anthropologischen Theorie aufbauender sozialethischer Ansatz. Seine Nor-

4 Nussbaums „Capabilities Approach" – eine Theorie des guten Lebens?

mativität ergibt sich dementsprechend auch nicht aus etwaigen Forderungen an die individuelle Lebensführung, sondern aus den Forderungen, welche sich aus ihm an die praktische Politik richten lassen.

Im Gegensatz zur radikalen Variante des Realismus glaubt Nussbaum nicht, dass sich das menschliche Leben und das gute menschliche Leben in einer einmal festzulegenden Weise statisch beschreiben lässt. Es bedarf eines Interpretationsprozesses und eines fortgesetzten Austausches der Menschen untereinander. Deshalb ist es auch nur folgerichtig, dass Nussbaum ihre Liste für Änderungen und Ergänzungen offen lässt. Sie trägt damit dem Umstand Rechnung, dass sich normative Werthaltungen ändern können – nicht nur vorübergehend und in einem abgrenzbaren kulturellem Raum, sondern dauerhaft und weltweit.

Aus der Analyse der metaethischen Position des *internen Realismus*, wie Nussbaum sie vertritt, ergaben sich bereits einige wichtige Rückschlüsse auf ihre Konzeption des guten menschlichen Lebens. Die Wirklichkeit ist erkennbar, so auch die Wirklichkeit menschlichen Lebens, aber sie muss interpretiert werden, um eine Konsensfindung unter den Beobachtern zu ermöglichen. Dieser Prozess ist an eine prinzipielle Offenheit für Veränderungen gebunden. Menschliches Leben wird als dynamischer Prozess aufgefasst. Der Mensch selbst bedarf einer stetigen Selbstvergewisserung über normative Werthaltungen, die sich nur durch einen fortgesetzten Austausch und fortgesetzter Interpretation einstellt.

Nach dieser grundsätzlichen metaethischen Verortung wurde dann die Struktur der Frage nach dem guten Leben analysiert, wobei hier maßgeblich auf Vorarbeiten von Ursula Wolf zurückgegriffen wurde.

Wolf kritisiert zwar inhaltliche Listen – wie jene Nussbaums – im Rahmen einer philosophischen Untersuchung. Andererseits zeigt sich, dass die von ihr herausgearbeitete, tiefste Schicht der Frage nach dem guten Leben identisch ist mit jener Frage, die Nussbaum ins Zentrum ihrer Konzeption stellt. Diese Schicht drückt sich bei Wolf in folgender Frageform aus:

„Wie können wir als Wesen mit dieser existentiellen Struktur in einer Welt mit dieser Struktur möglichst gut leben?"

Im weiteren Verlauf des vierten Kapitels wurde versucht, sich der Spannung zu nähern, welche sich bei philosophischen Theorien aus der (vermeintlichen) Polarität zwischen Glück und Moral, zwischen individual- und sozialethischen Bezügen ergibt. Hier können innerhalb der philosophischen Diskussion verschiedene Positionen eingenommen werden. Bei einer dieser Positionen fallen individuelles Glück und die Moral vollkommen auseinander, schließen sich sogar regelrecht kontradiktorisch aus. Bei einer anderen Positionen wiederum fallen Glück und Moral zusammen, d. h. nur ein moralisches Leben kann ein glückliches Leben sein. Hier wird also einer Identitätsthese der Vorzug gegeben. Seel versuchte zu zeigen, dass in letzter Konsequenz alle großen Philosophen letztlich eine solche Identitätsthese vertraten. Doch wo bewegt Nussbaum sich nun innerhalb dieser beiden extremen Thesen?

Nussbaum, das sollte die Untersuchung an entsprechender Stelle zeigen, vertritt eine Konvergenzthese. Martin Seel attestierte Nussbaum schon in deren Werk *The fragility of goodness* (welches bereits 1987, also vor der Etablierung des *Capabilities Approach*, erschien), eine Vertreterin dieser These zu sein. Als solche geht es Nussbaum, so die Analyse, nicht darum, die Konflikte, die sich zwischen individuellem Glücksstreben und der moralisch gebotenen Rücksichtnahme auf andere ergeben, zu beseitigen,

4 Nussbaums „Capabilities Approach" – eine Theorie des guten Lebens?

sondern sie sensibel wahrzunehmen und dann stets von neuem zu bewältigen[459].

Ein gutes Leben, so die Konklusion, kann im Sinne Nussbaums weder darin bestehen, rücksichtslos das Gelingen des eigenen Lebens zu verfolgen, noch darin, zugunsten anderer die unterschiedlichsten eigenen Bedürfnisse zurückzustellen. Ein gutes Leben ergibt sich hier auch erst als Folge der sensiblen Wahrnehmung der stetig von neuem auftauchenden Spannung zwischen Eigen- und Fremdinteresse und ihrer Bewältigung, nicht ihrer (einseitigen) Beseitigung.

Die Untersuchung fuhr dann damit fort, zu prüfen, ob es sich beim Ansatz Nussbaums um eine objektivistische oder subjektivistische Konzeption des guten Lebens handelt. Dazu wurden verschiedene Positionen elaboriert, die es hier zu berücksichtigen galt. Subjektivistische Positionen zeichnen sich dadurch aus, dass sie, zumindest in der radikalsten Variante, dem Urteil des Einzelnen die letzte und höchste Bedeutung zuschreiben. Ein gutes Leben wird demnach einfach dann von einer Person geführt, wenn diese es für ein gutes Leben hält. Ein Abgleich mit objektiven Maßstäben, Werten und Beschreibungen erfolgt nicht zwangsläufig. Eine objektivistische Theorie hingegen beurteilt das gute Leben nur nach objektiv nachvollziehbaren Kriterien, wobei in der radikalen Variante dann dem Urteil des Einzelnen keinerlei Bedeutung zugemessen wird.

Daneben, so wurde gezeigt, gibt es aber auch gemäßigtere Varianten, welche je versuchen, objektive bzw. subjektive Elemente einzubeziehen. Eine subjektivistische Position könnte das Urteil des Einzelnen beispielsweise nicht unhinterfragt als letzten Maßstab nehmen, sondern danach fragen, inwiefern die Wünsche und Vorstellungen der Person an ihr Leben informiert und reflektiert sind. Und nur wenn diese Kriterien erfüllt wären,

---

459 Vgl. Seel 1999, 37f.

würde man dann dem subjektiven Urteil der Person Bedeutung im Rahmen einer Theorie des guten Lebens zuschreiben. Auf der anderen Seite wiederum könnte eine objektivistische Theorie des guten Lebens versuchen, die subjektive Sicht des Einzelnen in ihre Theorie miteinzubeziehen.

Nussbaums Position, so lautete das Fazit an dieser Stelle, bewegt sich zwischen rein subjektivistischen und objektivistischen Konzeptionen, insofern sie als Grundlage intersubjektiv geteilte Werte und Normen zu identifizieren versucht, welche schließlich in ihre *Liste der zentralen Fähigkeiten* münden. Sie tendiert dabei zwar eher zu einem (Güter-)Objektivismus, dieser ist aber prinzipiell offen für Veränderungen und Korrekturen (allerdings eben nur auf Basis eines intersubjektiv getroffenen Verständigungsprozesses). Nussbaum peilt mit ihrer Konzeption, in Anlehnung an Sen, einen *overlapping consensus* an, d. h. es ist für sie von essentieller Bedeutung, dass der intersubjektive Verständigungsprozess um geteilte Werte und Normen zu einer weltweiten Zustimmung führen kann. Unabhängig vom möglicherweise utopischen Charakter dieses universalistischen Anspruches zeigt sich hier, dass der objektivistische Charakter der Konzeption nur vorläufiger Natur ist. Er bedarf letztlich der Zustimmung und gewinnt auch nur so an Legitimität.

Die Analyse darf an dieser Stelle natürlich nicht unterschlagen, dass Nussbaum mit ihrer Konzeption des guten Lebens lediglich *notwendige* Voraussetzungen für ein gutes Leben formuliert, nicht jedoch bereits *hinreichende*. Ob ein (menschliches) Leben tatsächlich ein gutes ist (respektive als solches empfunden wird), darüber würde sich Nussbaum wohl kein Urteil erlauben. Allerdings würde sie, im Falle dass einige der notwendigen Güter (Fähigkeiten) nicht vorhanden sind, behaupten, dass es sich – auch entgegen der möglichen Meinung des Einzelnen – um kein gutes Leben handelt.

4 Nussbaums „Capabilities Approach" – eine Theorie des guten Lebens?

Eine Schwäche von Nussbaums Ansatz zeigt sich darin, dass auch dieser nicht in der Lage ist, alle Menschen miteinzubeziehen, insbesondere, wenn diese nicht über ein Mindestmaß an Handlungsfähigkeit und praktischer Vernunft verfügen. Als Sonderfälle wurden in *Frontiers of Justice* von ihr selbst Fälle von Anenzephalie oder Wachkoma genannt. Personen (insofern man sie als solche überhaupt anerkennt) die hiervon betroffen sind, müssen ein ganzes Bündel an Fähigkeiten entbehren, die laut der Autorin aber dafür ausschlaggebend sind, ob jemand ein gutes bzw. überhaupt ein menschliches Leben führen kann. Nussbaum rückte in *Frontiers of Justice* hier von ihrer ursprünglichen Position ein Stück weit ab, indem sie erklärte, dass mehrere der zentralen Fähigkeiten (und nicht bloß eine) dauerhaft fehlen müssen, um kein gutes Leben (mehr) führen zu können.

Nachdem bislang das begriffliche Spannungsfeld der Thematik des guten Lebens mit den beiden Begriffspaaren Individual- versus Sozialethik und Subjektivismus versus Objektivismus abgesteckt wurde, erfolgte im weiteren Gang der Untersuchung eine Konkretisierung des Themas durch die Darstellung dreier großer Theorienfamilien des guten Lebens. Mit diesem nächsten Schritt sollte einerseits tiefer in die philosophische Diskussion eingeführt werden, um zu zeigen, welche grundsätzlichen Ideen und Überzeugungen, hier vertreten wurden bzw. werden. Andererseits sollte aber auch der Bezug zum Kernthema der Diskussion, Martha Nussbaums Konzeption des guten Lebens, nicht verloren gehen, weshalb am Rande der Untersuchung der drei Theorienfamilien stets gefragt wurde, wie sich die jeweiligen Ideen zu Nussbaums Überzeugungen verhalten und wo gegebenenfalls sogar Überschneidungen sichtbar werden.

Strukturell entspricht Nussbaums *Capabilities Approach* einer Gütertheorie des guten Lebens. Gütertheorien gehen davon aus, dass der Mensch nach bestimmten Dingen, eben Gütern, strebt und dass sein empfundenes Glück entweder in engem Zusammenhang mit der quantitativen Vermehrung dieser Güter steht oder aber (in der negativen Version) ein Fehlen bestimmter Güter ein gutes Leben verhindert. Letzterer Version entspricht Nussbaums Ansatz. Unter Rückgriff auf Ergebnisse aus der empirischen Psychologie wurde gezeigt, dass die These der Variante, welche einen stetigen Zugewinn an Gütern (z. B. Einkommen und Vermögen) als zentral für ein gutes Leben ansieht, nicht haltbar ist. Ab einem bestimmten Punkt ändert sich offenbar das subjektiv empfundene Glück nicht mehr mit immer weiter steigendem Besitz bestimmter Güter.

Nussbaums Theorie, so das Fazit der Untersuchung der Gütertheorien des guten Lebens, entspricht der Position einer *perfektionistischen Ethik* (Fenner), in welcher das gute Leben erst durch die Verfügbarkeit bestimmter konstitutiver Güter (hier: Fähigkeiten) zum Vorschein kommt. Die genauere Untersuchung der *Liste der zentralen Fähigkeiten* im Rahmen des 2. Kapitels hat gezeigt, dass Nussbaum hier sowohl auf Fähigkeiten zur Befriedigung menschlicher Grundbedürfnisse rekurriert, als auch auf Fähigkeiten, die weit darüber hinausgehen. Bei letzteren handelt es sich um Fähigkeiten, die nicht darauf abzielen, in einem direkten Sinne das physische Überleben des Menschen zu sichern (wie es bei Grundgütern schon per Definition der Fall ist) als vielmehr die Verwirklichung einer bestimmten, von der Autorin als arttypisch gekennzeichneten Lebensform. Fenner[460] bezeichnet diese Güter, wie schon erwähnt, als *anthropologische Güter* bzw. als *konstitutive Güter*:

> „Erst wenn diese arttypischen Eigenschaften oder Fähigkeiten in einer besonderen Weise kultiviert und vervollkommnet werden, wäre tatsächlich von einem ‚guten' zu sprechen. Es handelt sich somit um eine Position der perfektionisti-

---

460 Vgl. Fenner 2007, 123

schen Ethik, genauer um eine perfektionistische Variante des ‚capacity-fulfillment'-Selbstverwirklichungsmodells."[461]

Nussbaums Gütertheorie kann in diesem Sinne mit Fenner also als Versuch einer *perfektionistischen Ethik* verstanden werden, in der das eigentliche *Gute* des *guten Lebens* erst durch die Verfügbarkeit der konstitutiven Güter (bzw. konstitutiven Fähigkeiten) zum Vorschein kommt.

Fazit: Ist der *Capabilities Approach* tatsächlich eine Theorie des guten Lebens?

Wenn man nun feststellen kann, dass Nussbaum mit ihrer Theorie eher eine sozialethische als eine individualethische Intention verfolgt und Fragen der Lebensführung, entsprechend dem liberalen Anspruch der Konzeption, der Autonomie des Individuums überlässt, dann kann man durchaus fragen, ob der *Capabilities Approach* überhaupt eine *Theorie des guten Lebens* ist und nicht vielmehr lediglich eine *Theorie der guten (Sozial-)Politik*.

Nussbaum kann sich nicht aus dem Spannungsfeld lösen, welches zwischen den liberalen Ansprüchen einer aufgeklärten Gesellschaft und ihrer Überzeugung, dass eine Konzeption des Guten dem Nachdenken über (soziale) Gerechtigkeit vorangestellt werden muss, besteht. Deshalb ist es ihr lediglich möglich, die Frage nach dem *Wesen* des guten menschlichen Lebens zu stellen, nicht jene nach dem *guten Handeln* oder der *richtigen Lebensführung*. Die Tatsache, dass Nussbaum als moderne Aristotelikerin (wie sie sich selbst auch gerne bezeichnet) der Tugendethik zuzuordnen ist, ändert nichts daran, dass der *Capabilities Approach* mit seiner *Liste der zentralen Fähigkeiten* keine Ethik im engeren Sinn darstellt. Denn die Inhalte ihrer Liste stellen kein Telos der individuellen (guten) Lebensführung dar, sondern sind deren Ausgangspunkt.

---

461 Fenner 2007, 123

Doch ist diese einseitige Zuweisung von Verantwortung an eine entsprechende politische Ausgestaltung überhaupt schlüssig? Wie würde Nussbaum denn etwa den Fall bewerten, dass ein Mensch über alle zentralen Fähigkeiten verfügt, sich dann aber frei dafür entscheidet, sich durch die Art seiner Lebensführung seiner zentralen Fähigkeiten zu berauben? Anders gefragt: Gehört es nach Nussbaum zu einem guten Leben, dass man zusätzlich zu den zentralen Fähigkeiten eine Lebensführung bevorzugt, welche (zumindest indirekt) auch darauf angelegt ist, sich eben diese Fähigkeiten zu erhalten? Nehmen wir an, die Antwort von Nussbaum würde hier positiv ausfallen: Wäre damit tatsächlich eine Theorie des guten Lebens formuliert, die diesen Namen verdient?

Andererseits könnte man positiv formulieren: Durch ihre Theorie versucht Nussbaum das Material zu beschreiben, aus welchem das gute menschliche Leben zu bestehen scheint. Was der Einzelne dann daraus macht, welche *Gestalt* er aus diesem Material herausarbeitet (um es wiederum plastisch zu formulieren) ist, zumindest im Rahmen der Nussbaum'schen Theorie, nicht von Interesse, da die Menschen und ihre Vorstellungen von einem guten Leben viel zu stark divergieren und auf unterschiedlichen metaphysischen und religiösen Überzeugungen beruhen.

Auch wenn sich die Theorie Nussbaums in erster Linie an die Politik richtet, kann sie doch auch der individuellen Reflexion dienen. Denn die *Liste der zentralen Fähigkeiten* kann nicht nur als eine Liste von Ansprüchen an eine gerechte soziale Ordnung gelesen werden, sondern durchaus auch als Wertekodex, der als Motiv individuelles Handeln beeinflussen kann. Die einzelnen Punkte, das stellt Nussbaum immer wieder fest, sind irreduzibel. Auch haben sie einen intrinsischen Wert – über sie zu verfügen ist gut, unabhängig davon, was sonst der Fall ist. Deshalb soll hier dafür plädiert werden, Nussbaums Liste nicht nur als *Voraussetzungen* für ein gutes Leben zu lesen, sondern auch als

4 Nussbaums „Capabilities Approach" – eine Theorie des guten Lebens?

anzustrebende Werte. Nur wenn auf solche Art die Bedeutung der Liste auch für die individuelle Lebensführung gesehen wird, kann die Brücke von einer sozialethischen Theorie zu einer individualethischen Theorie geschlagen werden. Ob das freilich im Interesse Nussbaums wäre, bleibt fraglich. Denn jeder normative Bedeutungszuwachs des Ansatzes auf der Ebene der individuellen Lebensführung verringert die Chancen des *overlapping consensus* auf der Ebene der gerechten Gesellschaftsordnung und umso schwerer wird es, den liberalen Anspruch der Konzeption zu retten.

Die Frage, ob der Capabilities Approach Martha Nussbaums tatsächlich eine Theorie des guten Lebens darstellt bzw. ob dem Ansatz eine solche Theorie zugrunde liegt, ist nicht so einfach zu beantworten. Nach der bislang vorgebrachten Argumentation wäre es aber wohl passender nicht von einer *Theorie*, sondern lediglich von einer *Vorstellung* des guten Lebens bei Martha Nussbaum zu sprechen.

5 Zusammenfassung der Ergebnisse und 10 Thesen zum Begriff des guten Lebens bei Martha Nussbaum

In der vorliegenden Arbeit wurde der Begriff des guten Lebens in der Philosophie Martha Nussbaums kritisch untersucht. Methodisch standen dabei ihre Schriften zum *Capabilities Approach* im Vordergrund, dessen Herzstück ihre *Liste der zentralen menschlichen Fähigkeiten* bildet.

Ihre Version des *Capabilities Approach* kann dabei verstanden werden als Versuch einer Formalisierung des *guten Lebens*, wenngleich natürlich nicht vergessen werdern darf, dass es die eigentliche Intention des Ansatzes ist, eine universalistische Gerechtigkeitskonzeption zu begründen. Letztere kann es nach Nussbaums Überzeugung aber eben nur dann geben, wenn klar ist, welches *Gut* dadurch geschützt werden soll – und das ist für Nussbaum eben die Möglichkeit für jeden einzelnen Menschen, ein gutes Leben zu führen.

Nachdem im ersten Kapitel der Arbeit der Ansatz Nussbaums in seinen Grundzügen vorgestellt und als politische Theorie vom Liberalismus (insbesondere jener Variante der Verfahrensgerechtigkeit von John Rawls) und Utilitarismus abgegrenzt wurde, erfolgte im zweiten Kapitel eine Untersuchung des eigentlichen Herzstückes von Nussbaums Theorie des guten Lebens – der *Liste der zentralen Fähigkeiten*. Punkt für Punkt wurden dabei die von Nussbaum verwendeten Begriffe und Formulierungen kritisch analysiert. Dabei zeigten sich punktuell Spannungen und auch missverständliche Forderungen. Insbesondere hat sich gezeigt, dass die strikte Unterscheidung von *Fähigkeiten* und *Tätigkeiten*, bezogen auf die *Liste der zentralen Fähigkeiten*, nicht stringent durchgehalten werden kann, da einzelne (interne) Fähigkeiten auf bestimmte wiederkehrende Tätigkeiten angewiesen sind. Konkret wurde dies am Beispiel der *Gesundheit* und der *praktischen Vernunft* gezeigt. Trotzdem, so die hier vertretene Überzeugung, ist die grundsätzliche Verwendung von inhaltlichen Listen, auch innerhalb von philosophischen Theorien, legitim und kann die philosophische Diskussion um bestimmte Begrifflichkeiten (hier z. B. gutes Leben, menschliche Würde und soziale Gerechtigkeit) durchaus bereichern.

Im dritten Kapitel wurde der *Capabilities Approach* unter Rücksicht auf einige ausgewählte Fragestellungen kritisch hinterfragt. Neben einer fundamentalen Analyse des paradigmatisch verwendeten Fähigkeitenbegriffs in Anlehnung an Clemens Sedmak wurden die beiden wohl am häufigsten genannten Vorwürfe behandelt, die gegen Nussbaums Ansatz vorgetragen werden: Den Vorwurf des Paternalismus und jenen der mangelnden Sensibilität für unterschiedliche kulturelle und religiöse Traditionen weltweit. Während sich hier einerseits gezeigt hat, dass sich der Paternalismusvorwurf nur schwer aufrecht erhalten lässt, stößt der *Capabilities Approach* hinsichtlich seiner Universalisierbarkeit durchaus an gewisse Grenzen, insbesondere dort, wo die metaphysischen und / oder religiösen Vorstellungen einzelner Gruppen zu normativen Sichtweisen führen, die mit Nussbaums Konzeption (wie auch mit Menschenrechtsansätzen aller Art) nicht kompatibel sind.

Schließlich wurde im 4. Kapitel der Versuch gewagt, den Capabilites Approach als philosophische Theorie des guten Lebens genauer herauszuarbeiten. Dabei ging es um eine Verhältnisbestimmung zwischen individual- und sozialethischen Bezügen, sowie von objektivistischen und subjektivistischen Elementen welche diese Theorien aufweisen können. Sodann wurde Nussbaums Ansatz in Relation zu anderen populären Theorien des guten Lebens gesetzt und gezeigt, wo sich hier Überschneidungen ergeben, aber auch wo er sich klar abgrenzen lässt.

Auch wenn die stark vage Konzeption des guten Lebens anderes vermuten lässt, so hat sich doch gezeigt, dass Nussbaums Theorie des guten Lebens durchaus defensiv ist. Denn wenn von einer Nussbaum'schen Theorie des guten Lebens überhaupt gesprochen werden kann, dann nur im Sinne einer Theorie *notwendiger* Güter, nicht aber im Sinne *hinreichender* Güter. Der Begriff der Güter wird bei Nussbaum durch den Begriff der *Fähigkeiten* operationalisiert (anders als bei Rawls, der als notwendige Güter in einem herkömmlicheren Sinn u. a. Eigentum, Vermögen, Rechte und Chancen deklarierte).

Über je mehr Fähigkeiten ein Mensch verfügt, umso freier kann er sein Leben führen, umso eher ist er in der Lage, einer eigenen Konzeption des Guten zu folgen. Dies ist der Grundgedanke des *Capability Approach* (Sen) wie auch des *Capabilities Approach* (Nussbaum). Fähigkeiten sind aber nicht gleichwertig. Aus der schier unbegrenzten Anzahl an möglichen Fähigkeiten über die ein Mensch theoretisch verfügen kann (passender: Fähigkeitenkomplexe oder Fähigkeitenbündel) filtert Nussbaum nun diejenigen heraus, deren Vorhandensein beim einzelnen Menschen darüber Aufschluss geben, ob er oder sie grundsätzlich in der Lage ist, ein im minimalen Sinne gutes Leben zu führen (und nicht ob er oder sie ein solches bereits führt).

Die von ihr in der über die Jahre nur leicht veränderten Liste genannten Fähigkeiten sind sogenannte *combined capabilities*. Damit ist gemeint, dass eine Fähigkeit bei einem einzelnen Menschen nicht schon dadurch gegeben ist, dass dieser als Einzelperson über die notwendigen (z. B. kognitiven) Voraussetzungen im Sinne einer internen Fähigkeit *(internal capability)* verfügt, sondern dass auch die äußeren Umstände gegeben sein müssen, um die internen Fähigkeiten ausüben zu können.

Nussbaum hat damit nicht nur den Einzelnen vor Augen, wenn sie über soziale Gerechtigkeit und das gute Leben nachdenkt, sondern berücksichtigt gleichwohl, dass auch Menschen mit vielfältigen internen Fähigkeiten ein gutes Leben verstellt sein kann, falls sie die gesellschaftlichen und politischen Rahmenbedingungen nicht vorfinden, die für eine Ausübung der Fähigkeiten notwendig wären.

Gerechtigkeit und *gutes Leben* stehen, so kann man als Fazit an dieser Stelle festhalten, in einem unaufhebbaren Zusammenhang. Diese Bezogenheit von Individuum und Gesellschaft zu betonen, kann als eines von Nussbaums dringlichsten Anliegen gesehen werden. Hier geht sie deutlich über die Forderungen liberaler Denker wie Rawls hinaus. Als Vertragstheoretiker vertraut Letzterer darauf, dass das richtige Verfahren bzw. die richtige Ausgangssituation in einem fiktivem Urzustand und die richtige Gestaltung von gesellschaftlichen Institutionen dann auch für alle Beteiligten gute Ergebnisse hervorbringen wird. Nussbaum ist hingegen der Meinung, dass Rawls (in kantianischer Tradition stehend) einen zu starken Personenbegriff für seine Argumentation zugrunde legt. Dadurch wird die Gruppe der Subjekte der Gerechtigkeit (also diejenigen, welche die gesellschaftliche Struktur festlegen, die zu sozialer Gerechtigkeit führen soll) zu sehr eingeengt auf vernunftfähige, erwachsene Bürger.

Nussbaums Vorgehen ist hingegen pragmatischer, da sie zunächst das zu erreichende Ziel ausformuliert: Eine gerechte Gesellschaft ist dann gegeben, wenn alle Bürger über ein Mindestmaß an zentralen Fähigkeiten verfügen.

5 Zusammenfassung der Ergebnisse

Um den Begriff des guten Lebens bei Martha Nussbaum näher zu bestimmen, um eine konkrete Vorstellung davon zu erhalten, wie ein solches Leben nun inhaltlich aussieht, wurde eine Untersuchung der *Liste der zentralen Fähigkeiten* selbst fällig. Dieser Liste liegt eine differenzierte Anthropologie zugrunde.

Eine Analyse von Nussbaums frühen Aufsätzen hat gezeigt, dass diese anthropologischen Überlegungen in enger Auseinandersetzung mit Aristoteles stattfanden. Es wäre jedoch falsch, in ihm die alles überstrahlende Inspirationsquelle Nussbaums zu sehen, was in der Diskussion von Nussbaums Ansatz allerdings oft geschieht. In *Creating Capabilities* (2011) hat Nussbaum schließlich in gebündelter Form eine Vielzahl an anderen Quellen und Ideengebern ausgewiesen (u. a. den Stoizismus, Karl Marx, Adam Smith und – natürlich – John Rawls), welche sie nach eigenem Bekunden stark beeinflusst haben.

Die zentralen Fähigkeiten, welche in Nussbaums Liste enthalten sind, müssen, wenn es sich um interne Fähigkeiten handelt, zunächst einmal ausgebildet werden. Um dies zu gewährleisten, sind nicht nur die Eltern gefragt, sondern die ganze Gesellschaft. Den politisch Machthabenden kommt hier durch eine starke Sozialpolitik ein wichtiger Auftrag zu. Die Operationalisierung des Gerechtigkeitsbegriffes erschöpft sich für Nussbaum deswegen nicht in Fragen der Verteilungsgerechtigkeit. Fähigkeiten müssen nicht *verteilt*, sie müssen *generiert* werden. Hier kommt der dynamische Aspekt zum Tragen, der menschliches Leben konstituiert. Menschen sind über weite Phasen ihres Lebens (in der Kindheit und Pubertät, aber auch im Falle von Krankheit und Alter) in einem hohen Maße von der Gesellschaft abhängig, welche das Notwendige dafür leisten muss, um die zentralen Fähigkeiten zu befördern, sie aber auch gegebenenfalls aufrechtzuerhalten oder, im Falle von vorübergehendem Verlust, wiederherzustellen. Es verwundert daher nicht, wenn Nussbaum die Fähigkeit, ein gutes Leben zu führen, eng an eine gelungene Erziehung und (Aus-)Bildung knüpft.

Nussbaum sieht sich selbst als liberale Denkerin. Diesen Anspruch kann sie nur deshalb argumentativ aufrechterhalten, indem sie darauf verweist, dass das Ziel ihrer Konzeption die Generierung von Fähigkeiten, nicht aber bestimmte Tätigkeiten sind. Fähigkeiten ermöglichen Tätigkeiten, sie sind deren Bedingung. Eine Konzeption des guten Lebens die diesen Umstand nicht mitreflektiert bleibt fragwürdig, da sie an zu starke Voraussetzungen (siehe Kritik der kantianischen Personenkonzeption bei Rawls) geknüpft ist.

Trotzdem gelingt es Nussbaum nicht, restlos alle Menschen in ihre Gerechtigkeitskonzeption einzubeziehen. So bleibt z. B. die Frage unbeantwortet, wie Menschen ein gutes Leben führen können, bei welchen ein Bündel an zentralen Fähigkeiten dauerhaft nicht vorhanden bzw. verwirklichbar ist. In *Frontiers of Justice* widmet sich Nussbaum zwar ausführlich Fällen von (schwerer) geistiger Behinderung (und revidiert hier frühere Aussagen, wonach bereits das Fehlen einer der zentralen Fähigkeiten ein gutes Leben für den Betroffenen verunmöglicht), trotzdem bleiben hier Fragen offen. Zumindest auf einer theoretischen philosophischen Ebene stellt sich die Frage, ob beispielsweise Wachkoma-Patienten oder geistig schwerstbehinderte Personen ein (wie auch immer zu definierendes) menschliches, respektive gutes menschliches, Leben führen können. Und wenn nicht: Welches Leben führen sie dann?

Wie lassen sich nun die Ergebnisse der Untersuchung zum Begriff des guten Lebens bei Martha Nussbaum zusammenfassen? Auf Basis der vorliegenden Arbeit können folgende zehn Thesen formuliert werden.

5 Zusammenfassung der Ergebnisse

1. Ein menschlich gutes Leben kann nur von jemandem geführt werden, der über die zentralen Fähigkeiten laut Nussbaums Liste verfügt. Die Abwesenheit von einzelnen Fähigkeiten verhindert, im Gegensatz zu anderslautenden Aussagen der Autorin in frühen Aufsätzen zum Thema, zwar nicht grundsätzlich, ein gutes Leben zu führen. Unmöglich wird das Führen desselbigen für den Menschen jedoch dann, wenn ein ganzes Bündel von zentralen Fähigkeiten dauerhaft (ohne Aussicht auf Besserung in der Zukunft) nicht verfügbar ist[462]. Nussbaum sieht eine so formulierte erste Schwelle in einer Nähe zur medizinischen Diagnose des Todes[463].

2. Um ein gutes Leben zu führen, bedarf der Mensch nicht nur der Förderung seiner Fähigkeiten durch enge Bezugspersonen (v. a. der Eltern) sondern der ganzen Gesellschaft. Der Mensch kann nur als soziales Wesen verstanden werden. Um Fähigkeiten zu generieren, bedarf er des stetigen Austausches mit der Umwelt, der Wahrung der negativen Freiheitsrechte durch die Politik, sowie der entsprechenden Institutionen zur Ausbildung (aber auch der Bereitstellung von Möglichkeiten zur Ausübung) der zentralen Fähigkeiten.

3. Der vage Charakter der Liste offenbart ein dynamisches Verständnis des guten Lebens durch Nussbaum. Es ist für

---

462 Vgl. Nussbaum 2006, 181
463 Nussbaum (Ebd.) schreibt hierzu konkret: "[...] we say of some conditions of a being, let us say a permanent vegetative state of a (former) human being, that this just is not a human life at all, in any meaningful way, because possibilities of thought, perception, attachment, and so on are irrevocably cut off. [...] Thus there is a close relation between this threshold and the medical definition of death.And we do not say this if any random one of the capabilities is cut off: it would have to be a group of them, sufficiently significant to constitute the death of anything like a characteristic human form of life. The person in a persistent vegetative condition and the anencephalic child would be examples."

sie denkbar, dass eine fortgeführte Interpretation menschlichen Lebens in der Zukunft die Möglichkeit beinhaltet, dass ihre Liste gekürzt oder auch erweitert werden müsste und daher auch eine fundamentale Umdeutung theoretisch denkbar ist.
4. Die Frage, ob ein Mensch aktuell ein gutes Leben führt, ist unabhängig von der Frage zu betrachten, ob er (temporär) zufrieden bzw. glücklich ist. Aufgrund des Phänomens der *adaptiven Präferenzen* mögen zwar viele Menschen Glück und Zufriedenheit mit ihrem derzeitigen Leben und ihren Lebensumständen empfinden, tatsächlich fehlen ihnen aber einige jener Fähigkeiten, die für das Leben als menschliches Wesen so essentiell sind, dass ohne deren Vorhandensein vom Standpunkt der Konzeption aus kein wirklich gutes menschliches Leben möglich ist.
5. Die Wurzeln für ein gutes Leben liegen in den Bereichen der Erziehung und Ausbildung (verstanden in einem weiten Sinn). Der Mensch kommt als schutzbedürftiges Lebewesen zur Welt und ist während weiter Phasen seines Lebens (Kindheit und Jugend, im Alter und / oder im Falle von Krankheit und Pflegebedürftigkeit) auf die Hilfe und Unterstützung der Gemeinschaft angewiesen. Nussbaum vertritt hier ein humanistisches Bildungsverständnis. Das Ziel der Bildung liegt nicht in einer funktionalen Befähigung (z. B. um möglichst schnell und effektiv dem ökonomischen Wertschöpfungsprozess zur Verfügung zu stehen), sondern in einem Bildungsideal, welches den Menschen dabei unterstützt, die in ihm liegenden Neigungen und Talente kreativ zu entfalten. Von entscheidender Bedeutung ist dabei die Förderung der *praktischen Vernunft*, welche dem Menschen erlaubt, eine eigene Konzeption des guten Lebens zu entwickeln, jederzeit kritisch zu prüfen und gegebenenfalls zu modifizieren. Anders formuliert: Die *praktische Vernunft* erlaubt es dem Menschen, Auswahlentscheidungen zu treffen – und dies ist für Nussbaum wiede-

rum eine entscheidende Voraussetzung dafür, ein Leben zu führen, dass man wertschätzt[464].
6. Auch wenn der Mensch nur als soziales Wesen verstanden werden kann, ist er in seiner Selbstzweckhaftigkeit nicht auf die Belange der Gemeinschaft reduzierbar. Ob jemand ein gutes Leben führt, hängt entscheidend davon ab, ob er in seiner Selbstzweckhaftigkeit anerkannt sowie respektiert und nicht in erster Line als funktioneller Bestandteil einer größeren Einheit (z. B. einer Familie, eines Stammes oder eines Staates) verstanden wird.
7. Ein gutes Leben beinhaltet neben dem Schutz der körperlichen Integrität, Gesundheit und Sicherheit auch die Möglichkeit, aktiv an der Gestaltung der Umwelt mitzuwirken, respektive auf sie einzuwirken (z. B. durch aktives und passives Wahlrecht).
8. Ein gutes Leben ist für Nussbaum nicht unbedingt ein genuss- bzw. lustvolles Leben (wie in hedonistischen Konzeptionen), allerdings müssen in einem guten Leben dem Menschen sehr wohl Zugänge zu Quellen der Lust offen stehen. Ist dies der Fall und entschließt sich der Mensch dann, auf deren Gebrauch zu verzichten, kann er trotzdem ein gutes Leben führen.
9. *Fähigkeiten*, *Freiheit* und *gutes Leben* korrelieren in Nussbaums Konzeption. Über je mehr Fähigkeiten bzw. Fähigkeitenbündel ein Mensch verfügt, umso freier kann er sein Leben planen und gestalten und desto eher ist dieses Leben dann auch ein gutes Leben. Eine gute Politik, so könnte man entsprechend schließen, muss sich daran messen lassen, wie es ihr gelingt, den *Freiheitsradius* oder *Freiheitsgrad* seiner Bürger zu erhöhen, wobei immer klar ist, dass der hier verwendete Freiheitsbegriff auf einer (im Sinne der Fähigkeitenliste) definierbaren, materiellen Grundlage steht.

---

464 Vgl. Leßmann 2011, 56

10. Ein gutes Leben beinhaltet für Nussbaum die Möglichkeit, sich über lokale, religiöse oder kulturelle Traditionen zu erheben und diese in Frage zu stellen.

Diese Thesen wirken auf manchen Leser vielleicht zunächst etwas lose für sich stehend. Sie verweisen in ihrer Gesamtheit nicht unbedingt auf eine „greifbare" und klar abgrenzbare Theorie – weder im Sinne einer (politischen) *Theorie sozialer Gerechtigkeit*, noch im Sinne einer anthropologisch-ethischen *Theorie des guten Lebens*. Nach meiner Überzeugung zeigt sich darin aber symptomatisch das eigentümliche Wesen von Nussbaums Art zu philosophieren. Sie verfolgt nicht das Ziel, eine eigene Schule zu begründen, ja noch nichtmal eine abschließende Theorie will sie mit ihrem Ansatz liefern. Vielmehr betrachtet sie ihre Aufgabe wohl darin, ein fortgesetztes Nachdenken über jene Dinge anzuregen, die uns Menschen als solche ausmachen und wie wir dementsprechend damit konfrontiert sind uns immer wieder neu zu interpretieren.

Die verständliche Sehnsucht vieler Menschen nach einer abschließenden Antwort auf eine so zentrale Frage wie jene nach dem Wesen des guten Lebens muss enttäuscht werden. Trotzdem macht Nussbaums Art des Philosophierens auch Mut: Sie lässt den interessierten Leser die Weite, die Vielschichtigkeit und vor allem die Offenheit des Raums erahnen, in welchem sich das Nachdenken über unser Menschsein abspielt. Es handelt sich dabei zwar um einen Raum dessen Begrenzungen man nicht (noch nicht?) sehen kann, in dem sich aber einige Fixpunkte ausmachen lassen, welche die notwendige Voraussetzung dafür darstellen, dass menschliches Leben gelingen kann.

Im Zeitalter des vielschichtigen Globalisierungsprozesses ist Nussbaum mit ihrer Version des *Capabilities Approach* ein wichtiger Diskussionsbeitrag gelungen, was es bedeutet, Mensch zu sein und als Mensch (gut) zu leben. Auch wenn die Untersuchung an verschiedenen Stellen gezeigt hat, dass es durchaus noch Klärungs- und Diskussionsbedarf hinsichtlich der Argumentation geben mag (inbesondere, wie sich bei der kritischen Analyse der *Liste der zentralen Fähigkeiten* gezeigt hat, hinsichtlich ihrer Verwendung bestimmter Begriffe, z. B. „Leben normaler Länge" oder „Gesundheit" u. a.), so bleibt es doch Nussbaums Verdienst, das Nachdenken über das gute Leben wieder fester in der philosophischen Diskussion der Gegenwart verankert zu haben. Insbesondere für das Sozialstaatsverständnis sind ihre, auf einer modernen Interpretation der aristotlischen Schriften basierenden, Überlegungen interessant. Nussbaum fasst das Ziel staatlicher Planung, ja, im Prinzip den Sinn jeglicher politischer Anstrengung, so zusammen:

> "The job of government, on the Aristotelian view, does not stop until we have removed all impediments that stand between this citizien and fully human functioning. This job will, then, frequently involve a great deal more than reallocation of resources. It will usually involve radical institutional and social change."[465]

In praktischer Hinsicht haben die Arbeiten von Nussbaum, aber natürlich auch jene von Amartya Sen, bereits deutliche Auswirkungen auf Messung und Vergleich des weltweiten Wohlstandes. Der *Human Development Index* (HDI), der sich hier immer mehr durchsetzen kann, berücksichtigt wesentlich mehr Dimensionen menschlichen Lebens als eindimensionale ökonomische Vergleiche und hat sich weitestgehend durchgesetzt.

Auch in sozial- und erziehungswissenschaftlichen Kontexten stößt das Fähigkeitenparadigma auf wachsendes Interesse und Zustimmung. Für die hier tätigen Akteure (z. B. Erzieher, Lehrer oder Sozialpädagogen) kann der *Capabilities Approach* mit seiner

---

465 Nussbaum 1990, 215

Konzeption des guten Lebens eine philosophische Orientierung wie auch ein praktisches theoretisches Gerüst bieten.

Durch die Zugeständnisse an ihre liberalen Kritiker hat sich Nussbaum seit ihren ersten Aufsätzen zum *Capabilities Approach* in den späten 1980er Jahren sukzessive von tugendethischen Ansprüchen entfernt. Der Ansatz, das kann nicht oft genug betont werden, ist in erster Linie der Versuch, die Begriffe der *sozialen Gerechtigkeit*, der *Menschenwürde* und, zuallererst, den des menschlich *guten Lebens* zu operationalisieren. Er stellt keinen ethischen Entwurf im engeren Sinn dar, da von dem Ansatz keine besonderen Handlungsempfehlungen für das Individuum ausgehen. Nussbaum schließt lediglich in einem negativen Sinne einige Konzeptionen des guten Lebens aus – beispielsweise solche, die auf der Ausbeutung oder gewalttätigen Unterdrückung anderer Menschen aufbauen.

Wenn die Autorin in verschiedenen Schriften für bestimmte Ideale eintritt (z. B. ein bestimmtes, humanistisches Bildungsverständnis oder den Wert religiöser Toleranz) dann äußert sich hier zwar eine engagierte politische Denkerin, die nicht davor zurückschreckt klare Positionen zu beziehen. Allerdings wäre es wohl eine Fehleinschätzung diese persönlichen Standpunkte mit jenem Begriff des *guten Lebens* zu vermengen, der sich im Rahmen der vorliegenden Untersuchung abgezeichnet hat. Mit anderen Worten: Um ein gutes Leben im Sinne des *Capabilities Approach* zu führen ist es nicht notwendig aktiv für religiöse Toleranz gegenüber anderen Konfessionen einzutreten – wohl aber, andere Menschen nicht aufgrund ihres Glaubens zu verfolgen oder zu unterdrücken. Es ist nicht notwendig, die schönen Künste zu studieren, um ein gutes Leben zu führen – wohl aber, zumindest eine elementare Bildung zu erhalten. Nussbaums *Capabilities Approach* lässt viele Spezifikationen des guten Lebens zu – so viele, dass, selbst wenn die Autorin es wollte, kaum mehr

Raum für einen tugendethischen Anspruch im engeren Sinne bleibt.

Es lässt sich abschließend kritisch fragen, ob diese faktisch ausschließliche sozialethische Akzentuierung des *Capabilities Approach*, ohne besondere Empfehlungen für eine gute (tugendhafte) Lebensführung an das Individuum, nicht um eine individualethische Komponente zu ergänzen wäre – bzw. ob dies nicht Sinn machen würde. Es wäre sicherlich ein interessantes Projekt, den Begriff des guten Lebens, wie er sich hier abgezeichnet hat, als Basis eines systematischen individualethischen Ansatzes zu nehmen und dabei stärker die (möglicherweise in ihm liegende) motivationale Kraft für das Handeln des Einzelnen in den Fokus zu bekommen. Denn wenn der in Nussbaums *Capabilities Approach* zum Vorschein tretende *Umriß des guten Lebens* nicht nur eine normative Setzung politischer Akteure darstellen würde, sondern auch kompatibel mit einer psychologischen Motivationstheorie sein sollte, dann wäre damit beispielsweise eine innovative Operationalisierung umstrittener Begriffe wie jener der *Selbstverwirklichung* aus philosophischer Perspektive denkbar.

6 Literaturliste

Allardt, E. 1990: *Having, Loving, Being: An Alternative to the Swedish Model of Welfare Research*, Oxford

Anscombe, G. E. M., 1981: *The Collected Philosophical Papers of G. E. M. Anscombe. Volume Three: Ethics, Religion, Politics*, Oxford

Arlt, G. 2001: *Philosophische Anthropologie*, Stuttgart

Bieri, P. 2011: *Wie wollen wir leben?* St. Pölten, Salzburg

Biller, K. H., Lourdes-de Stiegeler, M. 2008: *Wörterbuch der Logotherapie und Existenzanalyse von Viktor E. Frankl. Sachbegriffe, Metaphern, Fremdwörter.* Wien, Köln, Weimar

Broszies, C., Hahn, H. (Hrsg.) 2010: *Globale Gerechtigkeit. Schlüsseltexte zur Debatte zwischen Partikularismus und Kosmopolitismus*, Berlin

Brüntrup, G. 2012: *Motivation und Verwirklichung des autonomen Selbst*, in: ders., Schwartz, M. (Hrsg.): Warum wir handeln – Philosophie der Motivation, Stuttgart, 175–200

Bucher, A. 2009: *Psychologie des Glücks. Ein Handbuch*, Weinheim, Basel

Central Intelligence Agency 2011: *World Factbook*, Internet: https://www.cia.gov/library/publications/the-world-factbook/geos/xx.html (abgerufen am 31.07.2012)

Clark, D. 2005: *The Capability Approach: Its Development, Critiques and Recent Advances*, Internet: http://economics.ouls.ox.ac.uk/14051/1/gprg-wps-032.pdf (abgerufen am 18.05.2012)

de Jong-Meyer 2004: *Erwerb von Kompetenzen und Förderung von Ressourcen.* Präsentation zur Vorlesung am 24.01.2004 zur Klinischen Psychologie I an der Universität Münster im Wintersemester 2004/2005, Internet: http://wwwpsy.uni-muenster.de/imperia/md/ content/psychologie_institut_1/ae_dejong/vl_ws_0405/vl11.pdf (abgerufen am 05.05.2012)

Deutsche Presse Agentur 2012: *Zahl der Sozialwohnungen sinkt dramatisch,* in: SPIEGEL ONLINE, Meldung vom 02.08.2012, Internet: http://www.spiegel.de/wirtschaft/soziales/zahl-der-sozialwohnun gen-sinkt-dramatisch-a-847784.html, (abgerufen am 02.08.2012)

Dworkin, G. 2010: *Paternalism,* in: Zalta, E.N. (Hrsg.): *Stanford Encyclopedia of Philosophy,* Internet: http://plato.stanford.edu/entries/pater nalism/ (abgerufen am 10.03.2012)

Fenner, D. 2007: *Das gute Leben,* Berlin

Foot, P. 2004: *Die Natur des Guten.* Übersetzt von Reuter, M., Frankfurt am Main

Frankl, V. E. 1984: *Der leidende Mensch. Anthropologische Grundlagen der Psychotherapie.* 2., erweiterte Auflage, Bern, Stuttgart, Toronto

Frankl, V. E. 2007: *Ärztliche Seelsorge. Grundlagen der Logotherapie und Existenzanalyse,* ungekürzte Ausgabe, München

Haeffner, G. 2005: *Philosophische Anthropologie,* 4. Aufl., Stuttgart

Haeffner, G. 2010: *Philosophische Anthropologie,* in Brugger W., Schöndorf H.: Philosophisches Wörterbuch, Freiburg im Breisgau

Joisten, K. 2007: *Narrative Ethik. Das Gute und das Böse erzählen,* Berlin

Jörke, D. 2005: *Politische Anthropologie. Eine Einführung,* Wiesbaden

Hinsch, R., Pfingsten, U. 2007: *Das Gruppentraining sozialer Kompetenzen (GSK). Grundlagen, Durchführung, Materialien.* 5. Aufl., Weinheim

Kleist, C. 2010: *Global Ethics: Capabilities Approach,* Internet: http://www.iep.utm.edu/ge-capab/ (abgerufen am 20.10.2012)

Klingholz, R. 2009: *Reproduktive Gesundheit,* in: Berlin Institut für Bevölkerung und Entwicklung (Hrsg.): Online Handbuch Demografie, Reproduktive Gesundheit, Internet: http://www.berlin-institut.org/online-handbuchdemografie/entwicklung/reprodukti ve-gesundheit.html, abgerufen am 31.07.2012

Knoll, M. 2009: *Aristokratische oder demokratische Gerechtigkeit? Die politische Philosophie des Aristoteles und Martha Nussbaums egalitaristische Rezeption,* München

Lenman 2008: *Moral Naturalism,* in: The Stanford Encyclopedia of Philosophy (Winter 2008 Edition), Internet: http://plato.stanford.edu/archives/win2008/entries/naturalism-moral/ (abgerufen am 30.03.2013)

Leßmann, O. 2011: *Verwirklichungschancen und Entscheidungskompetenz,* in: Sedmak, C., Babic, B., Bauer, R., Posch, Ch. (Hrsg.) 2011: Der Capability-Approach in sozialwissenschaftlichen Kontexten. Überlegungen zur Anschlussfähigkeit eines entwicklungspolitischen Konzepts, Wiesbaden, 53–74

Nozick R. 1974: *Anarchy, State, and Utopia,* New York

Nussbaum, M. 1986: *The fragility of goodness – Luck and ethics in Greek tragedy and philosophy.* New York

Nussbaum, M. 1987: *Nature, Function and Capability. Aristotle on Political Distribution,* Helsinki

Nussbaum, M. 1990: *Aristotelian Social Democray,* in: Bruce, R., Douglas et al (Hrsg.), Liberalism and the Good, New York, 203–252

Nussbaum, M. 1992: *Human functioning and Social Justice. In Defense of Aristotelian Essentialism,* in: Political Theory 20, 1992, 202–246

Nussbaum, M. 1993: *Non-Relative Virtues: An Aristotelian Approach,* in: Nussbaum, M., Sen, A. (Hrsg.): The Quality of Life, New York, 242–269

Nussbaum, M. 1995: *Human Capabilities, Female Human Beings,* in: Nussbaum M., Glover, J. (Hrsg.): Women, Culture and Development. A Study of Human Capabilities, New York, 61–104

Nussbaum, M., 1995a: *Emotions and Women's Capabilities,* in: Nussbaum M., Glover, J. (Hrsg.): Women, Culture and Development. A Study of Human Capabilities, New York, 360–395

Nussbaum, M. 1997: *Poetic Justice. The Literary Imagination and Public Life,* Boston

Nussbaum, M. 1998: *Menschliches Tun und soziale Gerechtigkeit. Zur Verteidigung des aristotelischen Essentialismus,* in: Steinfath, H. (Hrsg.): Was ist ein gutes Leben? Philosophische Reflexionen, Frankfurt am Main, 2. Aufl., 196–234

Nussbaum, M. 1999 in: Pauer-Studer, H. (Hrsg.): *Martha Nussbaum. Gerechtigkeit oder Das gute Leben,* Frankfurt am Main

Nussbaum, M. 1999a: *Sex and Social Justice,* New York

Nussbaum, M. 2000: *Women and Human Development. The Capabilities Approach,* New York

Nussbaum, M. 2002: *Für eine aristotelische Sozialdemokratie,* in: Nida-Rümelin J., Thierse, W. (Hrsg.), Philosophie und Politik VI, Essen

Nussbaum, M. 2003: *Cultivating Humanity. A classical defense of reform in liberal education,* 7. Aufl., Cambridge, London

Nussbaum, M. 2003a: *Upheavals of Thought – The Intelligence of Emotions,* Cambridge

Nussbaum, M. 2006: *Frontiers of Justice. Disability, Nationality, Species Membership.* Cambridge, Massachusetts, London.

Deutsche Übersetzung **(Nussbaum, M. 2010)**: *Die Grenzen der Gerechtigkeit. Behinderung, Nationalität und Spezieszugehörigkeit,* Berlin. Übersetzung von Celikates R. und Engels, E., Berlin

Nussbaum, M. 2010a: *Not for profit: why democracy needs the humanities,* Oxford

Nussbaum, M. 2010b: *Liberty of Conscience: In Defense of America's Tradition of Religious Equality,* New York

Nussbaum, M. 2011: *Creating Capabilities. The Human Delvelopment Approach,* Cambridge

Nussbaum, M. 2012: *New Religious Intolerance: Overcoming the Politics of Fear in an Anxious Age,* Harvard

Öhlschläger, C. (Hrsg.) 2009: *Narration und Ethik,* München

Otto, H., Ziegler, H. (Hrsg.) 2010: *Capabilities – Handlungsbefähigung und Verwirklichungschancen in der Erziehungswissenschaft,* Wiesbaden

Pauer-Studer, H. (Hrsg.) 1999: *Martha C. Nussbaum. Gerechtigkeit oder Das gute Leben,* Frankfurt

Pauer-Studer, H. 2000: *Konstruktionen praktischer Vernunft. Philosophie im Gespräch,* Frankfurt am Main

Pauer-Studer, H. 2010: *Einführung in die Ethik.* 2. Aufl., Wien

Pfaller, R. 2011: *Wofür es sich zu leben lohnt. Elemente materialistischer Philosophie,* Frankfurt am Main

6 Literaturliste

Rawls, J. 1992: Der Vorrang des Rechten und die Idee des Guten, in: Hinsch, W. (Hrsg.): John Rawls: Die Idee des politischen Liberalismus. Aufsätze 1978–1989, Frankfurt/Main.

Ricken, F. 2003: *Allgemeine Ethik,* 4. Aufl., Stuttgart

Riesenkampff, I. 2005: *Ethik und Politik: Aristoteles und Martha C. Nussbaum. Antike Elemente in einem zeitgenössischem, ethischen Ansatz der Entwicklungspolitik,* Internet: http://geb.uni-giessen.de/geb/volltexte/2005/2255/pdf/RiesenkampffIsabelle-2005-06-30.pdf (abgerufen am 11.02.2013)

Rippe, K., Schaber P. (Hrsg.) 1998: *Tugendethik,* Stuttgart

Robeyns, I. 2005: *The Capability Approach: a theoretical survey,* in: Journal of Human Development, Vol. 6, No. 1

Robeyns, I. 2009: *Drei Konzepte von Bildung: Humankapital, Menschenrecht und Handlungsbefähigung,* Berliner Debatte Initial, Heft 3, 55–66, Übersetzung von Ressler, P.

Robeyns, I. 2011: *The Capability Approach,* in: Stanfort Encyclopedia of Philosophy. Internet: http://plato.stanford.edu/entries/capability-approach/ (abgerufen am 20.10.2012)

Scanlon, T. M. 1998: *What we owe to each other,* Cambridge, Massachusetts, London

Schaber, P. 1998: *Gründe für eine objektive Theorie des menschlichen Wohls,* in: Steinfath, H. (Hrsg.): Was ist ein gutes Leben? Philosophische Reflexionen, Frankfurt am Main, 149–166

Scherer, C. 1993: *Das menschliche und das gute menschliche Leben. Martha Nussbaum über Essentialismus und menschliche Fähigkeiten,* in: Deutsche Zeitschrift für Philosophie, 41:5, 905–920

Seel, M. 1999: *Versuch über die Form des Glücks,* Frankfurt

Sen, A. 1999: *Development as freedom,* Oxford

Sedmak, C. 2011: *Fähigkeiten und Fundamentalfähigkeiten,* in: Babic, B., Bauer, R., Posch, Ch. (Hrsg.): Der Capability-Approach in sozialwissenschaftlichen Kontexten. Überlegungen zur Anschlussfähigkeit eines entwicklungspolitischen Konzepts, Wiesbaden, 29–52

Singer, P. 1994: *Praktische Ethik,* 2. Aufl., Stuttgart

Spaeman, R. 2006: *Personen. Versuche über den Unterschied zwischen „etwas" und „jemand",* 3. Aufl., Stuttgart

Steckmann, U. 2010: *Autonomie, Adaptivität und das Paternalismusproblem – Perspektiven des Capability Approach,* in: Otto, H., Ziegler, H. (Hrsg.): Capabilities – Handlungsbefähigung und Verwirklichungschancen in der Erziehungswissenschaft, Wiesbaden, 90–115

Sting, S. 2011: *Gesundheit als Basic Capability. Einflüsse von Armut und Benachteiligung auf das Aufwachsen von Kindern und Jugendlichen,* in: Sedmak, C., Babic, B., Bauer, R., Posch, Ch. (Hrsg.) 2011: Der Capability-Approach in sozialwissenschaftlichen Kontexten. Überlegungen zur Anschlussfähigkeit eines entwicklungspolitischen Konzepts, Wiesbaden, 139–150

Straßenberger, G. 2009: *Die politische Theorie des Neoaristotelismus: Martha Craven Nussbaum,* in: Brodocz, A., Schaal G. S. (Hrsg.): Politische Theorien der Gegenwart II, 3. Aufl., Regensburg, 149–188

Thies, C. 2009: *Einführung in die philosophische Anthropologie,* Darmstadt

Voss, C. 2004: *Narrative Emotionen. Eine Untersuchung über Möglichkeiten und Grenzen philosophischer Emotionstheorien,* Berlin, New York

WHO 2009 (Hrsg.): *Life expectancy: Life expectancy by country,* Internet: http://apps.who.int/ghodata/?vid=710 (abgerufen am 03.04.2012)

Wolf, U. 1998: *Zur Struktur der Frage nach dem guten Leben,* in Steinfath, H. (Hrsg.), Was ist ein gutes Leben? Philosophische Reflexionen, Frankfurt am Main, 32–46

Wolf, U. 1999: *Die Philosophie und die Frage nach dem guten Leben,* Reinbek bei Hamburg

Wolff, J., De-Shalit, A. 2007: *Disadvantage.* New York